U0894589

珍藏本
纪念版

汉译世界学术名著丛书

法国文明史

自罗马帝国败落起

第一卷

〔法〕基佐 著

沅芷 伊信 译

2017年·北京

F.P.G. Guizot

HISTORY OF CIVILIZATION IN FRANCE

From the Fall of the Roman Empire

本书根据 1908 年 George Bell and Sons 出版社英译本译出

汉译世界学术名著丛书
（120年纪念版·珍藏本）
出版说明

2017年2月11日，商务印书馆迎来120岁的生日。120年前，商务印书馆前贤怀揣文化救国的理想，抱持“昌明教育，开启民智”的使命，立足本土，放眼寰宇，以出版为津梁，沟通中西，为中国、为世界提供最富智慧的思想文化成果。无论世事白云苍狗，潮流左右激荡，甚至战火硝烟弥漫，始终践行学术报国之志，无改初心。

迻译世界各国学术名著，即其一端。早在20世纪初年便出版《原富》《天演论》等影响至今的代表性著作，1950年代后更致力于外国哲学和社会科学经典的译介，及至1980年代，辑为“汉译世界学术名著丛书”，汇涓为流，蔚为大观。丛书自1981年开始出版，历时三十余年，迄今已推出七百种，是我国现代出版史上规模最大、最为重要的学术翻译工程。

丛书所选之书，立场观点不囿于一派，学科领域不限于一门，皆为文明开启以来，各时代、各国家、各民族的思想与文化精粹，代表着人类已经到达过的精神境界。丛书系统译介世界学术经典，引领时代思想，为本土原创学术的发展提供丰富的文化滋养，为推动中国现代学术和现代化进程做出了突出的贡献。

为纪念商务印书馆成立120周年，我们整体推出“汉译世界学术名著丛书”120年纪念版的珍藏本，寄望既利于文化积累，又便于研读查考，同时向长期支持丛书出版的译者、编者和读者致以敬意。

两甲子后的今天，商务印书馆又站在了一个新的历史时间节点上。我们不仅要铭记先辈的身影和足迹，更须让我们的步伐充满新的时代精神。这是商务人代代相传的事业，更是与国家和民族的命运始终紧密相连的事业。我们责无旁贷，必须做好我们这代人的传承与创造，让我们的努力和成果不仅凝聚成民族文化的记忆，还能成为后来人可以接续的事业。唯此，才能不负前贤，无愧来者。

商务印书馆编辑部

2017年10月

译 者 的 话

本书作者弗朗索瓦·皮埃尔·纪尧姆·基佐(1787—1874)系法国著名的政治家和历史学家。他出生于尼姆的一个基督教家庭,父亲是著名律师,在法国大革命时死于断头台上。他随母流亡瑞士,1805 年回到巴黎学习法律,并同反拿破仑的文学团体有往来。1812 年任巴黎大学历史教授,同年与女作家宝莲娜·德·梅兰结婚,从此结识了保皇党头面人物而进入政界,曾参加第一次波旁复辟(1814),成为君主立宪制的鼓吹者和"空论派"团体的成员,并在其 1816 年写的《论代议制政府及法国现状》一文中解释该团体的政纲。1820—1830 年,他主要从事历史研究和教学,著有:近代史课本《欧洲代议制起源史》(1822)、《法国史概论》(1823)、《有关英国革命回忆录集》(1823)、《英王查理一世、查理二世在位时期英国革命史》(1827—1828)、《欧洲文明史》(1828)和《法国文明史》(1829—1832)等书。在七月王朝(1830—1848)期间他是君主立宪派首领之一,在法国政治生活中颇有影响。1832—1837 年,他任教育大臣,提出"基佐法",确立了所有公民均可接受初等教育的原则。在一度任驻英大使(1840)后,他出任外交大臣,此后八年他的外交政策颇为成功。1847 年,他出任首相。1848 年的法国革命结束了基佐的政治生涯。

基佐早期的历史著作曾袭用圣西门的阶级斗争的思想，使之适应于资产阶级的政治要求。他在写法国历史时力图论证资产阶级有权管理国家。后来他的阶级斗争理论发生了很大的变化。在《法国文明史》(1829—1832 年完成)和其他历史著作中，他发展了关于第三等级反对封建制度的斗争乃是历史进程的主要动力的论点。但 1848 年法国革命不但结束了他的政治生涯，也使他彻底放弃了阶级斗争的理论。

本书系作者根据 1828—1830 年间在巴黎大学授课时的讲义加工而成，全书分为四卷，共四十九讲，另有各种附表，为基佐主要著作之一。其内容涉及广泛，主要论述：法国文化的特征；五至八世纪高卢的行政组织、社会状况、异教和基督教的文学；五世纪、六世纪的宗教社会；关于灵魂性质的讨论；日耳曼人对欧洲文化的影响；日耳曼入侵后的高卢状况；中世纪的罗马法律和各蛮族法典的性质；六至八世纪高卢的主教团，西方僧侣的特殊性质；六至八世纪的世俗文学；墨洛温王朝的社会状况；查理曼治下高卢的精神状态；查理曼帝国的分解；法国统一的形成；封建制度的逐渐形成；封建制度下君权的性质，骑士的起源；封建制度的乡村及其人口状况、封建义务；第三等级的起源与各成分的内部组织；中世纪罗马市政府和市镇；市镇的没落及其原因。本书是研究法国历史和文明史的重要书籍。

本书出版后不久即有英译本和俄译本问世。中译本根据 1908 年 George Bell and Sons 出版社英译本译出(英译者 William Hazlitt)，并对照巴黎学士院出版社 1879 年的第 14 版法文原本校阅了一遍。英译本把基佐的《欧洲文明史》和《法国文明史》合订在一起，分为三卷。中译本只译出后面的《法国文明史》，并按法文本分为四卷。

关于人名译名，原著对于原来的拉丁姓名一律都加以法国化，如拉丁诗人 Sidonius Apollinaris，法文作 Sidoine Apollinarie，英译予以还原，中译本根据英译名汉译为“西多尼乌斯·阿坡里纳里斯”，而不从法文名译作“西多阿纳·阿坡利纳尔”，如此等等，以符“名从主人”之意。但遇有汉译名已有定译者，本书自当采用定译。

限于水平，有翻译不当之处，欢迎读者指正。

译　者

第　一　卷

目　　录

第六版前言①

我今天再度翻阅这些讲义时，发现我的心情跟将近三十年以前讲授它们时同样激动。激动是由于当时我参加我国艰苦而迅猛的发展并看到它通过种种障碍、经过努力和苦难而获得成长和荣耀时，我为此怀着既严肃而又深切的喜悦。法国之所以能成立，它所付出的代价是十分高昂的。我们抱怨（而且不无理由）我们经受过的苦难和失着。我们的先人生活得并不比我们舒坦些，也不比我们更早和更便宜地摘取到他们劳动的果实。在他们遭遇的命运里，既有可悲叹之事，同时也有可振奋之事。历史使急功近利的企图沮丧而支持高瞻远瞩的愿望。

为了赢得一个美好和自由的政府，法国作了许多尝试，成功的很少，而且有时由于自己的错误，甚至它还不知道吸取教训就招致了失败，这是法国的特殊性格。这个民族充满了聪明和生机蓬勃的力量，它奋激，迷失了方向，又认清了，便突然改变了道路，或者静静地停步不动，表面上似乎疲惫了，丧失了徒劳探索的兴趣，但它绝不甘心于一筹莫展，便用其他的工作和其他的业绩来解脱那些政治上的挫折，直到它能重新向自己的伟大目标迅奔。自从十

① 系法文版第六版前言。——译者

四个世纪以来,法国经历了多次无政府主义和专制主义、幻想和失着的最显著的交替;它却从来没有长期抛弃过秩序,也没有抛弃过自由,这是各民族的两个荣誉的条件,也是它们持久的福利。

正因此我们的历史往往是阴暗的,却又始终是令人安心的。它告诉我们,不管我们当今的许多失误和罪恶,我们并非像人们指摘我们那样的是前所未闻的创新者和同样受指摘的好虚幻的梦想者。我们所追求的目的实际上正是我们祖先所追求的;跟我们一样,他们致力于解放和从精神与物质上提高我们社会的各个阶级;他们也跟我们一样力求用自由的制度和全民族的有效参与政治来保证公共事务的良好管理和人们的权利与自由。如果他们在这始终是伟大和坚毅精神的豪迈尝试里曾多次失败过,贵族或资产者、官员或普通公民却一直在普遍的低潮中间挺立着,保持着优良的原则、崇高的希望,不让神圣的火苗熄灭,因为人们还没有成功地把圣殿建立起来。而不幸的善良事业的这些坚忍不拔的护卫者们的信心可从来不曾受骗过;它的生命力不仅超过了它的那些不幸,而且时机一到,它又以更严格和更强劲的姿态重新出现。时间使它无法消灭的东西更壮大起来。

因此我们确信,在企求建立一个自由的制度时不但不会去否认多少世纪以来的法国,而且我们还是在继续它,所以失误完全不能阻挡成功的希望。

在这种令人鼓舞的自信心之外,我们的历史还增添了两项教训,我认为在许多其他教训之中那是最基本的,所以我特别要加以阐述。

社会各上层阶级的盲目争雄促使我们之间自由政府的试验趋于失败。贵族和资产者为了抵御或为了建立和实施自由,他们不但不联合起来，却反而互相分离，他们热衷于彼此倾轧或排斥，一方不肯接受对方的任何平待，另一方不肯接受对方的任何优势。这类妄自尊大的念头在法权上是极悖理的，在事实上也是徒劳无益的。贵族的有点儿浅薄的傲岸态度未能阻止法国资产者抬高自己并占据国家高层的地位。资产者的有点儿幼稚的嫉妒心也未能阻碍贵族保持那家庭名望和长期占据高位所得的利益。在存在着的和日见长大的整个社会中有一股上升和征服的内在运动。正在继续着的整个社会，按地位和次序的某种等级制度建立起来了，而且始终延续着。公道、情理、公共利益、当然还有个人利益，彼此都愿意大家接受社会秩序的这些现成的事实。在法国，各不同阶级不曾懂得具有这种巧妙的公正道理。因此他们彼此都给自己也给他们共同的国家背上他们不明智的利己主义的包袱。贵族和资产者，前者抱住了妄自尊大的低级趣味，后者抱住了嫉妒的低级趣味，他们在他们的社会福利中的自由、重要性和安全的程度都无可比拟地减缩了，而如果他们对人类社会的神圣法则稍微多一点点公道、预见性并表示服从的话，他们的状况就会好得多。他们不知道同心协力一块儿使彼此变得自由和强大；他们把他们自己也把法国投入了革命的旋涡。

这里是我们的历史给我们的第二项巨大教训。

历史给我们指出，我们在政治上受支配的特点据说像在战争中受 furia francese[①] 的支配一样。当我们全神贯注于一个原理、一种利益、一种感情时，我们绝对地、专一地被这些东西所控制；我们完全听从它们并

① 法军的猛烈突击（意大利语）。——译者

追随它们一直到底，像热情的逻辑学家一样，毫不考虑其他的因素和其他的事实。我们是否接近了自由的雄心壮志的境界了呢？我们为它牺牲一切，牺牲最迫切的秩序的条件、权力的最明显的需要、当前的休息、将来的安全。只要失误的后果一暴露，无政府状态一出现，一个有效的权力的需要变为确切无疑时，我们便会赶紧投靠它；我们便会向它交出所有我们安全的地位；我们便会迎合并超额满足它的要求。因为过去曾是过分的自由了，我们也就忘掉我们曾要求自由。这样的狂热和这样的健忘自有其不可避免的结果。分寸感、预见性、注意到社会中并存的各种不同的利益，考虑到彼此既结合又斗争的相反的原则，对这部分人和那部分人都给予他们自己的一份并只给他们那一份，及时地停下来，作适当的妥协，为了明天而对今天作些牺牲，这是智慧，这是灵活性，这是政治上的必要；这本身就是政治。上帝在民族悠久的命运方面，也像在个人短暂的经历方面一样，只凭这些条件给予他们以政治的成功。

民族比之个人，前者的优越性在于总会有时间可以学会成功之道。而法国是一定能够学得成功之道的，因为它在所有的时代，而且不管它的一切失误，它始终是伟大的、聪慧的和强有力的。它常常失败，却从不衰竭。它的一些成功总能克服它的一些挫折。虽然它已有了十四个世纪的历史，它仍是朝气蓬勃的。它丝毫不会放弃它实际上始终希望和寻求的东西。我是属于抱有坚定信念者之一，认为当法国看清楚为什么还没有成功的原因时，它一定会如所应该的那样获得它尚未取得的成功。

基　佐

瓦尔-利歇尔，1856 年 9 月

第　一　讲[①]

本讲的目的——详细研究欧洲文明史的两种方法——优先研究某一
特定国家的文明史的理由——研究法国文明史的理由——构成文明优点的
主要事实——按此观点比较欧洲诸大民族——英国文明——德国文
明——意大利文明——西班牙文明——法国文明——法国文明最完美，也
最能忠实代表一般文明——研究法国文明完全不是一种简单的研究——今
天知识界占优势的倾向——社会上占优势的倾向——从此引出的两个问
题——它们明显的矛盾——我们时代负有解决这些问题的任务——第三
个是纯粹属于精神上的问题，它同样是由文明的现状引起的——它所受到
的不公正的谴责——必须防止这种谴责——今天任何科学已成为一种社会 5
力量——任何力量都应当有助于个人精神的完善和社会的改善

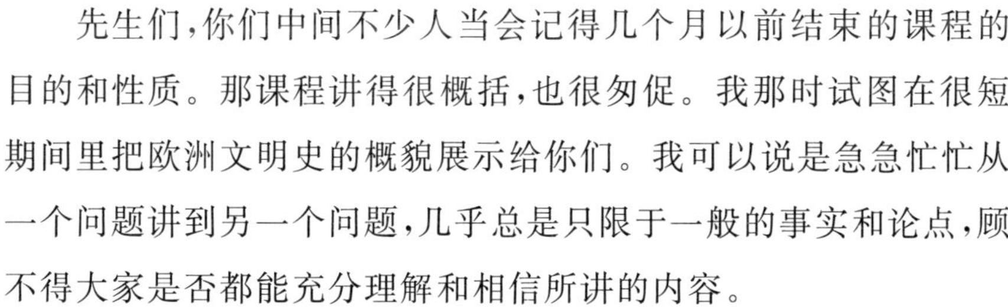

先生们，你们中间不少人当会记得几个月以前结束的课程的目的和性质。那课程讲得很概括，也很匆促。我那时试图在很短期间里把欧洲文明史的概貌展示给你们。我可以说是急急忙忙从一个问题讲到另一个问题，几乎总是只限于一般的事实和论点，顾不得大家是否都能充分理解和相信所讲的内容。

先生们，你们知道，我采取这种方法是迫不得已的；虽有此必要，但如果我没有预见到我可以在以后的讲课里加以弥补；如果我

① 天眉钉口处系原书页码。本讲自英译本的第一卷第269页起。——译者

不是在那时就打算以后再把我描绘的轮廓加以充实，使你们能循着我曾走过的道路，即认真而全面地研究具体事实这一途径以达到我有幸向你们提出的那全面的结果的话，我将由于因此而产生的种种不便而深感苦恼。上述打算就是我今天所要实行的方案。

要达到这样的目的，我面前有两种方法。我可以把去年夏季的课程从头开始，从整个欧洲的文明通史开讲，把我以前只能笼统讲过的再讲个详细，把我们过去匆忙得几乎透不过气来所讲过的问题再从容地讲一遍。或者我可以研究某一个大国、研究某一个文明已经得到发展的主要欧洲国家的文明史，这样，由于限制了我的研究范围，反而能更好地使我们对它进行透彻的研究。

先生们，这第一种方法我认为有很大的缺点。在讲述一部范围如此广泛，而且同时在其一切细节上都得完整无缺的历史中要保持——我强调说：要在那里“保持”——某种统一性，那将是困难的，姑且不说是不可能的。我们去年夏季已经认识到在欧洲文明里有一种真实的统一性；但这种统一性只有在一些一般的事实里，在一些巨大的结果里显现出来。只有登上山巅，地面上小的起伏和不同之处才会在眼底消失，才能发现整个地面的总的外貌、它的真实的和基本的自然面貌。当人们从一般事实中摆脱出来，当人们想深入观察种种特殊事实时，统一性便消失了，特殊性也就重新显现了；人们在形形色色的事情中往往会看不到原因和结果；因此为了详细地讲述历史，而又能保持某种协调一致，那就绝对必须缩小研究的范围。

然而这种方法，不论对讲课的人，还是对听课的人来说，都要求和必须具备非常广博和多种多样的知识，这就不免会引起很大的不同看法。谁想对欧洲文明的进程稍作正确的叙述，他必须不仅对不同民族发生过的事件、对他们本身的历史，而且还要对他们的语言、文学、哲学、最后还要对他们的生活经历的一切方面都具有相当深入的了解；这当然几乎是不可能的事，至少从我们的时间安排上来说是如此。

先生们，我觉得如果我专门讲述欧洲一个大国的文明史的话，我便可以更快地跟你们共同达到所追求的目的。那么，讲述的统一性便有可能同细节取得一致；每个国家都有由于风俗习惯、法律、语言、情况的相通而形成的民族的统一性，它在文明中留下了烙印。我们可以一步一个脚印地叙述那些事实而不放过其整体。最后，这样做便“有可能”（我不想用“容易”这个词）把各种必需的知识联合在一起了。

先生们，我因此决定宁愿采取第二种方法而放弃所有各民族 7
汇合形成的欧洲文明通史的方法，我只给你们专门讲某一国家的文明，如果我们看到它与其他国家的差异之处，它可以为我们充当整个欧洲命运的一个典型。

方法一经选定，选择哪个国家就并不困难了；我选取了法国史，选取了法国的文明史。对这番选择，我当然用不着否认我为此感到的愉快心情；谁也不会否认，爱国主义的一切情绪和敏感性都是正当的；问题在于它们是否合理和有没有充分的根据。今天有些人似乎担心爱国主义会因欧洲文明的现状所产生的思想感情的扩展而大受损害：他们预言它将在世界主义中变得软弱无力而消失。我不同意这种杞人之忧。今天，爱国主义正像人们的一切意见、一切行动、一切感情一样，都有这种情况。我同意，这种爱国主义同样在经常遭受广告、议论、审查等的考验；它必须不再成为一种偏见、一种习惯、一种盲目而固执的激情；它必须具有理性。先生们，在这种形势的压力下，它同一切自然的和合理的感情一样，是绝不会垮掉的；正好相反，它将会纯化和昂扬起来。它所遭受的将是各种考验；它将从此以胜利者的姿态出现。我可以肯定说：我如果相信有另一种比法国文明史更伟大、更有教益、更适宜于代表欧洲文明过程的欧洲历史的话，我一定会选择它。然而我有理由选择了法国。这不是由于我们对它的历史特殊关心，很久以来欧洲的舆论认为法国是欧洲文明最高的国家。每当斗争不牵涉到民族自尊心，当人们想在间接的和不带争论方式表现的思想和行动中寻求人民真实而无私的意见时，大家都会承认法国是文明最完美、最有感染力，且又最有力地冲击着欧洲人的想象力的国家。

8 先生们，请大家不要以为我们国家的这种优势应完全归功于我们社会关系的有吸引力、我们风俗的和畅、我们生活的轻快和生动，这些是人家往往到我们国家来寻求的。这些理由无疑在某些地方是存在的；但我说的事实却有更普遍和更深刻的原因：这完全不是像人们所指路易十四时代的文明的那种贵族气派，也不是看了一下我们时代的情况之后使我们设想的那种普遍的热情奔放。欧洲公正的意见对法国文明的偏爱从哲学上讲是合理的；是一种本能的判断的结果，在某种程度上它无疑是模糊的，但却是很稳固的，是以文明的一般性质和基本因素为根据的。

先生们，我希望你们还记得我去年夏季开课时试图给文明下的定义。我思索过，在人们的常识中有哪些概念跟这个词搭配得起来。我觉得按一般见解，文明主要包括两点：社会状态的进展，以及精神状态的进展；人的外部条件和一般条件的进展，以及人的内部性质和个人性质的进展；总而言之，是社会和人类的完善。

先生们，文明不仅包括这两点；要使它完善，那么它们的同步性，它们内部的和迅速的联合，它们相互的作用都是必不可少的。我曾经指出，如果它们不是常常配合好，如果一个时候是社会的发展，另一个时候是个体的人的发展推进得更快和更远的话，它们相互之间并不因此而就不太需要了；它们互相激励，而且迟早总会提携并进。当它们长久不能齐头并进，当它们的联合长久没有实现时，难堪的缺憾的感觉、尖锐的不满和不完善的感觉就会袭上目击者的心头。一项重大的社会改良、一项巨大的物质福利上的进步，如果不伴随着智力发展和精神上的相应的进步的话，它能在人民中间出现吗？这种社会改良就显得是不牢靠的、无法理解的、几乎是不合理的了。人们便要问是什么总的思想产生它和证实它的，它是和哪些原则联系着的。人们要使它不致局限于若干特殊的世代，局限于某一地域，而要使它能传递和流传出去，播及每一个国家。然而这种社会改良如果不靠思想、不靠学说的翅膀，它自己能够传递和流传吗？只有思想可以不受距离的限制，它可以跨越海洋，到处都能理解和接受它。再说，人类高贵的本性就在于一旦物质力量有了重大发展，它必然渴望精神力量能与之联合并指导它；只要社会改良除了纯粹的物质繁荣之外没有带来其他成果时，只要它没有把人的精神提高到与他的地位同样的水平时，某种次要的东西就会在它身上留有烙印。

反之，在什么地方突然出现一种巨大的智力发展，但没有随之出现任何社会进步时，人们就会惊讶，就会忧虑。这就好比看到一

棵好好的树没有开花结果，太阳不带来温暖也不兆丰年一样。人们便会蔑视这种不能开花结果的和不能控制外在世界的思想。人们不仅蔑视这类思想，而且最后还会怀疑它们充分的合法性和它们的真实性；当它们显得软弱无力和不能控制人类的地位时，人们便会相信这类思想是虚妄的。人类强烈地意识到自己在世上的事业是把理想转化为现实，按照他设想的道理把他居住的世界改造和安排好；文明的两大要素，即智力发展和社会发展，是非常紧密地联系在一起的；文明的完善的的确确不仅在于它们的结合，而且也在于它们的同步性，以及它们互相激发并产生自身的那种广度、便利程度和速度。

先生们，现在让我们用这种观点来考察欧洲各国的情况；探讨各个国家的文明特征，以及这些特征与这基本的、主要的、庄严的事实符合到什么程度，而这事实如今在我们看来便是文明的完善性。从这里我们可以发现在欧洲的各个不同的文明里，哪一个最为完善、最符合于文明的一般类型，从而最值得我们首先研究，而且最能代表整个欧洲的历史。

我从英国讲起。英国的文明一直是特别向着社会的改善，向着人的外界的和公共的条件的改良，向着不仅是物质条件而且也是精神条件的改良，向着使社会更公正更繁荣，向着使权利和幸福得以发展的方向前进的。但总的说来，在英国，社会的发展比起人性的发展来是更为广泛、更为辉煌的；在那里，社会的利益和社会的实际情况要比一般的思想占有更显著的地位，发挥更大的力量；民族比单个的人更伟大。这是非常真实的，所以在英国即便是似乎以献身于纯智力的发展为职志的哲学家，像培根、洛克和那些苏格兰哲人，他们都属于可称为实验派的哲学家；他们主要关心直接的和实证的成果；他们既不相信想象的冲动，也不相信逻辑的演绎：他们具有的是掌握常识的能力。我把注意力放在英国智力活动最重大的时期，放在它历史上精神和思想活动占有最重要位置的时期：我试以十六和十七世纪的政治危机和宗教危机为例。大家都知道那时英国发生过异乎寻常的运动。可是谁能告诉我，这个运动曾经产生过什么伟大的哲学体系、什么一般的学说，而且还成为全欧洲的学说的呢？这运动有过巨大的和可喜的结果；它创立了一些法律和道德规范；它不仅有力地影响于社会关系，而且也影响于精神；它产生了宗派和热情的信仰者；但它几乎不曾使人的精神的境界有所提高或扩大，至少没有直接地起这样的作用；它丝毫没有点燃那些能照耀整个时代的巨大的精神火炬中的任何一个火炬。也许没有任何一个国家的宗教信仰能像在英国那样被掌握过，而且至今还拥有着那么多的权威；然而这些信仰多半是实际的；它们在人们的品德、幸福、感情上起着巨大影响；但在整个人类理智方面所产生的一般的和理性的结果却是很少的。无论你们从什么观点来考察这种文明，你们总会在它身上看到这种基本是实际的和社会的性质。我可以把这种发展查究得更远得多，我可以把英国社会的各阶层逐一检验；我会到处发现同样的事实。比如说，在文学里，实际的功绩至今还是居于统治地位。没有人会说英国人擅长于写一部书，整部书写得合理而合乎艺术的安排，在各部分的分配方面，在技巧方面，都能以其艺术和形式的完整打动读者的想象，而读者主要渴望的是智力上的满足。精神作品的这一纯智力的方面，正是英国作家薄弱的地方，他们擅长于用明白的叙

11

述，用同样思想的不断反复和极明显的常识，用一切能导致实际效果的方法来使读者信服。

在英语本身也显露出同样的性质。它完全不是一种有系统的、有规律的、合理地构成的语言；它在各方面向十分不同的来源借取词儿，毫不考虑到对称与和谐；它主要缺乏希腊语和拉丁语显示出来的那种优雅和逻辑的美；它具有那种说不出的支离破碎和粗糙。但它却是丰富的、柔韧的，什么都能适应，能够满足人们在外部生活过程中的一切需要。在英国，到处占压倒优势的是功利和应用的原则，这便是它的文明的面貌和力量。

12

我从英国讲到德国。德国文明的发展曾是缓慢的和落后的；德国的风俗的粗野，若干世纪以来是尽人皆知的。然而人们从如此粗野的外表之下探寻文明的两种基本组成部分的哪一种发展比较快时，他们发现智力的发展在德国总是赶过和超越社会的发展；而人的精神在那里比人的状况要繁荣得多。请比较十六世纪德国宗教改革家路德①、梅兰希顿②、布塞尔③和其他许多人的智力状态；我说，请把他们著作中显示出来的精神发展，同这个国家当代的风尚，也同他们本身的风尚比较一下，有多么的不同呀！请看十七世纪，试把莱布尼茨的思想，把他的门徒们的著述和德国的大学等的情况同当时不仅在平民中，而且也在上层阶级中占优势的风尚相比；也请一方面读读哲学家们的著作，而在另一方面也读读那

① 路德（Luther, Martin, 1483—1546）：德国著名的宗教改革家。——译者

② 梅兰希顿（Melancheton, Philipp Schwarzerd, 1497—1560）：德国宗教改革家。——译者

③ 布塞尔（Bucer, Martin Kuhhorn, 1491—1551）：德国宗教改革家。——译者

些描写勃兰登堡或巴伐利亚的选帝侯的宫廷的回忆录，两者之间有多么大的差别！当我们转到我们的时代，这对比的差别还要更明显：今天，这已是一句常言，说是在莱茵河那一边，思想和事实、知识阶层和讲求实际的阶层几乎完全是分离的。没有人不知道，近五十年来德国的精神活动是怎么个情况；在哲学、在历史、在文学、在诗歌等一切领域里它都进展得非常快；可以说它并不总是循着最好的道路发展的：人们可以对它所达到的部分成就加以争辩；但对它的广泛的发展和充沛的活力，那是无可争辩的。当然，社会的状况，公众的条件，那是并没有按同一步调前进的。毫无疑问，那儿也有进步，也有改善；然而在两种现象之间是不可能进行任何比较的。所以德国的所有诗歌的、哲学的、历史的著作的特征是对外在世界缺乏认识，对现实缺乏感受力：在读这些书时可以看出生活和现实对这些作者的影响很小，完全没有干扰他们的想象力；他们过着离群索居的，时而充满激情，时而富有理智的思想生活。英国文化的特征是到处出现实际的天才，而纯粹的智力活动则是德国文明的主要特征。

在意大利我们找不到上述两种性质的任何一种。意大利的文明既不像英国那样基本上是实践的，又不像德国那样几乎完全是思辨的；个人智力的巨大发展，社会的技巧和活动力这些东西在意大利都并不缺乏；个人和社会在那里都表现得很辉煌；意大利人在纯科学、在艺术、在哲学方面，也像在事务的实践和生活方面一样，都是很卓越和擅长的。不错，意大利在某个时候在这两方面的发展的确好像是停顿了；在那里社会和人的精神似乎是软弱无力和瘫痪了；可是如果仔细观察起来就可以看出这绝不是一种内部的和民族的无能力的结果，而是外界的压迫阻碍了意大利：它好像一朵含苞欲放的美丽的花，可是有只寒冷而粗暴的手却从各方面压制着它。精神的力量和政治的力量都没有在意大利灭亡；它缺少的是它一直所缺少的那种在任何地方都是文明的重要条件之一的东西，——它缺少信心，缺少对真理的信心。我希望大家能正确理解我的意思，不要因为我使用的字眼儿而误解了我的原意。我这里说的“信心”的意思是指对真理的一种信赖，这种信赖不仅能使真理被认为真理，使人的精神得到满足，而且也使人自信有统治世界和管理事务的权力，并且相信自己有力量取得成功。人一朝感到开始掌握了真理，他便觉得应把真理运用到外界的实际中去，改良它们，按照理性来支配它们。这个正是意大利几乎普遍缺乏的；意大利向来富于伟大的才智之士；它同时还有大量具有罕见的实际才能的人，他们熟谙外部生活的一切条件，精通领导和管理社会的才能；但这两种人和事务却彼此一直各不相干。有一般思想的人，有思辨能力的人都不相信自己有责任来影响社会，甚至不相信自己有此权利；他们虽然相信他们的原则是正确的，他们却怀疑自己的能力。另一方面，实行家、社会上执牛耳的人几乎全不考虑一般的意见；他们几乎从来不想按一定的原则来管理他们管辖范围内的事务。这部分和那部分人的所作所为就仿佛仅仅认识真理就可以了，仿佛真理再也没有别的作用，而人们也没有更多的事有求于真理了。这就是十五世纪和其后的意大利文明的弱点所在；正是这种情况使它的思辨的天才和它的有实际能力的人往往予人以某种思想贫乏的印象；在这里，这两种力量一直没有能在互相信任、配合和不断的作用和反作用之下共存。

另外有一个大国，老实说，我是为了对一个高贵而不幸的民族表示重视和尊敬而不是为了必要才把它提出来的，我指的是西班牙。在西班牙，既不缺乏伟大的才智之士，也不缺乏伟大的事件；那里的智慧和人类社会有的时候显得十分繁荣昌盛；然而那只是些孤单单的现象，就好比沙漠里的棕榈树一般零零落落地被抛散在西班牙的整个历史里。文明的基本性质，它的一般的、持续的进步，在人类精神和社会两方面在西班牙都仿佛被排斥了。这是种庄严的静止，或者是没有结果的周而复始。试举出一种伟大的思想或一个重大的社会改革、一个哲学体系或有成果的制度是欧洲得自西班牙的；一样也没有：这个民族是与欧洲隔绝的；欧洲从它那儿所得很少，给予它的也不多。我如果把它的名字抹掉，那我将谴责自己；但它的文明在欧洲文明史里是并不重要的。

先生们，一般文明的基本原则和卓越的事实，思想和事实的密切而迅速的结合与和谐的发展，这些在我们方才观察过的四个大国的知识界和从事实际事业的阶层里都没有产生过。所有这几个国家就文明方面说来，它们都缺乏某种重要的东西；也没有一个国家提供给我们处在各种环境中的文明的全貌、纯粹的典型及其一切巨大的特征。

我认为法国的情况就不相同。在法国，精神的发展和社会的发展彼此从未相失过。那里人们和社会总是在进展和改善着，我不说两者并驾齐驱，但彼此差距是很小的。在我们的历史里，在那些重大的事件，在一些革命、公共的改良之外，人们总能看到一些带有普遍性的思想与相应的学说。在现实世界里发生的每件事，知识界都能立刻抓住并从中引申出新的财富来；知识界里的每件事都会在现实世界里产生反响和结果，而且反响和结果几乎总是很迅速的。实际上，在法国，思想一般都是领先于社会阶层，并促使它进步。思想在事情完成之前总是在学说里先进行酝酿，而文明在发展过程中，思想总是居于领导地位。智力活动和实践才干、思考和应用的这种双重性在法国历史的一切巨大事件和法国社会一切大的阶级里都留下了烙印，赋予它们以我们在其他地方所看不到的面貌。

举例说，十二世纪开始时爆发了公社的解放运动，这当然是社会情况的巨大进步；与此同时也展示了人们强烈渴望思想解放。去年夏天我曾指出过这一事实。阿培拉尔①是拉翁②和韦兹莱③的自由民的同时代人。在知识界中自由思想反对专制权力的第一次大搏斗是跟自由民争取公众自由的斗争同时期发生的。这两个运动实在说来，表面上彼此是完全不相干的：那些哲学家对揭竿而起的自由民抱着很坏的看法，把他们视为粗野的人；反之，自由民一听到哲学家谈到他们时，总是把哲学家看作异端。但这双重的进展有不少是同时进行的。

撇开十二世纪，看看法国思想史上起了最重要作用的机构之一的巴黎大学的情况吧。没有人不知道从十三世纪起，巴黎大学在科学工作上做得怎么样；它是欧洲这类机构中的第一个机构。在这个时期像这样重要、这样活跃的政治性的事物并没有第二个。

① 阿培拉尔（Pierre Abailard，1079—1142）：法国经院神学家，他是概念论（conceptualisme）学说的创始者之一。——译者

② 拉翁（Laon）：古代法国埃纳（Aisne）省的首府，距巴黎149公里。——译者

③ 韦兹莱（Vezelay）：古代法国约纳（Yonne）地方的首府。——译者

巴黎大学配合国王的政治和法国教会人士反对罗马教廷的一切斗
争，参与教士反对教皇的俗权的斗争；一些思想发展了，一些学说
在它内部建立起来了；它几乎立即努力把它们在外部世界里传播
开来。巴黎大学的一些原理成了康斯坦茨主教会议[1]和巴尔主教
会议[2]里一些改革者的旗帜，它们促成并支持了查理七世[3]的国事
诏书。智力活动和积极影响几个世纪以来总是与这所大学分不开
的。我们再进到十六世纪，试看看法国的宗教改革的历史：它在这
方面不同于别国；比任何别的地方都更为明智（至少是同样明智），
而且更为稳妥，更为合理。反对天主教会的博学和学说的主要斗
争是受到法国宗教改革家支持的；无论在法国或在荷兰，为这一斗
争而写的许许多多哲学的、历史的、论战性的著作总是用法文写
的；在这时期，德国也罢，英国也罢，肯定都没有在这方面运用更多
的智力和学问；而同时法国的宗教改革对德国的再浸礼教派教徒
和英国的分裂教派分子也是格格不入的；宗教改革很少和缺乏实 17
际的明智，然而大家不会怀疑它的信仰的力量和真诚，因为它长时
期抵御了最困难的逆境。

于是我们看到有四个或五个伟大的时代、四个或五个伟大的事件，其中显示出法国文明的特殊的印记。我们举我们社会的各个阶级为例；我们如研究它们的风俗、它们的面貌，我们就会被这

① 康斯坦茨主教会议（Concile de Constance）：1414 年在康斯坦茨召开的全体主教会议。——译者

② 巴尔主教会议（Concile de Bâle）：1431 年在巴尔召开的全体主教会议。——译者

③ 查理七世（Charles VII，1403—1461）：法国国王，1422 年继查理六世即位。——译者

同样的事实所感动。法国的教士既博学又积极,他们参与一切脑力工作和作为辩论者、学者代管教区的行政官员要做的一切世俗事务;他们可以说既不完全献身于宗教,也不完全献身于科学,也不完全献身于政治,而总是竭力把这几方面联合并调和起来。法国的哲学家也总是以思辨和实际知识的罕见的混合体的姿态出现;他们深沉地、大胆地思考;他们寻求纯粹的真理,毫不重视它的应用;但他们总是与外在世界、与他们生活于其中的世界的种种现实保持一致;他们上升得很高,但目光从不离开地面。几乎所有法国的伟大的哲学家、诸如蒙田[①]、笛卡儿[②]、巴斯加尔[③]、裴尔[④],都既不是纯粹的逻辑科学家,也都不是狂热者。去年夏天,就在这同一地方,你们听了他们雄辩的诠释者刻画出了笛卡儿这个同时是世俗的又是科学的天才的性格:"爽直、坚定、有决断而又果敢,在自己的书房里思考问题如同他在布拉格城墙下打仗时一样勇往直前";对生活的运动也像对思想的活动同样爱好,我们的哲学家们并非全都有笛卡儿的天才,也没有经历过像他那样有危险性的命运,但他们几乎全都同时寻求真理并了解世界,全都善于观察和思索。

先生们,最后在法国历史里,还有唯一的一类人,他们曾起到了真正为公的作用,他们试图把国家完全纳入它的行政管理之中,

---

① 蒙田(Michel Eyquem de Montaigne,1533—1592):法国作家、哲学家。——译者

② 笛卡儿(René Descartes,1596—1650):法国哲学家、数学家。——译者

③ 巴斯加尔(Blaise Pascal,1623—1662):法国数学家、哲学家。——译者

④ 裴尔(Pierre Bayle,1647—1706):法国作家。——译者

使国家得到一个合法的政府、法国的地方行政官和律师、议会和它们周围的一切机构，这唯一的一类人有什么特征呢？难道不正是知识和实际智慧的这种结合，对思想和事实以及对科学和应用的这种尊重吗？在纯粹的知识起作用的一切场合里，在博学、哲学、文学、历史里，你们到处都可以看到法国的国会议员和律师，他们同时参与一切公共的和私人的事务；在社会一切真实的和实际的利益里他们都插手。

随便从哪方面去观察法国，人们都可以看到这种两重性；文明的两种主要的要素在那里以紧密的配合发展着。那里的人从来不缺乏个人的自尊心，而他的个人的自尊心也不缺乏公众的重视和效用。人们对于常识是法国国民性的一个显著的特点一事谈得很多，特别在近来一段时间里更是这样。这确是如此；可是这绝不是一种完全为了在其事业上获得成功的那种实际的常识，它能深入思想深处并理解和评价这些思想的全部意义、而同时又考虑到外界事实的哲学的常识。这种常识就是理智；法国人的头脑既是理智的，又是通情达理的。

先生们，法国因此就有这样一种荣誉，即它的文明比任何其他国家更为忠实地重现了文明的普遍的典型和基本思想。这是最完全、最真实，也可以说是最有教养的文明。这便是欧洲的公正意见之所以承认它占首位的道理。法国表明自己是既明智又强大，既富有思想又有办法使这些思想产生效果。它既依靠各方人民的智慧，同时又依靠他们的改善社会的意愿；它调动了他们的想象力又激发了他们的雄心壮志；它显得既能发现真理又能使之取得成功。由于这双重资格，它使自己深得人心，因为人类的双重需要就在于此。

先生们，我们因此有权利把法国文明作为最重要和最富有成果的文明来首先进行研究。而这就需要像我方才提出的那样从社会的发展和智力的发展两个方面加以研究，这就需要我们密切注意人的思想、精神，人的内部、外部和一般的情况。根据这个原则来考虑，那么欧洲通史里任何一件大事，任何一个大问题我们都将在我们自己的历史里遇到。这样我们将达到我们给自己提出的历史和科学的目的；我们将时时看到欧洲文明的景象而不致在众多的和错综复杂的场面和人物里迷失方向了。

然而，先生们，对我们说来，问题还不止于此，还比看一个景象，甚至比作一次研究更为重要；如果我没有说错，我们在这里寻找的是单纯的知识以外的东西。一般的文明课程，尤其是法国文明课，提出了一个重大的课题，一个我们时代的特殊的课题，整个的未来都与之有关，这不但是与我们的未来，而且与整个人类的未来有关，而我们，也就是说我们这一代人，也许特别有责任来加以解决。

在探索真理——不管向哪个方向探索——的知识界里，今天占优势的精神是什么呢？是一种极为严谨的、严格而小心、审慎的精神，一种科学的精神，一种按哲学方法进行研究的精神。这是一种细心观察事实，只准随着事实逐渐被认识而缓慢地、一步步进行概括的精神。这种精神半个多世纪以来在研究物质世界的各门科学里显然占着统治地位；它取得了进步和荣誉。它今天逐渐进入到精神世界，进入到政治、历史、哲学中去。科学方法到处在扩大和增强；人们到处感到有拿事实作为我们行动的基础和规律的必要；人们确信事实是科学的主要根据，一般的思想如果不是从事实中间产生，如果不是植基于事实，而且在其整个发展过程中被事实所证实的话，那就不会有什么真正的价值。今天在知识界里事实是可靠的力量。

在从事实际工作的阶层里，在社会上、在政府里、在行政机构里、在政治经济里，出现了另一种倾向；在那里，对思想，对推理，对一般原则，对人们称之为理论的控制占着优势。这显然是我们时代发生的大革命的特征，是十八世纪一切工作的特征；而这一特征不仅能说明一种危机，说明一个暂时动荡时代的特征；而且还是一种恒久的、有规律的、平和的、能说明今天在各方正在确立起来或已在显露出来的这种社会状态的特征。这种状态建立在讨论和公开性上面，即建立在对公众的理智、学说、社会全体成员共同的信念的控制上。因此，一方面，事实在科学里从未占有过那么大的地位；另一方面，思想在外部世界里从未起过如此重大的作用。

先生们，从前情况却十分不同；在知识界里，在严格意义的科学里，事实是不被充分研究的，也是不大被重视的；推理和想象可以随心所欲地驰骋；人们大胆设想；人们只凭演绎的线索去瞎碰。而在政界里则正好相反，事实在现实的世界里是万能的，几乎被视为是天然地合法的，人们难得敢于反对它们，即使对之不满；在那种时代，煽动性的言论要比思想自由更为常见。一个人即使以真理的名义，为一种思想要求在这个世界的事务中占一席之地，也会有理由为自己的大胆鲁莽后悔。

所以文明的进展颠倒了老的一套：它把事实的王国建立在过去由精神自由活动统治着的地方，也把思想抬到了过去完全被事实独占的宝座上。

此事是十分正确的，上述结果在现代文明遭受的谴责中成为一种显著特征。现代文明的对手们一谈到人类精神的实际情况和它的工作方向时总是指责它枯燥和狭隘。他们说：这种严峻的、实证方法，这种科学精神降低了思想，冻结了想象力，使理解力窒息和丧失自由，禁锢它并使它物质化。当问题转到社会的实际情况时，转到社会正想做、正在实现的事时，这些人就说人们在追求幻象，说人们在理论里放进了信仰；应该研究、尊重、珍视的只有事实；应该相信的只有经验。因此现代文明被指责为既枯燥又空想，既犹豫又匆忙，既胆怯又鲁莽。作为哲学家，我们在着地爬行；作为政治家，我们想干那伊卡尔[①]的事业，我们将遭受同样的命运。

先生们，这双重的指责，或说得更确切些，这双重的祸害，正是我们要予以击退的。我们实际上负有责任来解决这里所引起的问题。我们负有责任在知识界里使对事实的控制越来越巩固，在社会上使思想越来越占优势；逐渐按照现实来控制我们的理性，按照我们的理性来控制现实；一面保持科学方法的严格，一面保持理智的合法的控制。这里并没有什么矛盾的地方，完全没有；相反地，这是作为世界上的一名旁观者的地位上和作为伟大戏剧里的一名演员的使命的自然的、必然的结果。先生们，我毫不作假设，也不作说明，我只是描述我所看到的事物。我们被投到我们没有作过

① 伊卡尔（Icare）：据希腊传说，他是建筑师台达尔（Dédale）之子，父子都被克里特岛国王米诺斯（Minos）囚禁在迷宫中。他制作了羽毛的翅膀，用蜡胶在身上，飞行逃出了迷宫。但他飞得太高，逼近太阳，以致蜡受热熔化，他终于跌落进爱琴海而被淹死。——译者

什么创造发明的世界上;我们发现它、观察它、研究它:我们必须把它当作一个事实,因为它独立于我们之外而存在着;我们的精神表现在事实上;它只有把事实作为原料;当它发现由这些事实产生的一般法则时,这些法则本身都是它看到的事实。作为旁观者的我们的地位就是这样。作为演员,我们却是另一种做法:当我们看到了一些外在的事实时,我们了解了在我们身上发展为在性质上超越于这些事实的一些思想;我们自己觉得我们有责任来改革、完善、调整现存的东西;我们感到我们能够对世界起影响,在那里扩展光辉的理性王国。这就是人的使命;作为旁观者,他服从于事实;作为演员,他控制着它,赋予它以更有规则的和更完美的形式。所以我方才有充分理由说:我们要解决的问题里并没有什么矛盾。可是在这双重的任务里的确包含着一种双重的祸害;在研究事实的时候,理解力可能被事实所压倒;它可能受压抑,变得褊狭、具体化;它会相信只有那些最初映入它眼帘的、直接明显地在我们身旁出现的、落到如人所说的我们感官里的才是事实。先生们,这真是重大而明显的谬误:有些事实是遥远的、巨大的、模糊的、崇高的、非常难于触及、难于观察、难于描述,但它们并不因此而不成其为事实,人也并不因此而减轻研究和认识它们的责任;如果人不能认识它们或者忘记了它们,那么他的思想性的确将大大的降低,而他所拥有的全部知识也将带有这降低地位的烙印。在另一方面,人的才智的抱负,在它作用于现实世界时也可能丧失自制力,变得过分的、空想的,也可能当他急切把他对外界事物的想法扩展得过远和过快时陷入迷途。可是这双重的祸害本身证明它产生于那双重的任务。这任务当然必须完成,问题也必须得到解决;因为文明的

实际状况清清楚楚地提出了它，而且不容许人家把它忘掉。今天，谁在寻求真理时离开了科学的方法，就不能拿研究事实作为智力发展的基础，谁在社会事务管理上不愿接受一般原则和思想、学说的指导，那他就得不到任何持久的成果，就将没有真实的力量；因为理性的或是社会的力量和成果，如今是完全取决于我们的工作是否与人类活动的这两个法则、是否与文明的这两种倾向相一致。

先生们，这还不是全部，我们还有另外一个问题要解决。我刚才提出的两个问题，一个是科学的，另一个是社会的；一个涉及纯粹的智力、真理的研究；另一个则是把这个研究的成果应用于外部世界。还有第三个问题，它同样是从文明的现状产生的，也是要我们去解决的；这是个道德的问题，它既不与科学也不与社会有关，而是与我们每个人的内部发展、与个体的人的价值和功绩有关。

除了我刚才提到的以我们的文明为目标的一些指摘之外，人们还指摘它对我们道德本性起着有害的影响。人们说，由于它好不断地争辩的精神，由于它什么都要争论、什么都要估量、什么都要归结为一个确切的和肯定的价值，它使人类的心灵变得沮丧和冷酷起来；说由于它自命为一切都正确，自认为比一切幻想和一切思想的冲动都优越，由于它装作知道一切事物的真正的价值，人们终于厌恶一切事物而只相信自己了。人们同时还说，由于现在生活的舒适，由于社会各种关系的轻松和愉快，由于社会里普遍出现了安全感，因此人们心灵萎靡不振和软弱无力了；还说人们习惯于只照管自己的同时，也就习惯于为了自己而要求一切，什么都省不下来，什么都不能牺牲，一点儿苦都不能吃。总而言之，人们认为一方面是利己主义，另一方面是娇气，风俗的冷酷无情和它的软弱无力乃是文明现状的自然的不言而喻的结果；认为忠诚和力量，人的这种巨大的力量和德行，它们曾在我们所说的野蛮时代显赫一时，却在我们所说的文明时代渐渐缺乏并还将继续缺乏下去，特别在我们的时代是这样。

先生们，我认为很容易驳斥这两重的斥责，并建立起：第一，这样一个一般的论点，即深入地和全面地看来，文明的现状，按道德的可能性说，完全不会导致利己主义和娇气这两种结果；第二，事实上，现代文明人必要时都并不缺乏忠诚和力量。但这问题会把我们引得很远，所以应该把它结束。不错，文明的现状给忠诚和精神力量增加了更多一层的困难，正像它给我在开始时讲到的爱国主义、给人的一切高贵思想和一切感情增加了更多一层困难一样。我们本性的这些巨大能力的出现常常带一些偶然性，好像不经过思考，也和动机无关，也可以说是任意的。这些能力往后将必须仅仅根据理性来行事，要求它们动机合理，结果有用。这无疑是人类本性为了显示他的伟大而提出来的更多一重的负担。先生们，它将会提出来的；人类本性对各种环境要求于它的东西从来不会忽视不理的；要求于它的越多，它就会越多地给予；它的财富总是比它的支出增加得更快。能力和忠诚将有其他的来源，将以其他的形式表现自己。毫无疑问，我们还没有充分掌握那些总的思想和可以鼓舞它们的内心的信念：符合于我们风俗习惯的信仰还很微小，还很模糊、虚弱：从前起作用的忠诚和能力的那些原则如今是没有效力了，因为它们已失去了我们对它们的信任。我们必须探索，直到发现一些能强有力地抓住我们、使我们相信并同时感动我们的原则。那些原则将能激发起忠诚和力量；那些原则将能使我

们的灵魂处于无私活动状态，处于构成道德的健全的、单纯的、朴质无华的坚定状态。把做这件事的必要性强加于我们的这种事态的发展将为我们提供做这事的手段。

先生们，因此我们在即将进行的研究中，我们的目标必须远远超过单纯获得知识；智力的发展今天不能也不应保持为一种孤独的事物；我们要为我们国家从中得出一些文明的新的材料，为我们自己得出一种道德的新生。科学无疑是美好的东西，即使仅仅为了它本身也值得人们为之付出自己的全部劳动；但当它成为一种力量并孕育出德行时，它就更千倍地美好了。先生们，这正是我在讲课中必须做的：发现真理；在我们之外的外部事实里，为了社会的利益去实现它；使它在我们内部转变为一种能诱发我们大公无私和道德力量的信念。这信念是人在这个世界上的力量和尊严。这便是我们的三重的任务，这便是我们工作的目标；这项工作是难于执行而进展缓慢的，它不会结束，只有不断成功地向前发展。然而也许任何一件事情都不会让人达到他向自己提出的目标；人的光荣是在不断地向目标前进。

第　二　讲

在学习法国文明史之前有必要先读一部法国通史——关于德·西斯蒙第先生的著作——为什么在研究一国的精神状态之前应先研究其政治状态，在研究人的历史之前应先研究社会的历史——第五世纪时高卢的社会状态——关于原始著作和揭示这问题的现代著作——这时期的世俗社会与宗教社会的区别——高卢的皇家政府——外省的省长——他们的办公机构——他们的薪俸——这种政府的效益和缺点——罗马帝国的衰落——高卢社会——1.元老院议员——2.胞族——3.平民——4.奴隶——这些不同的阶级与公众的关系——高卢世俗社会的衰落和虚弱——其原因——平民依附于宗教社会

先生们，在着手研究法国文明史之前请允许我劝你们中打算对此作一番认真研究的人注意阅读一部有分量的法国历史，它在某种意义上可以说是为我们将一起搜集的许多事实和思想安置一个框架。我不准备对你们讲述一些事件本身；可是这类事件你们是必须知道的。在我所能向你们指出的法国的历史书里，最好的无疑是德·西斯蒙第[①]先生的那一本。这书还没有写完，已经出版的十二卷只写到查理六世统治的结束；然而我们这一年要讲的

① 西斯蒙第（Jean Charles Léonard Simonde de Sismondi，1773—1842）：瑞士史学家和经济学家。——译者

肯定不会超过这个时期。我并不想在这里讨论德·西斯蒙第先生著作的优缺点。不过我只用几句话对你们说一下,你们将从中特别可以找到我专门让你们寻找的东西。作为对制度、政治发展、法国政府的批判的阐述,《法国人的历史》是不完全的,我认为有些不足之处:在已出版的那几卷里,关于对法国的政治命运最为重要的两个时期,即查理曼统治时期和圣·路易统治时期的叙述大概是该书最薄弱的部分。作为智力的和各种思想的发展史看,在探讨的深度和结果的正确性方面也同样有些不够的地方。然而不论作为历史事件的叙述,抑或作为社会状况的曲折变化、社会各阶级在不同时期彼此之间的关系以及法兰西民族逐步形成的图画看,这部著作则是十分卓越的,你们可以从中汲取丰富和可靠的启示。也许你们还希望书中说得更不偏袒一些和想象力更自由一些;也许有时你们觉察到作者的头脑里受到当代事件和舆论的影响太深了;但这无损于它成为一部宏伟和优美的著作,比它之前出版的一切同类著作无可比拟地高明;你们仔细阅读它,这会使你们对我们要共同做的研究工作会有很好的准备。

先生们,当我们探讨法国社会的某一个时代或某一个危机时,我打算给你们指出我们现存的一些原始的文献和曾探讨过这个主题的一些现代主要著作。这样,你们便可以在你们自己的学习熔炉中检验我试图提供你们的那些结果。

你们当能记得,我曾打算从它的总体上来考察文明,把它看作一种社会的发展和人类相互关系史和思想史中的一种精神的发展:因此我将根据这两个方面来考察每个时代。在任何情况下我都由研究社会状态开始。实在说来,这样做时我就将不是从开头着手：社会状态除了许多其他原因之外，是从民众的精神状态派生的；信仰、情感、思想、风气都在外部条件、社会关系、政治制度之前产生；除了一种必需的和有力的反应外，社会是由人所造成。所以为了符合于真正的编年顺序，符合于内部的与精神的编年顺序，就应当在研究社会之前先研究人。然而真正的历史顺序、事实在其中相继产生并相互造成的顺序却跟科学的顺序、跟适合于研究它们的顺序是根本不同的。在现实里，事实可以说都是从内部向外部发展的；原因都是内部的，它们产生外部的结果。与之相反，研究、科学则是由外部向内部进展并应该由外部向内部进展的。它首先是从外部显现的；外部是它首先接触到的，接着它就向前进展，逐步渗透并逐步达到内部。

先生们，我们在这里遇到了一个大的问题，这个问题经常遇到而且也被处理得很好，但可能还没有彻底解决，这问题就是分析和综合两种方法之间的问题。前者是原始的方法，创造的方法；后者是下一时期的方法，科学的方法。如果科学想按照创造的方法来进行，如果它想按照事实互相重演的顺序来研究事实，那么它就会冒很大的（且不说最大的）危险，危险在于在开始时看不到事物的充分的和纯正的来源，没有掌握它的全部的原则，而只抓着了产生出结果的许多原因之一，因而陷入一条狭窄而曲折的虚假的道路，它便越来越走上迷途；结果达不到真正的创造，看不到事物的真相，看不到事物逐一产生出来的实际情况，它只能产生出外表很宏伟但实际上完全没有意义的、不足道的、毫无价值的幻象，虽然在研究它们时耗费了大量智力。

在另一方面，如果科学按照它本来的方法，从外部向内部进行时，忘记了这样做完全不是原始的和有成效的方法，而事实都存在于它们本身之中并按不同于它观察这些事实时的顺序的另一种顺序发展的话，那么到头来它也可能忘记事实是在它之前存在的，它可能完全忘记一切事物的真正的基础，它可能晕头转向，可能自认为是现实，因而很快就变成为一个外貌和名称的混合体，这混合体跟相反方法的假设和推断同样愚蠢而不可靠。

先生们，重要的是绝不可忘记这个区别和它的一些后果；在我们研究进程中我们会不止一次地遇到它们。

当我去年夏天试图在欧洲文明的萌芽时期中探索它的一些原始的和主要的因素时，我发现一方面是罗马世界，另一方面是蛮族世界。所以开始研究现代文明时，不论对欧洲的哪一部分，都应该首先研究罗马帝国衰亡那个时期罗马社会的状况，即第四世纪末和第五世纪开始时的状况。当问题涉及法国时，这种研究尤其必要。因为整个高卢是从属于罗马帝国的，它的文明，尤其是它的南方的文明完全是罗马的。在英国和德国的历史上罗马所占的位置比较差些；它们的文明，其起源并非是罗马而是日耳曼的：只有到了后来它才真正受到了罗马的法律、思想、传统等的影响。我们的文明则是另一回事了；它从跨出第一步起就是罗马的。而且它具有这样一个特点，即它是从一般欧洲文明的两个源流中汲取营养的。高卢位于罗马世界和日耳曼世界的交界之处。高卢的南方主要是罗马的，它的北方主要是日耳曼的；日耳曼的风俗、制度、影响在高卢的北部占统治地位；罗马的风俗、制度、影响在南方占统治地位。这里我们已认出了我在上一讲里力图说明的法国文明的这种独特的性质，即它是从总体讲的欧洲文明的最完全的和最忠实的图像。英国和德国的文明主要是日耳曼的；西班牙和意大利的

文明主要是罗马的；唯有法国的文明则几乎同等程度地含有两个来源，它从一开始就重现了现代社会的复杂性和各种各样的成分。

因此，高卢四世纪末和五世纪初的社会状况便成了我们研究的第一个目标。这里我要请你们参考的，一方面是一些原始的巨著，另一方面是主要的现代著作。

在原始著作里，最重要的无疑是狄奥多西法典。孟德斯鸠虽没有确切地这样说，但他明白地有这种看法[①]，即这部法典在五世纪时是罗马的整个法律，是罗马的整个立法。这并非如此。狄奥多西法典是从君士坦丁到小狄奥多西为止的历代皇帝制定的各种法规的一个汇编。除了这些法规之外，古代元老院法令、古平民会议表决法、十二铜表法、古罗马执政官的法令，最后还有法律家的意见都构成罗马法的一部分。就在此前不久，由426年的瓦伦西尼安三世的一项法令，五个大法律家帕皮尼安、乌尔皮亚、保罗、盖约和莫代斯蒂的意见被赋予法律的力量。然而确切地说，实际上狄奥多西法典乃是帝国最重要的法典；它也是这一时期最光辉的文献[②]。

第二个原始文献是 *Notitia Imperii romani*[③]，这是第五世纪真正的皇家年鉴，它作出了帝国一切官吏、一切政府部门、一切政府与臣民的关系的图表[④]。这本书由法律家潘西卢勒予以渊博的

① 见《论法的精神》第二十八卷，第4章。（商务印书馆中译本第6卷第28章第4节。——译者）

② 对开本六卷，有J.戈特弗罗阿的注释。李代尔出版社。莱比锡，1738年。

③ 《罗马帝国概说》。——译者

④ 最好的版本是编入格雷维于斯（Grœvius）的《罗马古代文化》（*Antiquités romaines*）第7卷里的那一版。

诠释;我知道只有这部著作对罗马社会的内部状况记载如此多的奇特的事实。

最后,我要把宗教会议法令的一些大集子指点给你们作为第三种原始资料。这方面有两种:在高卢举行的宗教会议的集子,是由西尔蒙神甫[①]出版,附有拉朗特的补编一卷[②],还有拉勒神甫编的宗教会议的一般集子[③]。

至于近代著作,这里首先有我认为你们参考起来能更多受益的法文著作:

1.《法国君主政体的政治法规的理论》,这部作品知者很少,在革命初期出版[④],由一位妇女,德·雷扎第耶尔女士编著。这大概只包括说明第三至第九世纪高卢和法兰克人的状况、风俗和法规的立法与历史原本;然而这些文本都是按次序编集,并且由内行翻译,达到极准确的程度。

2.我也想给你们指出我发表的《论法国历史》[⑤]中的一些论文,其中我以不同的方式特别着重论述了紧接罗马帝国衰落前后高卢的社会状况。

至于教会的历史,我认为弗栾利的一本是最好的。

先生们,你们中懂德语的可以读:

1.萨维尼先生著的《中世纪罗马法史》[⑥],这书可以说明罗马

① 对开本三卷,巴黎,1629年。

② 对开本一卷,巴黎,1660年。

③ 对开本18卷,巴黎,1672年。

④ 于1792年出版,8开本八卷,巴黎。

⑤ 8开本一卷,巴黎。

⑥ 8开本四卷,尚未出齐。

法在欧洲从来不曾消失过，它在五世纪到十三世纪许许多多的制度、法规和习俗里重新出现。书中对社会的精神状态往往未予准确的评价，也未加忠实的描述，然而在事实、科学和评论方面它却是十分出色的。

2. 昂克先生的《基督教会通史》[1]这本著作不太详细，在事实的了解和鉴别方面有不少缺点，但所作批判很在行、很有见地，而且在同类著作中具有罕有的独立见解。

3. 吉述勒的《教会历史教程》[2]，这是这个题材在德国极为流行的那种广博的概述性著作中最新和最全面的著作，如果大家想深入研究，本书可以作为指南。

先生们，你们大概已经注意到我在这里向你们指出了两类著作：一类是世俗的历史，一类是教会的历史。这是因为事实上这个时期在罗马世界里有两种十分不同的社会：世俗社会和宗教社会。它们不仅在目的上不同，不仅因为它们受不同的原则和制度的支配，不仅因为一个是老化的而另一个是年轻的；它们之间还存在着更重要和更深刻的差异。世俗社会在外表上似乎跟宗教社会一样是基督教的；君主和平民绝大部分信奉基督教；可是世俗社会实际上却是异教的；它的制度、法律、习俗是异教的。这是异教造成的社会而绝不是基督教造成的。基督教的世俗社会只有到后来，在蛮族入侵之后才发展；时间上它属于近代史。在第五世纪，不管外表形象如何，在世俗社会和宗教社会之间存在着不一致、矛盾、斗

① 8开本六卷，第四版。不伦瑞克，1800年版。

② 8开本三卷，波恩，1827年版。

争;因为它们具有迥然不同的起源和本质。

先生们,我请你们永远不要忘记这个不同;只有它才能使我们理解这个时代的罗马世界。

那么这个名义上是基督教的而实际上还是异教的世俗社会到底是什么呢?

我们首先来看看它的外表,最明显的外表,它的政府、它的制度、它的行政吧。

在第五世纪,西方帝国分为二大行政区:高卢大行政区和意大利大行政区。高卢大行政区有三个行政区:高卢、西班牙和不列颠。大行政区的首脑是大行政区署的一个行政长官;每个行政区署的首脑是一个副行政长官。

高卢大行政区署的行政长官驻在特里尔。高卢划分为十七个省,每省由一个特殊的、受大行政长官指挥的省长管辖。这些省中的六个[①]由一些执政官管理;其他十一个[②]由一些议长管理。

至于管理方式,这两类统治者之间并没有任何重要的差别;它们的差别只在等级、头衔上,而实际上则运用同样的权力。

在高卢也像在别处一样,省长有两种职能:

1. 他们是皇帝的直接代表,在整个帝国范围内负责中央政府的利益,征收捐税,管理公家领地,皇家驿站,军队征兵和管理;总之,有关皇帝可能对臣民发生的一切关系。

2. 臣民自身之间发生的审判案件。一切民事和刑事审判权

---

① 维恩纳省,第一里昂内省;第一和第二日耳曼尼亚省,第一和第二比利时省。

② 阿尔卑斯滨海省,阿尔卑斯卑尼纳省;大塞康省,第一和第二阿基坦省;诺望包毕拉尼省,第一和第二那尔波内士省;第二和第三里昂内省;塞农的里昂内省。

都属于他们,只有两个例外。高卢的有些城市具有所谓的 jus Italicum——意大利法权。在意大利的一些自治市,审理市民的司法权,至少在民事和第一审的司法权是属于某些自治市的行政官员,duumviri, quatuorviri, quinquennales, œdiles, prœtores 等的[①]。人们往往认为除意大利之外所有其他省的情况都是这样;这是错误的看法:只有几个相似于意大利自治市的城市,那里的行政官员才能执行真正的审判权,但每一审都得向地方长官申诉。

而且不但这样,从第四世纪中叶起几乎在所有的城市里,还有一个特殊的、叫作 defensor [②]的不仅由胞属或市政府,而且由全部人民选举的行政官员,他的责任是在必要时为保护居民的利益甚至可以对抗省长。保卫者在民事方面有第一审的审判权;他甚至可以审判相当数量我们今天称之为轻罪的案件。

除了这两种例外,省长单独审判一切诉讼案件,除了向皇帝上诉的案件之外,他们都可以作出判决。

请看他们的审判是怎样进行的。在帝国头几个世纪里,那时按照古老的习惯,掌握审判权的执政官、省的省长或自治市的行政官员,在面对一件诉讼案件时,他只决定法律的准则、据以审判的合法的原则。这就是说他确定案件所涉及的法律问题,然后指定一个单纯的市民,叫作 judex[③],是真正的陪审员,让他来审查和决定事实的要点。人们把行政官员提出的原则应用于被陪审员承认的事实,案件便这样判决了。

① 二人执政官,四人执政官,任职五年执政官等。——译者

② 辩护人,保卫者。——译者

③ 陪审员。——译者

随着皇帝的专制政权的逐步确立，以及古时自由的消失，陪审员的参与便慢慢地变得不是经常性的。行政官员们不再咨询他就决定人们称之为 extraordinariœ cognitiones[①] 的案件。戴克里先正式废除了各省中的这一制度，它只作为例外出现；查士丁尼证实在他统治下它已完全废弃了。因此审判权已完全属于省长，他们一方面是皇帝一切事务的代理人和代表，另一方面，又是市民的生活和命运的主人。他们在审判案件时除向皇帝求告外，不呼请市民帮助。

先生们，你们愿意通过别的渠道获得关于他们权力的范围和行使权力的方式的概念吗？我从《罗马帝国概说》中举出一个省的省长下面官员们的表来，这个表跟人们今天从《皇家年鉴》关于一个部或一个大行政区的办公处组织的表完全相同：他们都是我即将介绍给你们的大行政区署的官员；但大行政区署的行政长官属下的省长、执政官、评审委员、议长在他的监督下行使和他同样的权力；而他们的办公处几乎完全和他的一样，唯规模较小而已。

大行政区署的行政长官的主要职员有：

1. 主任(Princeps 或 primiscrinius officii)：他传唤当事人到大行政区长官的法庭上申述；他编写和口述判决书；根据他的命令拘捕人犯。但他的主要任务是征收捐税。他享有多种特权。

2. 副主任(Cornicularius)：他公布省长法令、告示和判决书。他的职务来自很古的时候；古时的护民官都有一个 cornicularius(受号角形勋章的士兵)(见瓦莱里乌斯·玛克西

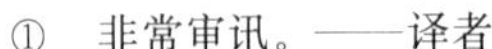

① 非常审讯。——译者

姆斯,I, vi, c.11)。他的名字来自他具有作为区别标记的一个号角(corne),他可能用它来在执行职务时使公众沉默。传令官(prœco)在他的领导下。其任职期只有一年,有一所有众多办事员的大办公处。这是一种首席书记官的职务。

3. 帮办(Adjutor):副手或代理人员,其职务似乎是给所有其他职员需要时当随员;他的独特的任务是逮捕罪犯,主持用刑,等等。他也有自己的办公处。

4. 监狱长(Commentariensis):监狱的长官,他比我们的狱守(geôlier)官阶为高,但执行同样任务;他管理监狱,解囚犯上法庭,当他们匮乏时提供给他们食物,对他们严刑拷问等。

5. 民事承办人 (Actuarii vel ab actis):他们为公民草拟契约和法庭作证用的一切文件如遗嘱、赠与证书等。从这里产生了公证人。由于跟随大行政区署的行政长官或议长的民事承办人不能每一处都在场,二人执政官(duumvirs)和自治市其他行政官员便受权作为他们的代表行事。

6. 会计员(Numerarii):他们从事会计工作。普通的省长配备有两名会计,叫作司账(tabularii);大行政区署的行政长官有四名:(1)财产司账(numerarius bonorum):他管理属于金库的资金账目,其收入应归于 comes rerum privatarum; (2) 纳税司账(numerarius tributorum):他负责对转归 œrarium 的国库收入和宗教捐赠收入的账目计算;(3) 金币司账 (numerarius auri):他收纳从各省收来的金子,使收来的银币兑换成金子,并计算金矿收入的账目;(4) 劳务司账 (numerarius operum publicorum):他管理一切公共工程如港口、城墙、高架渡槽、公共浴池等的账目。这些规定由各城市三分之一收入和按照情况征收的土地税维持。这些司账有一大批雇员受其指挥。

7. 副帮办(Sub adjuva):帮办的助手。

8. 文书主任(Curator epistolarum):这是负责通信的秘书,他有许多下属,名为文牍员(epistolares)。

9. 秘书(Regerendarius):担任把治下的居民的呈文转递给大行政区署的行政长官并草拟复文。

10. 收发员(Exceptores):他们缮写大行政区署行政长官的一切有关判决的文件,并在他的法庭上宣读;他们在一个主任(Primicerius)的领导下工作。人们可以把他们跟我们的副书记官相比较。

11. 特等卫士(Singularii, 或 singulares, ducenarii, centenarii, etc):属于为省长服务的一种近卫队的头目。特等卫士像卫队一样跟随他们,在省里执行他们的命令,缉捕罪犯,并押送进监狱。他们征收捐税,就像二百夫长(ducenarii)或小队长(cohortales),百夫长(centenarii),六十夫长(sexagenarii)等一样。

12. 首席百总(Primipilus):即这些小队长的头目,他的专职是以大行政区署的行政长官的名义主持兵士口粮的分配,并在交付前检查这些口粮。

这里列举的显然只是些最重要的职员,在他们领导下一定还有许多其他职员。在非洲的大行政区的行政长官的办公处里有398名职员,在东方伯爵的办公处里有600人。即使不以人数计算,你们从这些人的职务的性质看,省长的权限包罗着整个社会都要跟它们打交道的一切事物。

我要请你们留意一下他们接受的薪俸;你们可从中得出关于这个时代的社会状况的一些相当有趣的实例。

在严厉的亚历山大统治下,按他的传记作者朗普利特的一段话[①],外省的省长们接受二十镑银子和一百枚金币[②],六罐(phialasi)酒,两头骡和两匹马,两件礼服(vestes forsenes),一件便服(vestes domesticas),一只浴缸,一个厨师,一个骡夫,最后(我请你们原谅我如此琐碎,但它太具特点,因此我不便删去),如他们没有结婚,还可以有一个姘妇,quod sine his esse non possent,原文这样说。当他们不担任职务时,他们就得退还骡子、马匹、骡夫和厨师。假如皇帝对他们的行政管理感到满意时,他们可保留其余东西;否则他们就该退回其四倍之值。在君士坦丁那时,用实物作薪水依然存在,至少有一部分存在;人们看到亚细亚和本都这两个大省的省长接受四盏灯用的油。只有到了狄奥多西二世,确切地说是在第五世纪上半世纪时,人们才中止给省长以任何实物。可是东罗马帝国的职员直到查士丁尼时代还接受食物和其他货物作为报酬的一部分。我所以详细讲述这种情况,是因为这可以启示我们,在帝国内商业关系并不活跃,流通渠道也不完善。

先生们,事实很清楚;这个政府的性质是明显的:各种职员是没有什么独立性的;他们是一个从属于另一个,直到皇帝,皇帝支配并完全决定他们的命运。对于臣民,是没有来自官吏们的控诉

① 第 42 章。

② 据 M.勒特隆纳说,是 3913 法郎。

的，只有向皇帝提出申诉。你们到哪儿都不会遇到并列的、同等的、规定彼此可以控制和限制的权力。一切都是从上而下或者从下而上地按照唯一的和严格的等级制度原则行事。这是纯粹的简单的行政的专制政治。

然而你们可不要因此断定这种管理制度、这种行政机构是完全为了专制权力的利益而设置的、并且除了为绝对权力服务以外从来不寻求和产生过其他效果。为了公正地评价它，我们对共和国为帝国所替代时，外省尤其是高卢的状况必须具有正确的概念。在那里统治的有两种权力，一种是由罗马派来临时管理这个或那个省的总督的权力；一种是这地方在处于罗马奴役之前古罗马的民族首领的权力。我相信这两种权力一般地说是比接替它们的帝国政府更不公正和更无法忍受。我不认为对一个省来说，没有比罗马的行省总督这种任期短暂的贪婪的暴君更可怕的了，这种人

40 的到来是为了自己发财，并在一定时间内唯一切个人利益的需要和专制权力的一切欲求是图。毫无疑问，这些外省总督并非都是维勒斯[①]或皮索[②]之流；但在一个时候所干的罪恶也是相当可观的；而且如果要有个维勒斯来激起罗马的忿怒的话，那么在接近这种限度以前，一个省的总督有什么不能干的呢？至于地方上旧时的首领，我不怀疑那是种非常不正常的、暴虐的、野蛮的政府。当

① 维勒斯（Caius Licinius Verres，公元前119—前43）：罗马政治家，西西里的外省总督。在职时横征暴敛，使人民陷于水深火热中。——译者

② 皮索（Pison，拉丁名Piso）：罗马一大家族，其中Caius Calpurnius Piso在公元前67年是罗马执政官和纳尔榜高卢的外省总督，被凯撒指控犯贪污罪，由西塞罗为之辩护。——译者

高卢被罗马人征服的时候，它的文明要比罗马低得多。在那儿有两种占优势的权力，一方面是天主教的教士、德洛伊教祭司，另一方面是可以跟酋长作比拟的氏族首领。高卢的乡间的旧的社会组织实际上同爱尔兰或者同上苏格兰的相类似；居民们集合在重要人物、大地主的周围：例如韦辛杰托利克斯[①]可算得是这样的首领，他是无数农民以及与他的财产、家庭、利益相连的小业主的保护主。先生们，在这种制度下能发扬美好和可贵的情感；它对于与之有关的人能引发掌权的经验和深刻的热情；但总的说来，它对于进步和文明却不太有利。什么正规的和能理解的东西都没有建立；粗野的激情却在那里自由地发扬；私人间的战争连绵不断；那里的风俗停滞不动；一切事情都以个别人的或地方性的利益来决定；一切都阻碍了繁荣增长、思想扩展、人和社会的富裕和迅速发展。因此当帝国的政府在高卢开始生效时，尽管充满爱国心的人们自然会有怨恨和遗憾的痛苦，但它肯定要比旧的民族政府更开明、更公正、更注意到一般的观点和真正的公共利益，而这些是旧的民族政府过去所做不到的。它既不陷入家庭、城邦、部族的对抗，也不受宗教、出身的偏见和野蛮、固定的习俗的束缚。另一方面，总督们的职务更为稳固，他们在一定的程度上受帝国权力监督，他们比元老院的行省总督们较不贪婪、粗暴、压制人。因此，在第一、第二，甚至在第三世纪，人们看到在高卢的繁荣和文明方面有了真正的进步。城市富裕起来，发展着，自由人的人数增长了。

① 韦辛杰托利克斯（Vercingetorix，公元前82—前46）：高卢人首领，率众抗击罗马人，屡获胜，最后失败，死于罗马狱中。——译者

在古代高卢人那里，对一个普通的自由人来说，置身于一个大人物的保护之下，投到一个保护主的旗下，这是一种习惯，也就是一种需要；只有这样他们才能获得一些安全。这种习惯在帝国统治的最初几个世纪里在减少，但并没有完全消失；自由人的生活比较不受拘束，这证明他们的生活已得到一般法律和国家权力较好的保证。在不同的阶级之间采纳了较多的平等，全都获得了幸运和权力。风俗变温和了，思想开展了，地方上遍布着建筑物和道路。一切终于表明社会在发展，文明在进步。

然而专制政体所带来的好处是短暂的，它毒化了自己所开辟的源泉。它可以说只具有一个例外的优点，它是环境的产物；一旦这个有利时机过去了，它本性的所有缺点便以加倍的凶猛爆发出来并在各方面把社会压得透不过气来。

随着帝国的日渐衰弱，或更确切些说，由于皇帝的权力的日渐衰弱，随着它遭受到更多外部和内部的危险的折磨，它的需求变得越来越大和紧迫；它需要更多的钱、人员和更多各式各样的行动的办法；它要求于人民的越来越多，而为他们做的越来越少。为了抵御蛮族，它派遣很多军队到边疆去；在内部只留下较少的部队来维持秩序。它在君士坦丁或罗马耗费更多的金钱来购买辅助物品或用来满足凶狠的廷臣；却只用很少的钱于外省的管理。这样，专制政府既需要更多，同时却更趋衰落，不得不向人民索取得更多而又无力保护他们所存留的仅有的一点东西。这双重的灾害到第四世纪末就充分爆发了。在这时期，不仅一切社会进步都停顿，而且倒退的运动也很明显；领土从各方面被侵犯，内部被蛮族部队所蹂躏；人口减少了，在外省减少得更多；在城市里，公共工程停顿了；

装饰工作都搁浅了;自由人又开始成群地去寻求一些强有力者的保护。这是第四和第五世纪高卢的作家们不断地发出的怨言,例如萨尔维央[①]在他的著作 *De gubernatione Dei*[②] 里所述恐怕要算这个时期的社会情况的最生动和最奇特的画面了。总之到处出现政治衰败和土地荒芜的明确征兆。

灾祸发展到如此地步,以致罗马帝国感到自己已无法生存下去:它开始召回自己的部队;它对外省、对大布列塔尼、对高卢说:"我不再能保卫你们,你们自己保卫自己吧。"罗马帝国从各方面撤退,把它从前费了那么大的劲征服的各省或者抛弃给蛮族,或者扔给各省自己。

先生们,特别在高卢,这个被留给各省自己并不得不自给自足的是什么样的社会呢?它是怎样构成的?它有哪些方法、哪些力量来维持?

这个时期在高卢存在着四类人、四种不同的社会等级:1)元老院议员;2)胞族;3)名为庶民的真正的人民;4)奴隶。

元老院议员的家族的明确存在是由那时的一切历史文献所证实了的。我们或者在立法的文献中或者在历史学家那里到处遇到这个名称。它是否指其成员属于或曾经属于罗马的元老院,或者单纯指高卢各个自治市的元老院的家族呢?这是个正统问题。因为每个城市的元老院(sénat),名称为 curia 的罗马市市长评议会也常常称自己为 senatus(元老院)。

① 萨尔维央(Salvien(拉丁名 Salvianus),390—484):历史学家,马赛神甫。——译者

② *De gubernatione Dei*:《上帝的统治》。——译者

我认为人们不必怀疑它指曾属于罗马元老院的家庭，并从而取得他们的元老院的名字；可以随意组织元老院的皇帝常从帝国的一些行省里，把各主要城市的一些重要的家庭成员招募进去。担任过重要任务的人们，例如各省的省长，都有希望进入元老院。只要从皇帝那里得到这类任务的荣誉称号的任何人，很快就被赐给了同样的照顾。最后，只要得到一个简单的称号，如 clarissime（贵族）的，就像人们今天给予一个什么男爵或伯爵一样，都可以被列入元老院的议员之列。

这种资格予人以真正的特权，它使元老院议员处于其他市民之上：1）称号本身；2）由特殊的法庭审判之权；当一件死罪的案件涉及一个元老院议员时，法官必须联合五位由抽签决定的陪审官陪审；3）豁免刑讯；4）最后，豁免担任自治市的职务，这在那时已成为十分沉重的负担。

这便是元老院议员家庭的情况。说他们形成了一个完全不同于其余市民的市民阶级也许是过甚其词；元老院议员是从一切阶级里产生的，甚至获得解放的奴隶也在内；皇帝随时可以收回他给予的特权。然而因为这些特权是实在的，而且还是世袭的，至少对于那些在其父亲升为元老院议员后诞生的孩子们的社会地位就有了实质性的差别，有了一种原则或至少有了政治贵族这一非常明显的外表。

市民的第二个阶级是胞族（curiale）或缙绅（décurion），即富裕业主，这不是罗马元老院的成员，而是市议会或是他们城邦的议员。我在我的《法国历史初论》一书里试图概括有关胞族的法规和事实，并从而得出一张他们状况的确切的图表来。让我在这里引述这一概括：

胞族阶级包括城市的居民，他们或者是出生在那里（自由市公民 municipes），或者是到那里来定居的外地住户（incolœ），他们具有 25 个 jugerum[①] 以上的地产，而且不以任何名义被列入豁免胞族义务的特权者之中。

属于这阶级的人或者是由于出身，或者是由于指定。

胞族的子女都是胞族，并须承担这种身份所规定的一切义务。

所有得到 25jugerum 以上地产的居民（商人或其他人）都有义务接受市议会的要求，并不得拒绝。

任何胞族不能凭个人行为和意愿而脱离自己的身份。他被禁止到乡间居住、加入军队、接受使他得以摆脱自治市的义务的职位，只有在担任过从市议会的普通成员直到城市的初级官员的一切职务以后才能开禁。这以后他们才能成为军人、公务员和元老院议员。他们在这种提升前所生的孩子仍然是胞族。

他们只能在把他们财产传给另一个愿意继承他们当胞族的人或把财产转给胞族组织以后才能当神职人员。

由于胞族不断地力图摆脱他们的地位，就有许许多多的法律规定追索逃脱了的或已经悄悄地进入军队、教士、公共职务、元老院的人，一旦发现，就把他们从那里拉出来退还给胞族组织。

① jugerum：古罗马的地积单位，每个 jugerum 相当于 25 公亩。——译者

胞族无论是自愿或被迫，就这样被固定在胞族组织中，他们的任务和负担如下：

1. 管理自治市(municipe)的事务、它的支出和收入，或者在胞族组织中加以审议，或者交给市议会行政官员处理。在这双重的情况下，胞族不仅负责个人的经营，而且也负责城市的需要；当收入不足时，这些需要由他们自己负责供给。

2. 征收公共的捐税，在征收不足时，也要由他们以自己的财产来承担。应征土地税而被所有者放弃的土地应重归负责纳税的胞族组织所有，直到有人愿意接受土地并承担纳税义务为止。假如没有这样的人出现，被弃土地的捐税应由其他所有者分担。

3. 没有省长的准许，任何胞族成员不得出售使之成为胞族成员的财产。

4. 如胞族成员的继承者是胞族以外的人，以及胞族的寡妇或女儿出嫁给非胞族成员的，必须放弃其财产的四分之一给胞族组织。

5. 没有孩子的胞族成员只能按遗嘱拥有他们四分之一的财产。其余四分之三根据规定归胞族组织。

6. 他们没有获得省长的准许，不得离开自治市，即使有限期的离开也不行。

7. 当他们未经许可而脱离了胞族，而且在一段时间后不能把他们弄回来时，他们的财产被没收以充胞族之用。

8. 被称为 aurum coronarium（金花冠）的在某些庄严节日捐献给亲王的税款应完全由胞族成员负担。

接受这类负担的胞族成员能有如下的补偿：

1. 豁免受拷问，除非情况特别严重。

2. 豁免某些施诸贱民的肉体刑和耻辱刑。

3. 在经历了一系列自治市的职务后，那些能设法应付和避免随时能出现的毁灭性风险的人今后可免任自治市的任何职务，也可以享受某些荣誉并常常可以接受“伯爵”的头衔。

4. 担任什长的人陷于穷困境遇的，自治市应负担其生活费。

我不需要强调：这种境况看来是多么艰苦和沉重，以及各城市富裕阶级即自由民（bourgeoisie）又必然会沦于怎样的一种状况。因此有种种迹象表明这个阶级的人数在日益减少。当人家想知道胞族成员的数量时却找不到资料。实际上每年都建立胞族的表册（album curiœ）；但这些表册都丢失了。根据法勃莱蒂的铭文，德·萨维尼先生曾举出过一种，那是加诺萨表册（Canusium），加诺萨是意大利的小城；这是223年的，记载这城的胞族数字有148人。根据它的幅员和比较的重要性来判断，高卢的一些大城市如阿尔、纳尔榜、图卢兹、里昂、尼姆，人数就应该多得多。毫无疑问，实际上早期的情况就是如此；但胞族的人数在日益减少，到了我们对之进行研究的时期，在一些最大的城市里一般只有上百人而已。

高卢社会的第三个阶级是本义的人民，或平民（plebs）。它一方面包括依其财产不够资格称为胞族的小业主；另一方面包括自由的商人和手工业者。关于小业主，我没有什么要说明的，他们人数大概十分少；但对于自由手工业者，我需要作一些解说。

先生们，你们都知道，在共和国时期和帝国初期，工业是奴隶们为其主人获利的家庭职业。一切拥有奴隶的业主都在自己家里叫奴隶制造为他们所需要的任何东西；他们有奴隶铁匠、锁匠、细木匠、鞋匠等。他们不仅使奴隶为他们工作，而且还把产品出售给自由人、他们的主顾或没有奴隶的其他人。

由于这样一种我们没有探索过其过程，也没有追溯过其根源、而在某一个时代完成而表现出来以前进展得很缓慢而隐蔽的革命，工业走出了家庭的范围，同时形成了一批自由的手工业者，他们代替手工业者奴隶，他们不是为主人而是为了公众和为他们自己的利益而劳动。这是社会状况中的一种巨大的、孕育着不可估量的后果的巨大变化。它是什么时候和怎样在罗马世界内部发生的，我不知道，我相信也没有人研究过；但在我们这个时期即第五世纪开始时，这一步已经达到了：在高卢所有的大城市里，一个人数相当多的自由手工业者阶级已经存在；他们甚至已经组织成行会，由几个成员代表的各行业的行会。大多数的行会的起源大家习惯于认为是在中世纪成立的，但在高卢的南方和尤其在意大利则可以上溯到罗马世界。第五世纪以来，人们在各历史时期都能看到直接或间接的痕迹；在这时期，他们在许多城市里已成为人民中主要的和最重要的一部分了。

最后，第四个阶级是奴隶阶级；奴隶有两种。我们太习惯于把 slave（奴隶）这词看作一个简单的意思，把这个词和一种独特的状况联系起来；这完全是误解。在我们进行研究的这个时期，应该细心地区分家庭的奴隶和农村的奴隶。就第一类说，他们的情况的确到处几乎都一样；至于耕种土地的那一类，他们却有许多不同的名称：coloni（农夫），inquilini（租户），rustici（乡人），agricolœ（庄稼人），aratores（佃户），tributarii（完粮者），originarii（土著），adscriptitii（附属者）；这些词几乎都表示各不相同的状况。有些家庭奴隶被派到农村庄园去干农活而不在城市的家中劳动。另一些则是土地上的真正的农奴。他们只能连同地产一同出卖；另一些是佃农，他们为取得半数产品而耕田；另一些是高级的佃农，他们用金钱交纳地租；还有一些是一种比较自由的劳工，领工资的农场雇工。这些十分复杂的情况在同一个笼统的“农夫”（coloni）的名称下有时好像都混合在一起了，有时却又由不同的名词表示。

先生们，如此看来，根据名词和外表来判断，一个政治贵族，一个高级的有产阶级或自治市的贵族，本义上的人民，家庭或农村的奴隶以他们种种不同的地位，构成高卢社会，构成罗马帝国撤退后在高卢存在的力量。

然而这些现象真正的价值是什么？这种力量真正有什么能力？我们方才介绍的由于这些不同的阶级的协力，能形成什么生动而强大的社会？

人们习惯于给一切特权阶级以贵族的名字。这个名词我认为不适合于我方才对你们讲的那些元老院的家族。这是一群分等级的职员，绝不是一种贵族。特权、财富甚至掌握权力，都不足以形成一种贵族。让我稍微提醒你们注意一下这个用语的真正意思；我并不想扯得太远，我从这个词所借用来的那种语言中查考它的历史。

在更古的希腊作家那里，ʼαρειων ἄριστος 一词一般是指在个人的、身体的、物质的力量方面拥有优势的最强有力的人。这个词在荷马[①]、赫西奥特[②]的作品里,同样也在索福克勒斯[③]的一些幕间抒情插曲里都是这样使用的;它大概来自称呼大力之神阿瑞斯''Αρης这个词。

当人们跟着希腊文明的潮流前进,当人们接近于社会的发展使其他优势的因素压倒自然力量那一时期,ἄριστος一词是指最有能力的、最重大的、最富有的人;它是指派给主要公民的称号,不管他们的力量和声望的来源是什么。

让我们再稍进一步,我们拿哲学家、拿习惯于提高和净化思想的人来看。ἄριστος一词常常被他们用来表达一种更具道德性的意义上;它表示最优美的、最有道德的、最能干的、智力上最为优越的人。在这些人的心目中,贵族政府便是最优美的政府,就是说是政府的完美的典型。

50 这样,自然的力量、社会的优势、精神道德的优越,作为词的转折变化看,这些可以说乃是贵族阶级的变化层次,也是它应当经过的一些不同情况。

先生们,为了真实,为了名实相符,贵族必须具有、也是他本身具有这些品质的这一种或那一种;他必须或者具备自有的、不从任何人借来、任何人也不能剥夺他的力量,或者具有被他施行的人们所承认、接受、宣布的那种力量。他必须能独立或能孚众望。他必

---

① 荷马(Homère):古希腊诗人,约生于公元前9世纪。据认为是史诗《伊里亚特》和《奥特赛》的作者。——译者

② 赫西奥特(Hésiode):古希腊诗人。约生于公元前8—前7世纪。著有长诗《神统记》(*Théogonie*)和《赫拉克利特的盾》(*Le bouclier d'Héracles*)。——译者

③ 索福克勒斯(Sophocles,公元前496—前406):古希腊悲剧诗人。著有《阿亚克斯》(*Ajax*)、《奥迪普王》(*Œdipe roi*)等。——译者

须用个人的权利来取得权力，像封建贵族那样，或者通过国家的和自由的选举来获得权力，像代议制政府里发生的那样。在高卢的元老院贵族阶级里完全没有遇到过这种情况：他既不具有独立性，也没有声望。权力、财富、特权，它的一切都是借来的和不可靠的。元老院的家族在社会上和人民的心目中无疑具有一席之地的，因为他们富有而且占据着公共职务；可是他们对于大事业却毫无力量，他们没有能力率领人民或者进行防卫，或者治理国家。

让我们看看第二个阶级，即胞族阶级，并探究它实际上有多大的力量。从外表来判断，这里多了些东西：其中自由原则的存在是显而易见的。我已在我的 *Essai sur le régime Municipal Romain*（《罗马自治市制度概论》）里试图阐明下列几点，在第五世纪：

> 1. 所有拥有保障自己独立和智能的发展的财富的城市居民是胞族；作为胞族，必须参加城市事务的管理。
>
> 胞族的权利是同设想的能力相联系的，而与任何出身的特权无关，也没有任何数目的限制；这权利并不仅仅是选举权，而是充分审议和直接参与城市事务管理的权利，是一种讨论问题和有利害关系的事情的权利，而讨论这些事的能力是一切超过最低生活水准的人都具有的。胞族大会并不是有限制的和可选择的市议会；这是具有胞族成员资格的居民的集会。
>
> 2. 集会不能起管理作用；需要有行政官员。他们都是由胞族选出来，任期很短，他们有责任用自己的财产保证自己的管理的无纰。
>
> 3. 最后，遇有重大情况，当涉及城市命运的改变，或选择

一个要授予广泛和更专断权力的行政官员时，胞族代表大会本身不够条件；就要召集全体居民来共同解决这类严重的事务。

看到这样的权力，谁不以为认识了一个小共和国，那儿的自治市的生活和政治生活都混合在一起，那儿盛行着最民主的制度？谁想得到一个如此安排的自治市一下子会成为大帝国的一部分，并且被一些严密而必需的纽带同一个遥远的至高无上的中央权力连在一起？反之，谁又料想得到会在这儿看到被封闭在自己城墙里实行自治的小社会的永恒的特征的这一切自由的冲动表现、一切动荡不安、一切派系阴谋斗争、一切暴力、一切纷扰呢？

没有那样的事。所有这些原则都是没有生命的。有另一些原则能致它们的死命：

1. 中央专制政府的作用和要求是使胞族的资格不再是所有能运用它的人所承认的一种权利，而是强加给所有能负担它的人的一种沉重负担。一方面，政府卸脱了供应对它本身利益无直接关系的公共事业的责任，把它推给了这个市民阶级；另一方面，它利用他们来征收规定给它的捐税，并使他们负责收回全部捐税。它使胞族破产以豢养它的官员和军队；它给予它的官员和军队以一切特权的利益，使他们为它服务阻止胞族自救。胞族作为城市居民完全无能为力，他们生活着只有被剥夺掉他们作为辛勤劳动的人所挣得的一切。

2. 由胞族选举产生的行政官员事实上只不过是专制政治不用花钱的代理人，他们为专制政治的利益而剥削他们的同胞，直到他们能够有机会摆脱这沉重的义务为止。

3. 他们的选举本身也是没有价值的，因为皇家在行省的代表可以把它取消掉；这倒是一种照顾，从皇家代表那里得到这种照顾，是他们最大的希望。另一种情况使他们更牢地掌握在皇家代表手里。

4. 最后，他们的权力并不是真实的，因为他们不能实施它。他们没有被授予任何有效的裁判权；要不被取消，他们对此则完全无能为力。更有甚者：专制政府由于日益更清楚地看出他们对工作不怀好意或他们的无能，便由它自己或由它的直接代表，侵占到他们的职责范围里去。胞族的事业渐渐随着它的权力而消失，总有一天自治市的制度会在帝国还存在时一下子被废除，如立法者将说的那样："因为所有这些法律可以说徒然地和无目的地在合法的土地上到处游荡着。"①

先生们，你们可以看到，胞族和元老院家族一样缺乏力量和真实生活；他们同元老院家族一样不再能保卫和管理社会了。

至于人民，我不需要对它的景况多作说明；它不能拯救和使罗马世界再生是很明显的。然而也不应认为它真像人们普遍设想的那样衰弱和无用。它的人数相当多，尤其在高卢的南方，或者由于在最初三个世纪中工业活动的发展的结果，或者由于乡村的部分人民逃避蛮族蹂躏而退到城市所致。随着显贵们纷扰的增长，民众势力也趋于增长。在正常时期，当政府、它的官员和部队有应付能力时，当胞族还没有破产和无力量时，平民便处在它平时无所作

① 第四十六卷，东罗马皇帝、哲学家雷翁在第九世纪末作的报告。

为和从属的状态。可是当社会的所有主子失势时，当崩溃成为普遍现象时，人民便变成了某种力量；它至少表现出一定程度的活动能力和重要性了。

关于奴隶我没有什么可说的；他们完全看不起自己；那么他们对社会又能做什么事呢？而且入侵的灾难几乎完全落在隶农头上；蛮族掠夺、驱赶并连同他们的牲畜一起作为俘获物运走的就是那些隶农。然而我应该向你们指出，在帝国制度下，奴隶的景况有了缓和。立法可以为此作证。

先生们，让我们把第五世纪高卢世俗社会所有这些分散的特色凑集起来，使它们形成一个尽可能接近事实的总的概念。

它的政府是君主的，甚至专制的；一切制度、一切君主权力都在垮台、自己放弃自己的职位。它的内部组织似乎是贵族式的，但那是种没有力量、没有凝聚力、在国家事务中不起作用的贵族组织。一种民主成分、自治市政府、一种自由的城市市民阶级还在那里出现；但那里的民主制度也跟君主制的贵族制度一样软弱、一样无力，整个社会在解体、在死亡。

先生们，这里就暴露出了罗马社会、一切大规模存在奴隶制度、少数主子统治大群民众的社会的根本毛病。在一切国家，在一切时代，不论盛行什么政治制度，在或长或短的一段时间后，只凭权力、财富、智力发展和他们所享有的各种社会有利条件来进行享受的结果，上层阶级便会变软弱和衰退；除非它们不断地受到处在它们下面的移民阶级的竞争和更新来刺激。请看现代欧洲发生过的事。那儿曾有过无数种的社会状况，无穷级别的财富、自由、知识、影响、文明。在所有这长长的阶梯的等级上，一种上升的运动不断地推动每个阶级，所有的阶级彼此互相推动，有利于更大的发展；没有一个阶级可以在那里待在局外。从此，现代文明之繁殖力和永生性就不断地得到充实和更新。

罗马社会并不存在类似情况；那里的人划分为两大阶级，中间隔着一条无边的间隔；毫无变化，毫无上升的运动，毫无真正的民主；这可以说是一个军官的社会，它不知道到哪里招募，事实上也不去招募。从一世纪到三世纪，像我方才说的，在贱民中确有过一种进步的运动；它在自由、在人数、在活动方面曾有所增加。然而这种运动显得十分缓慢，范围十分狭窄，以致不能使人民及时重新结合上层阶级并拯救自己免于没落。

除这些之外，另一个更年轻、更有精力、更富有成果的社会，即教会社会形成了。民众集合在这个社会周围了。没有任何有力的纽带把人民跟元老院议员联结起来，大概也没有这种纽带把他们跟胞族联结起来；因此民众集合在教士和主教的周围。与异教不相容的世俗社会的领袖们不给他们以位置，他们热情地进入基督教的社会，那里的首领们伸开了双臂来欢迎他们。元老院和胞族的贵族只是一个幽灵，教士成了真正的贵族；没有罗马的人民，有的是基督教的人民，我们将在下一讲里讲述它。

第　三　讲

本讲的目的——欧洲宗教社会的种种原理和礼仪——各种制度的分类，1. 按照教会在国家里的种种关系——2. 按照教会的内部组织——所有这些制度的根源都归因于原始教会——对这些主张的批判的考察——它们都有某种程度的根据——从一世纪到五世纪基督教社会外部处境和内部地位的波动和复杂——主要倾向——五世纪时的主要事实——这个时期教会中自由的目标——主教的选举——宗教会议——宗教社会与世俗社会的对比——这两个社会的领袖的对比——西多尼乌斯·阿波利拿里乌斯的信

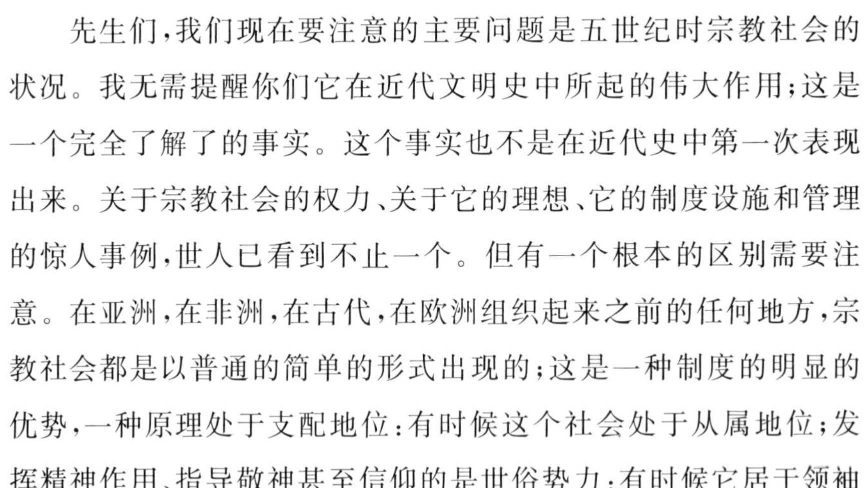

先生们，我们现在要注意的主要问题是五世纪时宗教社会的状况。我无需提醒你们它在近代文明史中所起的伟大作用；这是一个完全了解了的事实。这个事实也不是在近代史中第一次表现出来。关于宗教社会的权力、关于它的理想、它的制度设施和管理的惊人事例，世人已看到不止一个。但有一个根本的区别需要注意。在亚洲，在非洲，在古代，在欧洲组织起来之前的任何地方，宗教社会都是以普通的简单的形式出现的；这是一种制度的明显的优势，一种原理处于支配地位：有时候这个社会处于从属地位；发挥精神作用、指导敬神甚至信仰的是世俗势力：有时候它居于领袖地位；统治世俗阶层的是宗教势力。在这两种情况下，宗教社会的

地位和组织都是明白的、单纯的、稳定的。与此相反，在近代欧洲，它呈现出各种各样不同的制度；我们看到其中有各种各样的原理；它似乎是由其他地方出现过的一切形式的样品组成的。

为了表达得更加明白起见，让我们把欧洲宗教社会已或多或少采纳过的各种不同的原理、不同的制度和不同的组织体制加以清理、加以分类。

这里出现了两个大问题：一方面，宗教社会的外部处境，它与世俗社会相比之下所处的地位，也就是说，教会与国家的关系；另一方面，它的内部组织，它的内部管理。

我们必须把宗教社会在某一方面发生的种种改革与这两个问题中的任何一个问题相联系起来。

我首先要考虑它的外部处境，即它与国家的关系。

在这个问题上，有四种基本上互相不同的制度被人们支持过：

1. 国家从属于教会；按道德的观点，按年代顺序本身，教会先于国家；教会是最早的社会，是更高的社会、永恒的社会；世俗社会只是其原则应用的自然结果；主权按照绝对权利应属于宗教势力；世俗势力只应作为其工具而行事。

2. 并不是国家在教会之内，而是教会在国家之内；管辖土地、作战、征税、支配公民外界命运的是国家。这是为了国家，才使宗教社会有了最符合于一般社会的利益的形式和组织体制。一旦宗教信条不再是个人的信条，一旦它们产生了团体，这些信条就落入世俗势力即国内唯一确实存在的势力的管辖范围之内。

3. 教会应该是独立的，应该是在国内不被注意的；国家与它毫无关系；世俗势力不应管辖各种宗教信条；它应该让它们成为互相近似的，或互相独立的，让它们继续按照它们认为最好的办法来管理自己；它无权也没有必要来干预它们的事务。

4. 诚然，教会和国家是截然不同的社团；但它们同时是近邻，而且是互相有密切关系的；让它们各自独立生活，但不要互相疏远；让它们根据某些条件保持某种联盟，而各自独立生活，但需要时都能为别人做出牺牲，都能给别人以支援。

在宗教社会的内部组织方面，原理和礼仪的差异甚至更大。

首先，我们看到有两种主要的制度，在一种制度里，权力是集中在牧师的手里的，牧师单独形成一个有组织的团体；教士社会支配着宗教社会：在另一种制度里，宗教社会支配着自己，或者至少参与自己事务的管理；社会组织内既包括全体信徒，也包括牧师们。

完全掌握在教士社会手中的政府，可以按照各种不同的形式组成。1. 按照纯粹君主制的形式；在世界史上，这有几种范例。2.
58 按照贵族政治的形式；在那里，例如，主教们，或者各自在自己所辖的教区内，或者集体地只凭他们自己的资格无需下级教士的相助而统治教会。3. 按照民主的形式，在那里，例如，教会的管理权属于全体教士，属于全都处于平等地位的牧师们的各种议会。

如果社会是由自己管理的，形式的差异同样是很大的。1）全体信徒，俗人，在议会里和牧师们坐在一起，共同负责教会的一般管理工作。2）没有一个总的管理教堂的机构；每一地区的全体教徒组成一个独立的自治的教会，它的成员根据各自的观点和目的选举它们自己的精神领袖。3）根本没有明显的、常设的宗教管理机构；没有教士，没有牧师；教学，布道，一切宗教职务都由全体信徒按照环境、按照圣灵的启示自己履行；经常有变化，经常有波动。

我可以把这些不同的形式按照千百种方法组合起来，按照不同的比例把它们的各种成分混合起来，创造出另一批五花八门的形式，但我用尽我的创造能力也设想不出一种迄未展示于世人之前的组合方法来。

先生们，不但所有这些原理已被公开表示出来，不但所有这些制度已被说成是唯一真实而合法的制度，而且它们已全都被付诸实施，全都已经实际存在。

谁都知道，在十二、十三世纪时，宗教势力有时自称它有权直接行使世俗权力，有时自称它有权间接任命世俗势力。谁都知道，在英国，议会已像解决王权问题那样解决了信仰问题，教会是从属于国家的。什么是罗马天主教，埃拉斯都主义[①]、主教制、长老制、独立派、贵格会派，它们无非都是我所指出的那些教义的应用而已。一切教义实际上都已有所改变：有一切制度的例子，也有一切制度的各种不同的组合的例子。不仅一切制度都已实现，而且它们个个都自称自己在历史上和理性上都是合法的、正统的；它们个个都把自己的起源归溯到最早时期的基督教教会；它们个个都自称这些古老的事实是属于它们自己的，并把它们作为它们自己特有的根据和理由。

59

先生们，也不是它们整个儿委屈了它们中的任何一个；我们在教会的最初几个世纪里看到有些事实，是它们全都有资格自称是与之有联系的。我的意思并不是说，它们在理性上全都是同样真实的，在历史上全都是同样可信的，也不是说，它们全都代表教会

① 十六世纪日耳曼神学家和医生埃拉斯都首先提出的教会由国家管理的原则。

必然已经经过的一系列不同的事实。我的意思只是说,在这些制度的每一个制度中,都有或多或少的道德上的真实性和历史上的真实性。它们全都在近代宗教史上起了作用,占有一席之地:它们全都或多或少对近代宗教史的形成工作做出了贡献。

我将在教会的最初五个时期里逐一观察它们;我们在那里将毫无困难地探索它们。

让我们首先考虑教会的外界处境及其与世俗社会的关系。

至于一个教会的这样一种制度,即在国家之内,它不为人所注意地独立地存在着,不受世俗势力的干涉而管理着自己,这显然是基督教教会的原始情况。只要它局限于一个小区域之内,或仅仅在少数孤立的教徒中传道,罗马政府就不会注意它,并允许它存在,让它按照自己认为合适的方式来安排自己的事务。

这样的事态已经结束:罗马帝国注视着基督教社会,我指的并不是它在迫害方面注意它的那个时期,而是指罗马世界变成基督教世界的那个时期,指基督教随着君士坦丁而一起登上权力宝座的那个时期。这个时期教会的地位与国家相比已发生了很大的变化。如果说国家在这个时期已沦于教会的统治之下,或者说,使它屈从于世俗权力的这一制度那时已开始施行,那是不正确的。一般而论,皇帝们并不妄图来管理信仰的问题;他们接受了教会的教义。后来引起两大势力敌对状态的大部分问题那时还没有发生。那时,我们甚至还遇到许多事实,在这些事实中,国家君权超越于教会之上的这种制度可能已找到而且实际上已经找到其根源。例如,在三世纪末、四世纪初,主教们总是以非常谦卑而恭敬的语调对皇帝们说话,他们不断地吹捧皇帝陛下。毫无疑义,如果皇帝想打击他们信仰方面的独立地位，他们是会保护自己的，事实上，他们也常常是拼着命来保护自己的。但他们非常需要皇帝新近给予他们的保护。但世俗势力刚刚承认并实行这种保护，所以他们急于以最恭敬和郑重的态度来对待它。此外，他们自己又什么事都做不了；宗教社会，或毋宁说它的管理机构，在这个时期没有办法执行自己的意志；它既没有各种设施，也没有各种典章制度；它不得不经常乞援于世俗政府即古老的唯一有组织的当局的干预。由于经常需要得到外界势力的裁可，这就使宗教社会，在外表上更甚于实际上，具有一种屈从和依附者的气氛；实质上，它的独立，甚至它的权力是相当大的，但几乎在它的一切事务方面，在影响教会利益的一切问题方面，皇帝仍然在干预；他的同意和批准永远是人们所乞求的。宗教会议一般是奉他的命令召集的；他不仅召集会议，而且还或者亲自或者派代表主持会议，并决定会议应讨论什么问题。君士坦丁就这样亲自出席了 314 年的阿尔勒宗教会议和 325 年的尼西亚宗教会议，而且至少在表面上监督主持了会议的审议。我说表面上，因为仅仅皇帝出席宗教会议这件事，对教会来说就是一个胜利，一个远不是屈从的而是胜利的证据；但不管怎样，这些礼仪无论如何总是恭敬的服从的礼仪；教会利用皇帝的权力，把皇帝的威仪覆盖在自己的身上；而埃拉斯都教义便在它所根据的民族的理由之外，又在这个时期的历史中找到了一些可以作为它的理由的事实。

至于相反的制度，即教会的普遍而绝对的统治权，在宗教社会的初期，显然是无法遇到的，它必然是属于宗教社会最强盛、最发达的时期。但人们也许早已在五世纪时就看出了它的一缕微光，

一缕非常清楚的微光。宗教势力优于世俗势力，信徒的命运优于单纯公民的命运，宗教社会所宣布的原理，都早已被世俗社会所承认。

因此我们觉得不久前十分文雅、十分含蓄、十分温和的宗教社会领袖们、教士们、主教们的语言，现在已变得很自信、粗鲁甚至往往很傲慢了；而在另一方面，世俗社会领袖们、皇帝们自己的语言，虽然还带有一些浮夸之词，但实际上却是温和而谦恭的。诚然，这个时期世俗势力的整个体制已处于急剧衰亡的状态；帝国正在断气；帝国的力量正日益逼近一种完全可笑的无足轻重的状态。与此相反，宗教势力正日益强大、日益更深更广泛地渗入世俗社会；教会日益富裕，它的管辖范围日益扩大，它显然正在向主宰地位进展。帝国在西方的完全的没落和诸蛮族君主国的兴起，大大促进了它的抱负和势力的提高。教会长期处于那些莫名其妙而软弱的、可以说纯粹是孩子气的皇帝们的权力之下，因此，它已学会了与他们交往时采取一种含蓄的态度，已养成了一种尊重他们昔日的权势和虚名的习惯。所以十分可能，如果皇帝继续存在，教会将永远不能彻底摆脱它青年时代的这个习惯。这个假设的确证是，东罗马帝国一直就是这种情况，它在十二个世纪中就一直处于逐渐衰微的状态中；帝国的权力已渐渐成为仅仅是名义上的东西。然而那边的教会从未取得，甚至从未想取得统治权。希腊教会与东罗马帝国皇帝们之间的关系，几乎跟罗马教会与罗马皇帝们之间的关系完全相同。在西方，帝国是倒下来了；穿着毛皮袍子的国王们取代了穿紫袍的君王们；教会却没有向这些新来者表示它曾向他们的前任表示过的这种敬意。而且，为了向他们的野蛮状态

斗争,它觉得自己必须竭力卷紧宗教势力的发条:使群众在这方面的感情昂扬起来是它的安全和行动的手段。因此,现在它对统治权的觊觎之心进展得十分迅速,而这在五世纪时是几乎感觉不到的。

至于这两个截然不同而独立的社会之间的联合制度,在这个时期是不难看出的;在联合的条件方面,毫无明确的或固定的东西;这两个势力从未长期平等相处;它们总是各自呆在自己的领域之内,只有偶然相逢时才在一起商议。

因此,我们看到,从一世纪到五世纪,教会和国家据以调节它们之间的关系的一切制度都处在萌芽时期和发展阶段;它们都来源于宗教社会婴儿时期开始的种种事实。让我们接着讲这个社会的内部组织,教会的内部管理;我们将达到这个同样的结果。

你们当能记得,两个截然相反的原则可以支配这个组织:不是宗教社会自己进行管理,便是教会社会单独组织成并单独掌握权力。

十分明显,这个最后的形式绝不是一个幼年教会的形式:任何道义上的联合都不是从那些已联合的群众的无所作为开始的,也不是从人民与政府之分离开始的。因此,这是肯定的,基督教开始时,全体信徒是全部参与社会事务的管理的。长老制,即在一些主要教友的辅助下由教会的精神领袖们管理教会的制度,是原始的制度。可能有许多问题会产生,例如称号的问题,职务的问题,这个日益增长的群体中的那些俗人和教会领袖之间的相互关系问题;但是关于他们合力管理他们共同的事务这一事实,那是不会有任何疑问的。

同样没有疑问的是，在这个时期里，各个独立的社团相互之间，这个城市的全体基督教徒与另一个城市的全体基督教徒相互之间，远比以后任何一个时期更为独立。毫无疑问，它们是自己管理自己的，也许并不完全如此，但差不多如此，它们各自为自己而不管其他社团，因此而产生了独立派教徒的制度，这派教徒坚决认为，宗教社会不应该有总的管理机构，但每一个地方的全体教徒应成为一个完整的主权社会。

再者，没有疑问，在这些早期的基督教徒小社团里，它们相互之间是没有联系的，而且往往都没有传道和教学的资财的；没有疑问，在没有一个由这种信仰的创立者设置的精神领袖的情况下，它往往会发生这样的事，即在一种内心的冲动的影响下，这团体中某一个头脑坚强、具有能影响其周围群众的天赋的成员起来向他所属团体的全体成员传道。由此而产生了贵格会（公谊会）派教徒的
64 制度，即自发的个人的传教制度，这种制度既没有任何教士的授职仪式，也没有正规的常设的传教士。

这些就是基督教会初期的宗教社会里的某些原则、某些礼仪。它还包括许多其他原则和礼仪；实际上，也许我提到的那些，就其影响而论并不是最强大的。

第一，无可争辩的是，基督教最早的创始人，或更确切地说，奠定基督教基础的最初的工具即使徒们，把自己看作是负有来自天上的特殊使命的人，而且还须通过手把手的传授或其他方式负责把这教诲和传道之权传递给他们的门徒。圣职的授任是基督教教会的一件原始的事实，此后就有教士的授职仪式，教士是一种与众不同的、常设的传教士，赋有特殊的职能、职责和权利。

让我们转过话题来讲另一件原始的事实。诚然，每一个个别的教徒集体都是孤立的，但就它们整个趋势而言是趋向于联合、趋向于要像生活在一个共同的信仰之下那样生活于一个共同的教规之下的。这是每一个处在自我形成的进程中的社会的自然趋势和天然的目的；这是它的发展和确立的必要条件。

各个不同成分的近似和同化，向统一移动，这就是正常的创造过程。况且，基督教的初期传播者、使徒或其门徒们对大多数远处的教徒集体有相当的威信，能进行远距离的有效的监督和指挥。他们不仅注意形成和维持各个教会之间的道义上的兄弟之谊，而且还注意形成和维持它们之间的组织关系。因此，有一种趋向于由各地教会组成一个总的管理机构、一个完全一致的常设组织的不变的趋势。

我觉得这一点是十分清楚的，即在初期基督教徒的头脑里，在他们共同而单纯的感觉中，使徒们被视为比他们的门徒高明，而使徒们的中层门徒又比他们的后辈高明；这样一种纯粹道义上的优越性，虽未被规定为一种制度，但是真实而被公认的。在其中我们就有了最初的萌芽，即主教制度的宗教上的萌芽。这个制度也来自另一个来源。成为基督教发祥地的各个城市在人口、富庶程度和重要性上都是非常不平衡的，而在才智的发展和精神力量方面的不平衡也像物质方面的不平衡一样的大。因此，在各教徒集体的精神领袖之间的势力分配方面也同样有一种不平衡。比较重要比较文明的城市的领袖们当然率先对周围比较小的教徒集体行使权力，起初在道义上，然后在制度设施上行使权力。这就是主教制度的政治上的萌芽。

先生们，因此，我们在宗教社会的原始状态中同时辨认出了一般信徒和管理机构中的教士的联合，即长老会制度；各个教徒集体的孤立，即独立派制度；自由的、自发的、偶然的说教，即贵格派制度：在另一方面，我们看到，为了反对贵格派制度兴起了一个教士阶层，即一批常设的传教士；为了反对独立派制度兴起了一个教会的总管理机构；为了反对长老会制度兴起了教士之间的不平等的原则，即圣公会制度。

这些如此各不相同、有时又如此互相反对的原则是如何发展起来的呢？一个原则之贬低和另一个原则之被抬高是由于什么原因呢？而且第一，从一个由全体信徒分享的管理机构转变到一个完全归属于教士的管理机构的转变是如何完成的呢？宗教社会又通过怎样一个发展过程而落入教士社会的控制之下的呢？

先生们，在造成这种变化的这场革命中，教士的野心、个人利
66 益和人类的情欲都起了很大的作用。我不想低估它们所占的比例。无可否认，所有这些原因都有助于促成我们现在关注的结果；但是如果只有这些原因，即不合理的原因，在那里起作用，则绝不会出现这种结果。我早已说过，而且这是我在一切可能的场合重复说的一句话，任何重大的事件都不是由完全不合理的原因造成的。在这些底下，或是在它们的旁边，总有一些合理的原因，总有可以说明一个重要事实为何能实现的一些正确而可靠的理由在起作用。我们在这里就有一个关于这点的新鲜事例。

我相信，这是一条明白的原则——一条普遍成立的原则，分享权力就应以有行使这种权力的道义上的能力为其先决条件；缺乏这种能力的地方，分享权力之事就完了。实质上，行使权力的权利仍存在于人的天性之中；但它处于睡眠状态，或是仅仅存在于胚芽中，存在于展望中，直到所需的能力自行发展，于是它苏醒了，随着能力的发展而自行发展壮大。

先生们，你们大概还记得我在上一讲中说的关于五世纪时罗马世俗社会的状况的话。我竭力描述了它的极度的衰败。你们看到了贵族阶级正在消亡，他们的人数已大大减少，他们的势力已经消逝——他们的优点都已消失。

他们中间凡是具有一些能力、一些精神活力的都进入了基督教教士的团体。实际上那里只留下了纯粹的平民，plebs romana（罗马平民），他们团结在牧师和主教的周围，形成基督教的人民。

在这种人民与其新领袖之间，在宗教社会与教士社会之间，存在着极大的不平等，这种不平等不仅表现在财富上、势力上、社会地位上，而且也表现在知识上、才智和精神的开展上。基督教仅仅由于其不断的持续而愈益发展自己、扩大自己、提高自己，这种不 67
平等就愈益增长、愈益明显地表现出来。信仰和教义的问题就变得一年比一年复杂而难以解决。教会教规戒律的条文，它与世俗社会之间的关系，也变得越来越广泛而复杂；因此，为了参加教会事务的管理，随着时代的发展需要有越来越高的知识和资格，一句话，需要有越来越高、越来越难以满足的精神方面的条件。然而由于整个社会的秩序如此的混乱、这个时期的灾难又是如此的普遍，人民的精神状况不是越来越好，其品质不是越来越高，而是一天比一天低落。

先生们，考虑了人类情欲和个人利益在这变化中所起的一切作用之后，我们在这里找到了使宗教社会转变为有绝对权力的教士社会的真正原因在于它从全体信徒那里取得了一切权力之后就把它全部交给了传教士。

这场第二次革命的起因我们已经了解,现在让我们研究一下它是怎样完成的。在教士社会内部,权力是怎样从牧师们的手里转移到主教们的手里的?

先生们,在这里,我们必须看到一个重要的差别。五世纪时,主教们在其所辖教区内所处的地位和他在教会的总的管理中所处的地位都已不同于过去。过去,主教们在其所辖教区内并不是独权行事的,他需要取得他的教士们的协助和同意。诚然,这并不是一种绝对的制度:这事并不是按照任何固定的习俗,也不是按照某些常规办理的;但这一事实的存在已为一切与城市或主教辖区的管理有关的文献所表明。cum assensu clericorum[①] 这几个字常在这个时期的文献中出现。可是在涉及一般管理的问题中,不论是教士活动领域内的一般管理问题还是一般教会的管理问题中,情况就不同了;主教们总是作为这个管理机构的代表单独出席历次宗教会议;而牧师们都是作为他们的主教的代表而在那里出现的。这个时期教会的总的管理权已完全握在主教手里。

但你们切不可认为刚才出现的那几字还带有它们在后一时期取得的那种含义:你们切不可认为,每个主教都是完全为了自己的利益、凭着他自己的权利出席宗教会议的。他是作为他的教士们的代表到那边去的。认为主教在任何地方都应代表他们并以他们的名义说话和行事的这种思想在那个时期流行于所有人的头脑

① 意即:并经教士们同意。——译者

里，流行于主教们自己的头脑里，并限制了他们的权力，虽然实际上它已成为主教们爬得越来越高和逐渐摆脱控制的阶梯。

另一个原因，也许是更有决定性的一个原因，使出席宗教会议的人仅限于主教：这个原因就是教士的人数很少，同时还有由于教士们常常不在自己的岗位上而造成的种种不便。仅仅从他们所起的重要作用来判断，仅仅从（请容许我这样说）他们在五世纪时发出的吵吵嚷嚷的声音来判断，人们往往会认为传教士是一个人数很多的群体。但情况并非完全如此：我们有一些能说明相反情况的确实的迹象、一些历史上的证据。例如，在五世纪初，我们遇到一个关于罗马有多少个教士的问题；我们发现有人把它作为说明罗马特别富庶而重要的一个例子提出来说，罗马共有二十四个教堂和七十六个教士。

我们拥有的这些间接的证据提供了这种同样的结论；四五世纪历次宗教会议的法令中充满着禁止普通教会执事到自己教区之外的其他教区去担任教士职务以及禁止教士离开自己的教区到其他教区供职或者不经主教同意甚至根本不许到其他地方旅行的宗教法规。[1] 为了使教士们留在他们自己所属地区曾采取了各种措施，人们用一种近乎压迫人的关心态度监视着他们，因为他们的人数是如此之少，而其他主教想得到他们的心又是如此急切。诸蛮族君主国建立之后，法兰克或勃艮第诸国王，富裕而比较著名的领袖们，经常竭力从对方那里勾引那些王室的近臣和侍从以构成自

① 参看314年阿尔勒宗教会议、397年都灵宗教会议、450年阿尔勒宗教会议和461年图尔宗教会议颁布的宗教法规。

己的近侍和优秀卫士:蛮族法典中充满了旨在制止这种企图的法规。我们发现国王们经常在他们相互的条约中同意不把他们对方的近臣们邀请到自己的宫廷中来,甚至不接待他们。四五世纪的教会立法中也有类似的无疑是根据同样理由制定的关于教士的规章。

因此对一个教士来说,为了到远处去完成一项使命而离开他所属的教堂,是一件非常严重的事,因为他不在家时撂下的宗教工作很难代替他完成。在教会里建立代表制度也像在国家里一样,必须先有足够数量的人以便需要时可以容易地派一个人去代替另一个人的工作。五世纪时的情况并非如此;为了使教士能出席宗教会议,也许必须采取补偿和强制的措施,正像英国在很长一段时间里为了使自由民出席国会会议而必须做的那样。因此,一切事情都倾向于把教会的管理工作转移给主教们,因此在五世纪时,几乎已全部实行主教制度。

至于纯粹君主政治制度,它是我们迄未谈到的唯一的一种制度,因为各种事实尚未向我们呈现出来,它在这个时期远未占统治地位,甚至还完全没有资格要求这种地位;当时最有经验的智者、对个人野心有最热切的期望的人也绝不能预见到它的未来命运。虽然我们甚至在这样早的时候就已看到,教皇统治制度的重要性和影响正在一天一天增长。但如果没有看到人们不断地从欧洲各地向罗马主教请示他对信仰问题、纪律问题和对主教们的考验问题,总之对与教会有关的一切重大问题的意见甚至决定,那我们就不可能公正地阅读这个时期的一些重要著作。诚然,人们要求他的仅仅是发表一个意见,而当他表示了自己的意见后,那些不赞成他的判断的人往往不遵照他的意见办理。但另一方面,他的意见却得到一批相当有势力的人的支持,而一般的结果是,他的优势地位随着人们向他请教次数的增加而变得越来越巩固。特别促使人们去向罗马主教请示的有两个原因:一方面,老族长原则在教会里仍处于统治地位;在主教和大主教之上(他们的各种特权虽然多半是名义上的,但在理论上仍普遍得到承认),有一个最高级主教在那里统辖一切。东方有几个最高级主教,耶路撒冷最高级主教、安提阿最高级主教、君士坦丁堡最高级主教、亚历山德里亚最高级主教。西方只有一个最高级主教,即罗马主教;这种情况,在教皇的独占性的提升方面起了很大的作用。此外,传统认为圣·彼得曾担任过罗马主教,同时认为教皇们都是他的继承人这一观念早已在西方基督教徒的头脑中扎下了根。

先生们,这样,我们在最初的五个时期中,清楚地追溯了在宗教社会的内部组织和外界地位方面被引证和应用过的一切制度的历史根源。这些制度绝不是同样重要的,其中有些只是作为暂时的偶然的情况而附带地出现的;其余的那些在很长的一段时间里一直处于萌芽状态,缓慢地、不慌不忙地发展;它们属于不同的时期,而且其重要程度也是非常不同的;但它们全都和某种事实有关,而且都能引证一些典据。

当我们对在这些形形色色的原则中哪些原则处于主导地位,在五世纪时达到了哪些大的结果进行探索时,我们发现有下列这些事实:

1. 宗教社会和教士社会的分裂和教士社会对宗教社会的控制;这一结果多半是由于在人民和基督教教士之间存在着才智方

面和社会地位方面极端的不平等。

2. 在教士社会的内部组织方面，贵族政治制度处于支配地位：普通教士参与教会管理的机会愈来愈少，而且变得越来越无权无势了；权力愈来愈集中在主教们的手中。

3. 最后，关于宗教社会与世俗社会之间的关系，以及教会与国家之间的关系，则当时实施的制度是联合的制度，即虽然截然不同但相互之间不断地保持接触的各派势力之间实行交往的制度。

这些便是五世纪初教会状况的三大特征。在叙述它们时，单单在叙述它们一般的外貌方面，就不能不看到，一方面，在宗教社会内部，对全体信徒的自由，另一方面，在教士社会内部，对全体教士的自由，都存在着危机的萌芽。教士对信徒和主教对教士的几乎独占的优越地位，明白地预示着权力的滥用和革命的骚乱。然而五世纪的人们虽然可能已怀有这种恐惧心，但对它们还没有作何种打算。那时的基督教社会正全神贯注于自我调整，使自己成为一个固定的明确的团体；它特别需要的是秩序、法律和治理；尽管有当时流行的某些原则的危险趋势，宗教社会中人民的和教士社会中普通牧师的自由仍不无现实性和可靠性。

首先，它存在于主教的选举上，这一事实我无须设法加以证实，因为任何人只要看一下当时的重要著作，他就会不言而自明。这种选举既不按一般规则进行，也没有永恒的形式；它完全是不规则的、多变的、常受偶然情况的影响的。374 年，米兰主教奥克森提乌斯（接其主张是一个阿里乌斯教派）死了，大家就在大教堂里选举他的继位者。

民众、教士、该省的主教们都在那里，都是生气勃勃的；有两派，正统派和阿里乌斯派，每派都想指定一个主教。这场骚乱以极大的混乱告终。一个行政长官刚好以皇帝的名义到达米兰；他是一个名叫安布罗阿斯的年轻人。知道了骚乱的情况后，他就到教堂去平息骚乱；他的讲话，他的态度颇为民众喜爱。他名声很好：有一个声音在教堂中间升起——据传说，这是一个孩子的声音；这声音喊道，“让安布罗阿斯担任主教！”于是，安布罗阿斯就被指定为主教；他后来就成为圣·安布罗阿斯。

这是直到四世纪末仍在实行的选举主教的风俗的一个实例。诚然，并不是所有的选举都是如此无秩序而突然的；但这些特色并不使任何人感到吃惊；圣·安布罗阿斯在他被提升后的第二天就被大家公认是正式选举出来的。你是否希望我们在以后的一个时期里，在五世纪末找一个例子？我打开了西多尼乌斯·阿波利拿里乌斯的书信集，它是关于那时风俗尤其宗教社会风俗的最奇特同时也最可信的一部重要著作；西多尼乌斯是克莱蒙的主教，他自己收辑并修订了自己的书信；我们在书信集里看到的恰恰正是他希望留传给后代的东西。这里是一封他写给他朋友多姆努勒斯的信。

“西多尼乌斯致其亲爱的多姆努勒斯；祝您健康！[①]

“因为你渴望知道我们的大祭司佩兴特[②]以其平素的虔敬和坚定性在沙隆做出的事迹，我不能再延迟让你分享我们的极大的欢乐了。他身前身后都簇拥着本省的主教们来到本

① 第 IV 卷，第 25 号信。

② 里昂的主教。

市，举行集会，以便让这个自从保罗主教退休和逝世以来在纪律方面十分不安定的城市的教会有一个领导人。

“会议发现在这个城市里有各种派别，所有那些阴谋的形成只能有损于公众的福利，它们是竞争者三巨头所引起的。其中一个，一切优点都没有，仅以其出身古老的宗族自夸；另外一个，像一个新的阿匹西乌斯，让自己由一批喧嚷的寄生虫的喝彩声拥护着，通过其厨房的作用而博得名声；第三个则通过一项秘密交易，答应如果他达到自己野心的目的，就把教会的领地放弃给他的党徒供其掠夺。圣·佩兴特和圣·欧夫罗尼奥斯[①]丢开一切反感和好感，首先严格而坚定地维护最正确的观点，不久就知道了事情的实际状况。他们在公开显示任何事情之前，先和自己的同僚秘密举行会议；然后，他们不怕一群暴徒的叫嚣而突然任命其本人尚未有此愿望甚至尚未想到会当选的一个名叫约翰的虔敬的人为主教，从其为人的正直、仁慈和谦和方面看他都是一个值得称赞的人。约翰起初是一个读经师并从小就服务于祭台，后来经过长期的辛劳成为一个副主教。……因此，他仅仅是一个二等教士，而在这些狂暴的宗派中，是没有一个人能通过他的吹捧来提拔一个没有任何要求的人的，但也没有一个人敢于谴责一个唯一值得颂扬的人。我们的主教们宣布他为自己的同僚，这使这些阴谋家大吃一惊，使恶人们陷于极端混乱之中，它博得了善良的人们的喝彩和欢呼，而没有任何一

① 欧坦的主教。

个人敢或愿意反对他……”

正在这个时候，我们看到了一次普选，这是一次同样不寻常的出乎意外的由两位虔敬的主教同时在人民中间举行的普选。这里还有第三个人，如果可以这样说的话，更加卓越的人。西多尼乌斯本人既是这次普选的叙述者同时也是它的参与者。

布尔日主教死了：各竞争者及其宗派的热情一下子高涨起来，使整个城市陷入混乱之中，无法作出一个决定。布尔日的居民想写信给西多尼乌斯，他以其出身、财富、口才和知识而在整个高卢闻名，长期担任最高的世俗职务，最近被任命为克莱蒙主教。他们请求他按照希腊各共和国初期的人民所采取的那种方式（那时的人民已厌倦于国内的风浪和自己的无权的状态，想请求一位外国哲人给他们制定法规）替他们选择一位主教。西多尼乌斯起初有些吃惊，但当他弄明白了主教们一致同意任命他个人想推举的那个人时，他便同意了，并到布尔日去，召集人民在大教堂里开大会。我要引用他写给图尔主教珀佩图斯的报告全部事务和送给他让他在这个大会上宣读的那篇讲稿的那封信。这封信和那篇讲稿都相当长；但这一修辞与宗教的混合物，这些实际生活最生动场面中的文学上的幼稚言行，这种才子和主教的混淆，使这个奇妙的社会比世上一切学术论文更加出名；这个社会既是古老的，同时又是年轻的；既是正在衰亡的，同时又是正在向前发展的：这里我只在几个地方略去一些没有关系的段落。

“西多尼乌斯致教皇圣主珀佩图斯书；祝您健康。[1]

① 第7卷，第9号信。

“您对宗教读物的热情竟使您想了解有此无论如何不值得您注意或运用您的判断的有些著作。因此，您要我把我在教堂里念给布尔日人民听的那篇论文送给您，这篇文章无论在讲话的分段方面或是演说艺术方面或是语言形态方面都没有达到适当的优美和有条不紊，因为在这种场合，我未能按照演说家的一般用法把严肃的历史证据、诗人的虚构事物和论战中的闪光语言结合起来。骚乱、阴谋诡计和各方面的分歧使我应接不暇；如果这时能提供给我充分的材料，这么多的事也不会留给我时间细细考虑它们。这里有这样一大群的竞争者，两条长凳也容纳不下争夺一个职位的全部候选人，他们全都孤芳自赏，但每个人又让其余的人看了生气。如果比较镇静的人都不能放弃自己的判断而听从主教们的判断，那我们为公共利益就什么事都做不了。有几个教士在角落里窃窃私语，但在公开场所，从他们那里就一点不满的声音都听不到。因为大部分人害怕本阶层的人不亚于害怕其他阶层的人。……因此，请接受这个文件：基督作证，我已在一个夏夜的两个值班时间里把它抄写了下来；但我很担心，你在阅读时会把它看得比我设想的更重要。

讲　话　稿

“诸位亲爱的，据世俗的历史说，有一个哲学家先教给他的学生们保持沉默的耐心，然后向他们透露说话的艺术，还说，为达此目的，所有初学者在同学之间进行讨论的时候，奉行严格的沉默达五年之久；所以最敏捷的头脑也不能受到赞扬，除非经过了一段适当的时间，他才被人们所理解。至于我自己，我的弱点是为一种非常不同的情况保留下来的，我在尚未使任何一个人担任比较低下的门徒职务时，就知道我自己应该跟着其他人之后担任先生的工作。① ……但既然谬承厚爱，希望我这个笨人，在基督帮助之下，为您寻找一位十分聪明而又集各种美德于一身的主教，我知道您定能满足这个愿望，这事虽然给了我极大的荣幸，但也给我加上了一大负担……

"第一，您必须知道将有多么凶猛的伤害等待着我，而这群狂妄的自命不凡的人也将使您陷入怎么样的人言啧啧的困境之中……如果我从许多修道士中指定一个人，即便这个人在各方面都比得上保罗、奥顿、希拉里乌斯或马卡里乌斯，我也会在耳边听到一群卑鄙侏儒的吵吵嚷嚷的声音说，'他们提名的那个人所担任的并不是主教的职务而是修道院院长的职务；他更适宜于为灵魂而向天上的法官说情，而不太适宜为躯体而向地上的法官说情。'看到最真诚的美德被描述为罪恶，谁不会生很大的气？如果我们选择的是一个谦卑的人，他们会称他为卑鄙的人；如果我们选择的是一个有自尊心的人，他们会把他看作傲慢的人；如果我们提出的是一个知识不多的人，那他的愚昧将使他受到奚落；如果相反，他是一个学者，则他的博学将被称作自高自大；如果他是严肃的，则他们会把他看作残酷而恨他；如果他对人宽容，他们会指责他过于柔弱平易；如果他纯朴，他们会把他当作畜牲而蔑视他；如果他富于

① 西多尼乌斯在471年底刚被任命为主教。

洞察力，他们会说他狡猾而抛弃他；如果他精细，他们会说他琐琐屑屑；如果他随和，他们会说他粗心大意；如果他有一个精明的头脑，他们会说他有野心；如果他态度安详，他们会把他看作懒惰；如果他稳重沉着，他们会当他贪婪；如果他为了补养身体而吃些东西，他们会指责他大吃大喝；如果他经常按时持斋，他们会责备他风头主义……。因此，不论你是按照什么方式生活的，好的行为和好的品质总会因受到尖刻语言的污蔑而放弃，这污蔑就像被两个倒钩的渔钩钩住而使人开不了口。此外，顽固的人和倔强的教士总是难以驯服于寺院教规之下的。

“如果我提一个教士的名，那么那些在他后面被任命为教士的人就会妒忌他，那些在他前面被任命为教士的人就会破坏他的名誉；因为他们中有些人（我这样说不会得罪别的人）认为曾任教士职务时期的长短是衡量功绩的唯一尺度，因此，希望在选择高级教士时不要以公众福利为目的，而要根据年资来进行。……

“如果，碰巧，我向您提出来的一个人是曾经担任过军职的，我定会立刻听到这样的话：‘西多尼乌斯，因为他是从世俗职务转到宗教职务来的，所以决不会从宗教界中挑一个人来担任主教的；他以自己的出身自豪，靠着自己贵族的徽章被提升到头等的地位，他看不起信奉基督的贫苦人。’就为了这个缘故，我立刻在此表明，这个声明与其说是我针对善良的人的仁爱发的，毋宁说是我针对恶人的猜疑心发的。我以圣灵、即我们全知全能的上帝的名义声明，我在选择我认为最有价值的人的时候，没有受到金钱或偏爱心的影响（上帝通过彼得的语声宣告术士西蒙有罪，因为他认为圣灵的恩惠可以用金钱购买），我还声明，对个人、时间、行省和城镇作了必要的甚至更多的考察之后，我已断定，最适宜于推荐给你的就是这个人，他的生活我将用几句话来加以评述。

“感谢上帝，辛普利西乌斯以其品行和职业而论符合于两方面人士的愿望；一般社会团体方面可能认为他有许多值得赞美的地方，教会方面可能对他抱有许多希望。如果我们重视出身的话（福音书作者本人已对我们证明，这种考虑是不容忽视的，因为路加在开始颂扬约翰时，就把他出身于一个祭司的家族看作一大有利条件），辛普利西乌斯的亲属曾在教会和法院里担任过负责工作；他的家属也都是著名的主教和高级教士，所以他的祖先一向拥有执行世俗社会的和教会的法律的权力……如果我们看看他的年龄，那么他既有青年人的一切活力，又有老年人的审慎……如果博爱是人们所热切希望的话，那末，他曾经慷慨地施舍给市民、教士和朝山进香的人，既有大人物也有普通老百姓。他的面包往往甚至毋宁说都是那些毫不还报的人吃掉的。如果必须履行过传教活动的话，那末辛普利西乌斯曾不止一次地亲自来到您的城市叩见穿貂皮袍子的国王们和穿紫色袍子的诸侯们……我几乎忘了说到一件不应该略而不谈的事了。早先，在摩西那个古老的时代，据《诗篇》作者大卫王说，当必须把那只藏犹太经典的柜子抬起来时，沙漠里的全体犹太人都把上贡的产品堆到贝塞利尔的脚边。后来，所罗门为了建筑耶路撒冷庙，动员了人民的全

部力量，虽然他已经把南部赛伯伊王后的礼物、巴勒斯坦的财富和附近诸国王的贡物都合并在一起。辛普利西乌斯，是一个无人帮助的年轻军人(虽然已经做了爸爸，但仍然住在父亲的屋子里)，他也为您造了一座教堂；他在敬神工作方面受到了抑制，这既不是由于老人们对其财产的依恋，也不是由于考虑到他的幼小的孩子们；但他仍然很谦虚朴实，对这个问题一直保持沉默。事实上，如果我没有看错的话，此人对于一切世俗的野心都漠然置之；他追求的并不是所有人的好感，而仅仅是善良的人的好感；他决不让自己贬低到厚颜无耻的亲昵的地步，但他极珍视牢固的友谊……最后，如果说他特别适合于当主教，这是因为他丝毫没有想当主教的念头；他辛勤工作并非为了取得主教的职位，但他应该得到这个职位。

“也许有人会对我说，‘但是你在这样短的时间里又怎样知道如此多的关于这个人的事的呢？’我要回答他说，我在了解布尔日这个城市之前就已了解布尔日的居民。我在路上，在服兵役时，在金钱关系和事务关系中，在他们的和我的旅行中，了解了许多关于他们的事。人们也能从公众舆论中知道许多事情，因为老天爷并没有把名声局限于某一地区的狭隘范围之内。

“辛普利西乌斯的妻子是帕拉第乌斯家族的后裔，帕拉第乌斯曾任文学教授并服务于祭坛，受到这两方面人士的好评。辛普利西乌斯的妻子作为一个主妇的身份只能简单朴素地加以回忆，我将满足于肯定这位夫人完全无愧于这两个家族的荣誉和功绩，无论是她的幼年或成人时期还是她通过高尚的选择而投入的全部生活历程。他们俩很好地、用全部才智抚养他们的孩子，父亲在把孩子们和自己相比时，发现一件令人高兴的新鲜事儿，原来他的孩子们早已胜过了自己。

“既然你已坚决承认并接受我以天父、耶稣和圣灵的名义就这个选择问题所作的声明，辛普利西乌斯正是我宣布的我们这个省的主教和您的城市的最高祭司的那个人。至于您自己，如果您采纳有关我刚才谈到的那个人的决定，那就请随即列入您预定最先要办的几件事情中去。”

先生们，我无须再说更多的话了；这三个例子就完全足以说明主教的选举在五世纪时是怎么一回事了。毫无疑问，它丝毫没有真正的法规的性质，既没有规则，也没有永恒的法律的形式，完全委诸偶然的环境和热情，它并不是那种大有前途的强有力的自由，但就目前而论，它是一种真正的现实；它在各个城市内部导致一场伟大的运动；它是一个有效的保障。

还有第二个保障，即经常举行的宗教会议。这个时期，教会的一般的管理完全操在宗教会议——一般的、全国的、省的宗教会议的手里。它们在会议上讨论信仰和纪律的问题、主教们的行为和教会里一切重大的或困难的事情。在四世纪中，我们看到有十五次宗教会议，在五世纪中有二十五次；①而这些仅仅是留下了书面的通知书的那些主要的会议；此外，肯定还有许多地方的会议，没有留下文献的、甚至还有回忆不起来的短暂的会议。

有一个间接的证据证明这个时期宗教会议的重要性。谁都知

① 参见下列两表：

道，在英国，在代议政治初期，在组织众议院的时期，颁布了许多法

第四世纪主要宗教会议表

年份	地点	出席人数	年份	地点	出席人数
314	阿尔勒	主教33人，教士14人，副主祭25人，读经师或驱魔师8人	358 360 362 374	地点未详 地点未详 巴黎 巴伦西亚	高卢的主教们 同上 同上 主教21人
346	科隆	主教14人，教士代表10人	385 386	波尔多 特里尔	
353	阿尔勒		386	地点未详	高卢的主教们
355	普瓦捷	高卢的主教们	387	尼姆	
356	贝济耶		397	都灵	
358	韦松	同上	共15次		

第五世纪主要宗教会议表

年份	地点	出席人数	年份	地点	出席人数
406	图卢兹	高卢的主教们	460	里昂	
419	巴伦西亚	同上	461	图尔	主教8人，教士代表1人，会后签名的主教1人
429	地点未详				
439	里兹	主教13人，教士代表1人	463	阿尔勒	主教19人
441	奥朗日	主教16人，教士1人	465 470	瓦恩 索恩河畔夏隆	主教6人 里昂人的主教们
442	韦松		472	布尔日	
444	地点未详		474	维也纳	
451	地点未详		475	阿尔勒	主教30人
452	阿尔勒	主教44人	475	里昂	
452	纳博讷	第一纳博讷的主教们	495 496	里昂 兰斯	
453	昂热	主教8人	499	里昂	主教8人
454 455	布尔日 阿尔勒	高卢的主教们 主教13人	共25次		

令，规定国会应经常按时开会。在五世纪时，关于宗教会议，也有这种事情出现。许多宗教法规——尤其是441年举行的奥朗日宗教会议的法规——规定，宗教会议必须确定下次开会日期后才得散会，如果不幸的时世使宗教会议不能按照教规每年举行两次，则应采取一切可能的预防措施来保证不至于很长时期不举行一次会议。

因此，在五世纪的教士社会里，实际上存在着对自由的两大保障，即选举和讨论。诚然，正如后来明白地证明的那样，这是没有秩序的、不完善的、不稳定的保证，但暂时来说，是现实而有力的，同时也是思想活动和思想热情的原因和证据。

先生们，现在，让我们把宗教社会的这种情况和我们上次会见时我竭力描绘的世俗社会相比较。我马上就来推断这种比较的结果；这种结果很快就出现在我们眼前，而且一定会被我们所承认。我把它们扼要重述如下：

在世俗社会里，既没有人民，也没有政府；帝国的行政机关已经垮台了，元老院的贵族政治已经垮台了，自治城市的贵族政治已经垮台了；任何地方只有解体和消亡；权力和自由都受到这种枯燥无味的东西、这种毫无价值的东西的打击。与此相反，在宗教社会里却出现了一群非常有生气的人民和一个非常活跃的政府。无政府状态和暴政的原因是很多很多的，但自由是真实的，权力也是如此。精力旺盛的群众活动和非常强有力的政府的胚芽正到处在发展壮大。一言以蔽之，这是一个充满前途的社会，它的前途充满暴风雨，肩负着善与恶，但却是强大而富饶的。

你们是否希望我们把这个对比推进得更远些？到目前为止，

我们仅仅考察了两个社会的一般事实,可以说是它们的公众生活。你们是否希望我们再深入到家庭生活中去,深入到住宅内部去?是否希望我们一方面去探索世俗社会的著名人士,另一方面探索宗教社会的领袖们都在忙着什么,以及如何消磨他们的时间?很值得把这个问题提出来向五世纪请教。因为它的答案一定是颇有教益的。

四世纪末和五世纪时,高卢有许多长期肩负着国家重任的重要而体面的人,他们是半异教徒、半基督徒,也就是那些不参加和不愿参加任何宗教事务的人;是有才智的人、文人学士、哲学家,极想从事研究和知识的探索;他们富有而过着豪华的生活。在四世纪末,诗人奥索尼乌斯就是这样的人,他是帝国宫廷的伯爵、审判官、护卫军地方长官、执政官,他在圣顿和波尔多附近有许多殷实的地产;在五世纪末,这样的人则有托南斯·费雷奥尔,他是深受西哥特诸王的信任的高卢地方行政长官,他的领地在朗格多克和鲁埃格,在加登的边上和米约附近;还有优特罗庇乌斯,他也是高卢地方行政长官、柏拉图学派成员,居住在奥弗涅;还有纳博讷的孔森西乌斯,南方最富的公民之一,他的乡间宅邸叫作屋大维族别墅,坐落在到贝济耶去的那条路上,被认为全省最豪华的宅邸。这些都是罗马高卢的大贵族;他们占据了国家高级职位之后就远离人民群众,靠着他们的地产而生活,在狩猎、钓鱼、各种娱乐中消磨他们的时间;他们拥有美丽的图书馆,往往还有一座剧院,他们就在那里演出受他们保护的某个平民文人写的戏剧:修辞家保罗就曾在奥索尼乌斯的宅邸里安排演出他写的喜剧《怪人》(《黛利罗斯》),他亲自为幕间插曲编写乐曲并主持演出。在这些文娱节目

表演会上，组织了知识的讨论、文学的交谈；详细检查和评论了古代作家卓越的作品；宾客们就生活中的各种小事写出了诗文。时间就这样消磨过去了，惬意地、平稳地、多样化地，但软弱无力地、自私地、枯燥无味地度过去了；完全不了解一切严肃的职业、一切强大的和一般的行业的情况。我在这里说到的罗马社会最可敬的残余分子都是些既不贪污腐败、放荡淫乱，也不品格低下的人，他们都修习各种知识，厌恶当时的那种缺乏独立精神的生活方式和颓废生活。

看看，一个主教过的是怎么样的生活，例如五世纪初的阿尔勒主教圣·奚拉里和特鲁瓦的主教圣·卢普。

圣·奚拉里早晨起身很早；他一直住在镇上；从他起身的时候起，任何人要看他都能受到接待。他倾听人们诉苦，调解纠纷，履行了一个法官的职务。然后他来到教堂，主持宗教仪式，布道，讲授，有时连续好几个小时之久。回家后，他就进餐，一面聆听一些敬神的读物；要不然，他就进行口述，人们都可以自由地进来静听。他还从事体力劳动，有时为穷人纺纱，有时耕耘他教堂的田地。他就这样在人民中间，有一些与公众利益有关的、每小时都能带来成果的、严肃而有益的工作中度过他的日子。

圣·卢普的生活并不完全与此相同；他的生活方式更加简朴，他的活动比较不太多样化；他生活很严肃，他的严格的行为、他的兢兢业业的祈祷不断地受到他的同时代人的称颂。因此，他通过他的总的榜样，而不是通过他的一个一个的行动，发挥了更多的优势。他触发了人们的想象力竟达到这样的程度，据传说——这传说是否真实是无关紧要的，是真是假同样说明同时代人的意

见 ——阿提拉在离开高卢时，把圣·卢普一直带到莱茵河边，认为这样神圣的一个人一定会保护他的军队。此外，圣·卢普也是一个颇有教养的人，对知识的开发具有积极的兴趣。他在自己的教区里总是一心牵挂着学校和敬神的读物；他保护一切从事文学的人。而当必须去与不列颠的贝拉基教义斗争时，429 年的宗教会议把胜利的取得完全归于他和圣·日尔曼·德奥克塞尔的雄辩。

先生们，还有什么需要说的呢？各种事实已经说得明明白白；在罗马社会的大贵族与主教之间，权力在哪一边，未来属于谁，这些都是不难说出的。

我还要加上一件事实，它是使我们描绘的五世纪时的高卢社会及其独特的状况的这幅图画臻于完美所不可或缺的。

我刚才展示于你们面前的两类人、两种活动，并非总是像人们认为的那样截然不同的，也不是像它们之间的差异可能使人们认为的那样各不相关的。大贵族们几乎没有一个是基督教徒，高卢的前任地方长官都是俗人和寻欢作乐的人，但往往都渐渐成为主教。如果他们希望参加当代的任何道德活动，保留一些实际价值，发挥一些积极作用的话，他们就结束他们过去的生活，甚至也不得不如此做。西多尼乌斯·阿波利拿里和其他许多人的遭遇就是如此。但他们成为主教后并不完全放弃他们的习惯和嗜好；修辞家、语法学家、才子、俗人和寻欢作乐的人并不因为穿上了主教的斗篷而就此改变本性；两个社会，两种生活方式有时证明它们自己是奇妙地混合在一起的。这里是一封西多尼乌斯写给他的朋友厄立菲乌斯的信，它是这种奇特的联盟的一个奇妙的例子和不朽之作：

“西多尼乌斯致其亲爱的厄立菲乌斯；祝您健康。

“我亲爱的厄立菲乌斯，你始终是这个样子；狩猎、城市、田野对你的吸引力都不十分强，所以，对文学的爱好仍能把你留住……你吩咐我把我应您岳父的要求写成的诗文送给您。你的岳父[①]，这位可敬的人在其同辈人之间，既乐于当司令员，也乐于服从别人的指挥。但因为你想知道，这些诗文是在什么地方、在什么场合下写成的，以便更好地了解这篇价值很小的作品，所以如果序言写得比诗文本身还长，那就只能怪你自己了。

“我们是在圣·贾斯特[②]墓前开的会，你因为生病没有来参加。上一天，我们举行一年一度的巡行瞻礼，参加的男女信徒非常之多，教堂及其地下室都容纳不下，虽然教堂四周绕有宽大的门廊。修道士和教士们做完早祷、轮番愉快地唱了赞美诗之后，大家退下来(但不远离)以准备第三次祈祷，那时牧师们将举行圣餐仪式。狭隘的地面，拥挤在我们四周的群众和大量的灯火，使我们透不过气来；夏末初秋夜晚的闷热空气虽已由于黎明时的清新而转凉，仍使这个围场热烘烘的。当社会各阶层人士向四处分散时，公民领袖们就在离此不到一箭之遥的西阿格里乌斯执政官墓地附近集合起来。

“有些人坐在一个葡萄棚的绿荫下；我们都伸开四肢躺在花香阵阵的绿色草皮上。交谈是亲切和蔼、令人高兴而愉快的；此外(这是更使人感到惬意的)没有权势或上贡的问题，没

① 菲利马修斯。

② 四世纪末里昂的主教，他的诞辰是在9月2日。

有损人名誉的话，也没有谁会受到这种损害。谁能用适当的语言叙述一段有趣的历史，人们肯定会认真地倾听。虽然如此，但谁也没有作冗长的叙述，因为谈话常常被狂欢所打断。最后，我们对长时间的休息已感到厌倦，都想干些别的事情。不久，我们按照年龄分成两队，一队大声地吵着要去打网球，另一队则要去掷骰子。至于我呢，我是第一个发起要去打网球的，因为，你知道，我像爱看书那样爱打网球。另一方面，我的哥哥多米尼修斯，一个和蔼而快乐的人，抓起骰子匣一面摇一面拍打，好像吹喇叭似的，把爱掷骰子的人召唤到他身边去，我们和这群学者一起玩得很痛快，通过这种有益健康的活动，使我们由于长时间休息而僵硬了的四肢恢复了活力。著名的菲利马修斯自己，正像这位曼图亚诗人所说，

‘Ausus et ipse manu juevenum tentare laborem，’

88 经常和爱打网球的人混在一起。他年轻时玩得很成功；但现在，他往往由于受到某个奔跑着的参赛的竞技者的冲击，而在人们都能坚持的场合，中途被逐退下来；又因为在其他几次里，如果他进场，他既不能拦住人家前进的路，也不能躲开劈面飞来或落在他面前的球，又因他常常跌倒而勉强从不幸的跌倒中痛苦地站起身来，所以他总是第一个离开竞技场，费劲地叹着气，非常恼火：这种活动吞噬了全身筋力，使他尝到了难以忍受的痛苦。我立刻宽大地和他同时停下手来，因而使我们的兄弟对自己的疲劳不至于感到狼狈。于是，我们再次坐下来，不久，他不得不要一些水来洗脸，他们拿给他一些水和一条沾满头发的餐巾，这条餐巾是洗过后偶然挂在门房间

折叠门前由滑轮支持着的一条绳上的。当他悠闲地擦干脸时，他对我说：‘我希望你为我口授一首关于交托给我的这次礼拜式的职掌的四行诗。’我回答说，‘就这样吧。’他接着说，‘把我的名字也包括在这些诗句里。’我回答说，他的要求容易办到。他答道，‘那好！就请口述吧。’于是我微笑着对他说，‘可是，要知道，如果我在这样多的目击者的面前，干扰他们的合唱，诗歌女神们会勃然大怒的。’于是他非常活泼但又很有礼貌地(因为他是一个头脑非常敏捷又有不竭的机智的人)回答说：‘索利乌斯老爷，还是小心些好，如果你试图偷偷地独自去勾引阿波罗的宝贝学生们，他决不会发更大的火的。’你可以想象一下被这句敏捷而漂亮的答辞引起的赞扬声。于是，我不再耽搁，就去叫他的秘书(原来他早就在那里了)，手里拿着便笺簿，我就向他口授一首四行诗，其大意是：

‘另一天早晨，不知是正从热浴中走出来，还是打猎已使他兴奋得眉毛直竖，可能英俊的菲利马修斯仍在寻找这件内衣来擦干他湿淋淋的脸，因此水可能从他的额头流入这件丝绒衫，正像流入一个酒鬼的喉咙似的！’

“您的伊皮凡尼乌斯刚写下这些诗句，他们就对我们宣布说，主教们出来的时间到了，于是我立刻站起身来。”

西多尼乌斯当时是主教，毫无疑问，那些陪同他一起到圣·贾斯特墓和西阿格里乌斯执政官的墓，同他一起举行礼拜仪式，一起打网球，一起唱颂诗，一起品尝区区的诗句的都是像他一样的主教。

先生们，我们现在就要结束我们提出的第一个问题了：我们已经考察了五世纪时世俗社会和宗教社会的社会状况，罗马的和基督教高卢的社会状况。留待我们研究的是这同一个时期的道德精神状态，鼓动它的思想、教义、情绪，一言以蔽之，人的内心生活和理智生活。这将成为下一讲的主题。

第　四　讲

本讲的目的——一个社会的精神状态应该怎样理解——社会状态对精神状态和精神状态对社会状态的相互影响——四世纪时只有高卢的世俗社会拥有有利于才智的发展的种种设施——高卢的学校——教授的合法地位——宗教社会除了它的思想之外没有其他发展和影响的手段——但是一个衰微下去，另一个繁荣起来——世俗学校的衰落——基督教社会的活力——圣・哲罗姆、圣・奥古斯丁和诺拉的圣・保罗——他们与高卢的通信联系——高卢各修道院的创建及其性质——两个社会精神状态不同的原因——对四五世纪时世俗文学和基督教文学的比较的看法——两个社会里的思想自由是不相等的——宗教必须对研究工作和学术界给予帮助

先生们，在开始考察四世纪末和五世纪初高卢社会的精神状态之前，我必须就我这部分工作的性质说几句话。在某些人看来，精神状态这个词儿从字面上看似乎有些模糊。我要精确地限定它的意义。精神科学现今已被谴责为缺乏精确性、缺乏明晰性和确凿性，它们已被斥为非科学。它们完全像自然科学一样，应该成为科学、可以成为科学，因为它们对事实也能发挥作用。精神事实在真实这一点上并不比其他事实有何逊色；人并未曾捏造过它们：他发现了它们并给它们命名；他在一生中每时每刻都注意着它们；他像研究他四周的一切、即通过他的感官的干预而被他感知的一切

那样研究它们。精神科学，如果可以这样说，它像其他科学一样也有这种问题；当时并未通过任何方法，而是根据它们的性质就把它们斥为不够精确、不够确凿。我承认，对它们来说，要达到确凿、清晰、精细是比较困难的。精神事实比之自然的事实，一方面更为广泛和更为确实，另一方面又被更深地埋藏着；它们在它们的发展方面比较复杂，同时在其起源方面却又比较简单。因此，观察它们，予以分类并把它们变成科学时，就要困难得多。这是精神科学常常受到斥责的真正原因。请看看它们奇异的命运：它们显然是人类最初的研究对象；当我们回溯到人类社会的婴幼时期时，我们到处都遇到精神方面的事实，它在宗教和诗的外衣之下，吸引人们的注意力，激发人们的思想。然而，为了做到彻底地认识它们，科学地认识它们，那就必须有最有经验的理性的全部技巧、全部洞察力和极度的审慎。因此，精神科学的地位是如此，即它们在编年史的程序中既是最先的也是最后的；说是最先的，因为需要在人的思想上做细致的工作；说是最后的，因为它能提高精确、明晰和确凿的程度，而这就是科学的特性。因此，我们绝不可以被它们所遭受的斥责所吓倒；它们是自然的、合法的：必须知道，无论是精神科学的确凿性还是精神科学的价值，都不会由于这些斥责而受到丝毫影响；让我们从此得出这个有益的教训，即在研究这些精神事实时，在观察和描述它们时，如果可能的话，必须比研究任何其他事物更好地、更正确、更注意、更严密地进行。得益于这个教训，我一开始就精确地来限定我所说的社会的**精神状态**的意义。

在此以前，我们已经研究了高卢的社会状态，即他们的人与人之间的关系以及他们的外部的和自然界的状况。这一点做到了之后，一切社会关系都叙述了之后，是不是可以说，构成一个时代的全部事实就已详尽无遗地研究了呢？当然不能这样说：还得要研究内部的状况，人们的个人状况，灵魂的状况，即一方面是思想、教义、人的整个理智生活；另一方面是思想与行为的关系，信条与意志的坚强之间的关系，思想与人的自由之间的关系。

我认为，这就是构成一个社会的精神状态的双重事实，也就是我们必须在五世纪的高卢社会中研究的双重事实。

按照一种非常普遍的意见，我本来可以不必长期坚持这项研究。人们往往说，精神状态决定于社会状态，人与人的关系，左右这种关系的原则或习俗决定着人们的思想、人们的感情、人们的内心生活；还说，政治与制度造就了人民。这是上个世纪的一种主要的思想，并且是由那个时代最著名的著作家孟德斯鸠、伏尔泰、经济学家、国际法专家等以各种不同形式提出来的。再也没有比这更简单的事了：上个世纪发生的革命是一场社会革命；它的绝大部分力量都耗费在改变人们各自的处境上而不是耗费在改变他们的内心和个人的心情上；它所希望的与其说是改良个人倒不如说是改良社会。任何地方，人们首先想到的是它所追求的和它所做的，人们最关心的是社会状态，对这种现象谁会感到吃惊呢？然而有些情况可能已经对它提出了告诫：它辛辛苦苦去改变人与人的关系和人的外部条件；但它的工作的手段和支柱是什么呢？思想，感情，内部的和个人的心情意向：它是靠着精神状态的帮助才着手进行社会状态的改革的。因此，必须承认，精神状态不仅是与社会状态截然不同的，而且在某种意义上说，它是不受社会状态的支配的；必须看到，在各民族的生活中，各种情况、制度并非一切，它们

也不能决定一切;其他因素可能会使这些东西发生变化,或跟它们作斗争,甚至胜过它们;而且如果外部世界对人起作用,则人也会对世界起作用。先生们,我不愿意被人认为我排斥我所反对的思想;完全不是这样;它的合法性的比例是很大的:毫无疑问,社会状况能对精神状态发生强大的影响。我绝不会甚至希望这种学说成为独一无二的;影响是共同的而且也是互惠的:如果说政治造成民族国家是正确的,那么说民族国家造成政治也同样是正确的。这里遇到的问题比它的外表显得更高更大些。它是这样一个问题,即社会生活是否也像物质世界那样受外部的必然的原因的支配的,或者是否人类本身、它的思想、它的意志凑合在一起产生出并支配它们;它是这样一个问题,即在人类的命运中,命运决定的事占多少比例,自由决定的事又占多少比例。这是一个有很大关系的问题。有一天有机会的话,我要按照它应该受到的那样来处理它;目前,我只能把它的地位分配给它,只能满足于为自由、为人类本身,在创造历史的进程中创造种种事件的创造者中间,争取一席之地,争取一个重大的地位。

现在我回过头来研究四五世纪时高卢世俗社会和宗教社会的精神状态。

如果各种制度设施都是万能的话,如果提供给社会的各种法规和手段都是万能的话,则这个时期高卢世俗社会的智力状况可能远远超过宗教社会的智力状况。事实上,前者单独就拥有后者所特有的一切制度设施、开发智力、进步的处于支配地位的思想。罗马的高卢到处都有规模巨大的学校。主要的有设于特里尔、波尔多、欧坦、图卢兹、普瓦捷、里昂、纳博讷、阿尔勒、马赛、维也纳、贝桑松等地的大学。其中有的十分古老：比如马赛和欧坦都在一世纪就有；他们在那里教学哲学、医学、法学、文学、文法、星占学和那个时代的一切科学。实际上，在大部分学校里，他们起初只教论理学和文法，但接近四世纪时，到处都聘请了教哲学和法律的教授。

这些学校不但为数众多，并设有许多教授的席位，而且皇帝们也不断地赐恩宠于新标准的教授们。从君士坦丁到小狄奥多西，他们的兴趣都在频繁地制定皇家的体制，有时扩展、有时加强他们的特权。其中主要的有：

1. 君士坦提努斯·奥古斯都致沃吕西努斯[①]书（321 年）

“我们规定，将来医生们、语法学家们和其他文学的教授们，以及他们在各自的城市里拥有的财产，豁免一切城市捐税并可享受荣誉。[②] 我们禁止用法律来折磨他们，或对他们有任何虐待。如果任何人折磨他们，地方行政官员应加以检举，使他们自己不受那种麻烦，同时责令该冒犯者向国库缴纳十万元；如果一个奴隶触犯他们，则该奴隶的主人应当着被触犯者的面鞭打奴隶；如果奴隶的主人同意这个违法行为的话，则应责令他向国库缴纳二万元，并以他的奴隶作为抵押，直到缴清全部罚金。我们规定，教授们的薪俸应该付给上述的教授们；同时由于他们不必担任繁重的职务……如果他们愿意的话，我们允许他们拥有授予他们的各种荣誉，但我们并不强迫

① 大概是禁卫军地方长官。

② 罗马各城市和自治城市规定，一种是 munera，是低级职位，没有各种特权；一种是 honores，是高级职位，是真正的行政官员，享有某种特权。

他们这样做。"①

2. 君士坦提努斯告人民书(133 年)

"为了巩固我们神圣的前辈的功绩,我们规定,医生们、学术教授们以及他们的妻儿们可豁免一切公职和费用;不列入民兵服役名册,也无须接待宾客或交纳任何费用,使他们有更多的便利条件在大量的研究工作和上述专门职业中教导许多人民。"②

3. 格拉提安努斯·奥古斯都致高卢禁卫军地方长官安东尼乌斯书(376 年)

"在交托给阁下的整个辖区内的一切人才济济的大城市里面,让最优秀的主持青年教育的工作者(我们指的是雅典城邦的希腊语和罗马语的修辞学家和语法学家)和演说家从国库支取二十四份给养配给量;③并按照惯例,支给希腊语和拉丁语的语法学家较少的给养配给量十二份;为了使享有大主教教区权利的各城市能选择著名的教授,同时因为我们不认为每个城市可以按照自己的意向支给其修辞学家和大师们报酬,对著名城市特里尔,我们希望做得更好些;因此,如果能找到有才干的人的话,可以让修辞学家支取三十份给养配给量,让拉丁语语法学家支取二十份给养配给量,让希腊语语法学

① 狄奥多西法典,第 III 卷,第 3 篇 1.1。

② 同上书,1.3。

③ 给养配给量,Annona,即一定分量的小麦、油和其他给养,约为一个人每天所必需的消费量。

家支取十二份给养配给量。”[①]

瓦伦提尼安、荷诺里乌斯、狄奥多西二世颁布了许多类似的敕令。自从帝国由许多长老分管以后,每个长老都更加关心自己国家及其公共机构的繁荣昌盛,从此兴起了一个短暂的改良运动,各学校,特别是高卢的那些在君士坦提乌斯·克洛拉斯、尤里安和格拉提安的管辖之下的学校,都受到了运动的影响。

在学校的旁边,一般都设有另外一些类似的机关。例如,在特里尔就有一所宏伟的皇宫图书馆,关于它我们没有听到过什么消息,但我们可以根据我们听到的关于君士坦丁堡的图书馆的详细情况加以判断。君士坦丁堡的这所图书馆有一个图书管理员和七个抄写员,四个抄写员专门抄写希腊文书籍,三个专门抄写拉丁文书籍。他们既抄写日见损坏的古代著作,也抄写新的著作。这种机构不但特里尔有,高卢的各大城市大概也有。

于是,世俗社会就具备了开发教育和智力的手段。这同宗教社会是不一样的。这个时期,它还没有专门从事于教育的机构;它没有从国家得到针对这个具体目标的任何帮助。基督教徒也像其他人一样可以上公立学校去;但大多数教授仍是异教徒或是不关心宗教事务的人,而且在他们的这种淡漠中,还对新宗教充满着敌意。因此,很少有基督徒上这种学校去念书。它们所教的科学、语法和修辞学都是出源于异教,是由古代异教思想支配的,而且对基督教没有什么好处。最后,经过了很长一段时间,基督教在人民中,在下层社会里得到了传播,特别在高卢人中间,但进大学学习

① 狄奥多西法典,第 XIII 卷,第 3 篇,1.11。

的只是上层阶级。此外，直到四世纪初，那些大学里几乎还没有一个基督徒，而在那时以后，基督徒的人数也很少很少。

没有其他学习场所是对他们开放的。后来不久在基督教教会里成为教育的避难所和圣殿即修道院的那些机构在高卢也几乎没有开始。直到360年以后，才由圣·马丁创立了两所最早的修道院——一所在普瓦捷附近的利古日，另一所在图尔附近的马蒙基尔。它们专心从事的与其说是教学不如说是宗教的默祷和冥想。

因此，在那个时候，任何大学，任何专门从事于宗教仪式和智力开发的机构，对基督教徒来说都是缺少的；他们只有他们自己的念头，他们内心的个人的思想活动。他们必须从自身汲取一切；他们的教义和他们的教义对意志的绝对控制——他们必须使自己传播开来、占领整个世界的这种愿望——这就是他们的全部力量。

然而两个社会的活动和才智的力量仍然是非常不相等的。一个社会对自己的设施、自己的教授和自己的特权淡然置之，毫不加以利用——另一个社会、却以其独一无二的思想不断地辛勤工作并掌握一切。

五世纪中的一切事物都证明世俗社会的学校的衰败。当代优秀的作家，例如西多尼乌斯·阿波利拿里和马梅提努斯·克劳狄纳斯，对此都深为痛惜，在他们著作的每一页中几乎都说到，青年们已不再学习，教授们无学生可教，科学已凋萎并正在消失。他们企图通过种种小手段，逃避必要的长期的强劲的学习。这正是给作家写历史、哲学、语法和修辞学节本的机会；他们显然不想在学生不愿意学习的班级里教书，而只为那些不得不致力于学习科学的学生节省些辛劳。到学校去念书的多半是高级班的青年人；但这些班级正在迅速消失。学校也因此而衰落;这些设施虽仍存在,但其中已空无一人——灵魂已离躯体而去。

基督教社会知识界的面貌就大不相同。五世纪时,高卢是处在三个精神领袖的影响之下的,这三个人没有一个居住在高卢:圣·哲罗姆[①]住在伯利恒,圣·奥古斯丁[②]住在希波,圣·保罗[③]住在诺拉:后者仅仅诞生在高卢。他们真正支配着高卢的基督教会。它在一切场合向他们请示,接受他们的主意、解决办法和意见。例子是很多很多的。一个诞生于比利牛斯山麓的名叫维吉兰提乌斯的教士旅行到巴勒斯坦。他在那里看到了圣·哲罗姆,并在关于基督教教义或戒律的某些问题的论战中与他交锋。他一回到高卢人那里,就写书谈论他看作是弊病的那些事情。他抨击对殉道者、对他们的遗体和在他们墓旁出现的奇迹的崇拜,抨击频繁的斋戒、苦行甚至禁欲。他的著作一出版,一个住在他附近,大概在多菲内或萨伏依的名叫勒帕里乌斯的教士便把这事告诉圣·哲罗姆,并就这书的大概内容及其危险性作了报导。圣·哲罗姆立刻复信给勒帕里乌斯,他的复信是第一篇驳斥书,并答应还会有更详细的第二篇。第三个名叫西辛尼乌斯的教士立刻派勒帕里乌斯和另一住在附近的牧师狄第埃尔把维吉兰提乌斯的著作送到伯利恒;在论战开始后不到两年,圣·哲罗姆把一篇完善的驳斥书送到高卢人中间,并迅速传播开来。几乎在同一个时间,在高卢和圣·奥古斯丁之间,在贝拉基关于自由意志和上帝恩惠的邪说的问题上,发生了同样的事;高卢教士方面也有这种忧虑要把一切事情告

① 生于331年,死于420年。

② 生于354年,死于430年。

③ 生于354年,死于431年。

诉这位大主教；为了答复他们的问题，消除他们的疑虑，支持并指导他们的信心，这位大主教也进行了这种同样的活动。每出现一种有威胁性的异端邪说，每发生一个问题，必然会在高卢这一方面和希波、伯利恒、诺拉这另一方面之间，迅速地随即发生一长串的信札、讯息、旅行和小册子的往来。这倒并非必然会引起大问题和涉及一般的迫切的宗教利益。普通的基督徒和一般妇女都一心想着某种思想、某种顾虑；他们所缺乏的是照亮他们的灯光；他们必须求助于这种学者、这种救治良方。贝叶的一位妇女海迪比耶，同时还有卡奥尔的一位妇女阿尔加西，为了向圣·哲罗姆请教，前者提出了十二个、后者提出了十一个关于哲学、宗教和历史的问题；她们问他圣经中某几段如何解释；她们希望他告诉她们要达到道德的完善需要具备什么条件，或是在某些生活环境中应如何行动。总之，她们把他看作一个家里的精神上的指导人而同他商量。一个名叫阿波德穆斯的牧师从布列塔尼内地出发，负责把这些信送到巴勒斯坦腹地并带回复信。在高卢基督教教会内部也有这种同样的活动，这种同样的迅速的书信传阅。图尔的圣·马丁的同伴和朋友圣·苏尔皮西乌斯·塞维卢斯写了一本圣·马丁的传记（当时他还健在）。此书从397年至402年的四五年里在高卢、西班牙、意大利到处传播，在各大城市都有出售；主教们都热切地派人去买。每当一种宗教方面的愿望、疑虑或困难出现时，学者们就悉心研究，牧师们就东奔西走，各种著作就四处流传。先生们，这种迅速的大量的通信工作绝不是容易的事。物质手段很缺乏；道路只有很少的几条，而且十分险阻；问题还有待于好好开展，而要得到解答还需等待很长时间；积极的热情——不可动摇的、不倦的耐心——是必需的；最后还需有道德需求方面的那种坚韧不拔的精神，它在任何时候都是一种

宝贵的美德，只有它能够补偿不完美的组织机构。

虽然如此，各种机构开始兴起，并被安排在高卢的基督教徒中间。南方各行省的大寺院大部分是在五世纪上半叶创立的。尼姆的圣·福斯廷修道院和他的主教辖区内另一座修道院被认为是圣·卡斯托(422 年前后的阿普特主教)创立的。大约在这同一时期，卡西安努斯在马赛创立了圣·维克多修道院；圣·荷诺拉多斯和圣·卡普拉亚在耶尔群岛的一个岛上创立了当时最著名的勒林斯修道院；稍后，又在弗朗什孔泰创立了孔达特或圣·克劳德修道院，在维也纳主教区创立了格里尼修道院，还有其他许多名声较小的修道院。高卢修道院的基本特征完全不同于东方的修道院。在东方，各修道院的主要目的是为了静修和默祷；这些隐退到底比斯腹地来的人都希望逃避逸乐、诱惑和世俗社会的腐败；他们希望远离社交、沉湎于冥想，使自己的良心经受严峻的考验。后来不久他们在早先分散居住的地方互相靠拢，于是隐居修道或独居修道的修道士变成了在一起生活的群居的修道士。西方的修道院虽然也模仿东方，但它们的起源是不同的；他们开始时对生活的共同的希望并不是各自过孤独的生活而是联合在一起生活。世俗社会是全国的、各省的、各市的种种纷扰和疾病的牺牲品；它各个方面都在分崩瓦解；愿意生活在一起进行讨论和锻炼的人根本没有一个中心站或庇护所；他们就以修道院为庇护所；因此，修道院生活开始时既没有忏悔祈祷的性质，也没有独居隐修的性质；恰恰相反，它是非常喜欢社交而活跃的；它点燃了智力发展的一个焦点；它成为酝酿和传播思想的工具。高卢南方的各修道院是基督教的哲学学校；知识界人士在那里思考、讨论和教学；各种新观念、大胆的思想

和异端邪说就是从那里生发出来的。一切关于自由意志、宿命论、上帝的恩惠、原罪的大问题都是在圣·维克多和勒林斯等修道院里进行最热烈的讨论的，贝拉基派的意见五十年来也是在那里找到最好的营养和支持的。

先生们，你们可以看得出来，宗教社会和世俗社会的知识状况是不能相比的；一方面是一切都处在衰落、凋萎、呆滞状态；另一方面则是一切都在活动、渴望着、雄心勃勃，向前进展。这样一种鲜明的对照，其原因是什么呢？我们必须知道发生如此惊人的差异究竟出于什么原因，它是如何继续发展下去，又为何日益严重：只有弄明白了这些，我们才能充分了解他们的精神状态。

我相信，发生我刚才描述的情况有两个大原因：第一，这两个社会所从事的主题、问题、智力工作的实质；第二，两个社会的思想自由是非常不相等的。

这个时期在高卢出现的世俗文献只有四种人和四种著作：语法学家、修辞学家、编年史学家和诗人；诗人，不是大部分而是小部分是颂诗、碑文、叙事文、田园诗、牧歌的作者。这些都是留给罗马文人练习的主题。

基督教文献就完全不同了。它多的是哲学家、政治家和演说家；它热烈讨论的是最重要的问题，人们最感兴趣的事情。我现在要把某些专名、某些衔头，以及对两种文献主要作家和主要作品互相比较的看法提出来给你们看，但我始终注意使自己局限于高卢方面。你们自己可以从此推断出各种结果来。

我在这里并没有自以为已列举了有关的人名和书名，不论它如何不完备。我仅仅指出了其中最明显的人名、书名和事实。

在世俗文献里人才济济的语法学家中，我要提名的首先是，四世纪中期前后的波尔多大学教授阿格里提乌斯，他留给我们的一篇论文或其一个片断是论拉丁语的特性与拉丁语的各种异体；例如，拉丁语同义词 temperantia temperatio 和 temperies；percussus 和 perculsus；他在说明他规定的区别时所依据的例子都是引自最优秀的作家——西塞罗、贺拉斯、泰伦提乌斯、李维等的。第二是，乌尔比古斯，他也是波尔多大学教授，特别以其深湛的希腊语和希腊文学的知识著称。第三是，特里尔大学教授乌尔苏勒斯和哈蒙尼乌斯。哈蒙尼乌斯曾编辑荷马的诗集，并加上关于错误的异文的注和一些解释。

与语法学家相邻的是修辞学家，他们的事业不仅在于教修辞而且还写论文、写生活中各种重要场合、喜庆节日、盛大宴会用的颂词，民间各种庄严仪式以及某一皇帝驾崩或即位典礼等用的悼词和颂词。特别保存和收辑了十二篇这样的有声有色的宏伟篇章。四位主要的颂词大方家，第一位是克劳狄乌斯·马梅提努斯，他是 292 年 4 月 20 日罗马帝国成立纪念日发表的歌颂马克西米安皇帝的一篇颂文的作者；第二位是欧坦大学修辞学教授欧梅尼乌斯，他是 297 年至 311 年为向君士坦提乌斯·克洛卢斯表示敬意而写的和在君士坦丁御前诵读的四篇论文的作者；第三位是波尔多大学教授、一篇歌颂君士坦丁的颂词的作者拿撒里乌斯；第四位是 362 年在尤里安御前诵读的一篇颂词的作者克劳狄乌斯·马梅提努斯（大概是第一位的儿子）。

这个时期高卢的和异教的编年史学家中最著名的是在 370 年前后写罗马史简编的优特罗庇乌斯。

我可以欣然提出一张诗人的名单来，但也不要抱怨说我只提了其中三个人的名字。最多产、最著名而且无可争辩地是最高尚、最优美的是奥索尼乌斯，他在309年前后生于波尔多，394年死于自己的一座庄园里，生前曾担任过最高的公职；编写过，第一，一百四十首讽刺短诗，第二，三十八篇纪念死者的诗文，第三，二十篇田园诗；第四，二十四篇书信体诗文；第五，十七篇描写各城镇的记叙文，还有许多关于诸如波尔多的教授们及其家族的事、十二个凯撒、七个希腊的哲人等等题材的小诗。

奥索尼乌斯的一个舅舅，名叫阿尔鲍里乌斯，图卢兹人，他留下了一篇奉献给一位盛妆少女的小诗 *Ad virginem nimis cultam*（《致盛妆少女》）。

普瓦捷的一个诗人，名叫鲁提利乌斯·纳马提安努斯，曾在罗马生活一段时间，416年前后回到家就写了一篇题名为 *Itinerarium*（《旅行日记》）或 *de Reditu*（《谈回来》）的诗，这是一篇详细描述罗马地方风土习惯以及诗人对犹太人和修道士闯入罗马社会的愤怒的奇妙的作品。显然他是一个异教徒。

我接着就讲这同一个时期的高卢基督教社会。

我遇到的第一个人名是圣·安布罗斯，虽然他在意大利度过了一生，我还是把他算作高卢人，因为他是在340年前后在特里尔诞生的。他的著作被辑成对开本两卷，包括三十六篇性质不同的著作——有宗教论文，对圣经的注释，讲话，书信，赞美诗等。其中篇幅最大，也是最奇特的是 *De Officiis Ministrorum*（《牧师的职责》）。

将来我也许会回过头来详细谈这部著作；目前我只希望说明

其性质。你们也许会根据书名认为它是一本论述牧师的职责以及牧师应如何履行其职责的书。那你们就会上当;因为它完全是一篇谈道德问题的论文,作者在书中除了谈牧师的职责问题外,还回顾了人类的一切职责;他在那里提出并解答了无数处世哲学的实际问题。

在圣·安布罗斯之外,我要提出来的是圣·保罗,他像圣·安布罗斯一样也诞生于高卢(在波尔多,约在353年),也以主教的身份死于意大利(431年于诺拉)。他的许多著作,包括反对异教的著述,都已丢失,遗留下来的只有一些书札和诗篇,但那个时候的书札具有一种完全不同于现代书札的重要性。严格意义上的文学在基督教世界里只占相当小的地位;人们很少为写作而写作,很少纯粹为发表思想这种快乐而写作。有某个事件发生了,有某个问题产生了,有什么迫切的事使基督教社会应付时,往往就有一本书以写给某一基督徒、某一友人、某一教会的一封信的形式产生出 105
来。政治、宗教、论战、宗教势力和世俗势力、一般的和特殊的宗教会议都在这个时代的书札中遇到,这些书札都属于这个时代的最珍奇的不朽的作品之列。

我已经提出了图卢兹(或阿基坦的其他城镇,因为我们不确切知道他的出生地)的圣·苏尔皮西乌斯·塞维卢斯[1]的名字及其《圣·马丁(图尔的)传》。他还写了一本《神圣的历史》,它是西方试图作出的关于宗教史的最初论著之一,涉及的范围从世界开始时起直到400年,包含一些其他地方找不到的重要事实。

① 生于355年前后,死于420年前后。

几乎在这同一个时候或稍晚一些，修道士卡西安努斯[①]（虽然他在东方住了很长一段时间，但血统上看来是一个普罗旺斯人）在阿普特的主教圣·卡斯特的要求下，在马赛发表了他为使西方世界了解东方修道士的起源、原则、作风和思想而写的《论各种宗教团体》和《论历次宗教会议》。你们知道，南部高卢大多数早期修道院都是在这一个时期通过卡西安努斯本人的合作而创立起来的；因此，他的这些书正是为满足一种实际的需要而准备的。

我又想到，在卡西安努斯之前，我应该提到普瓦捷的主教圣·奚拉里，他是高卢教会中最活跃、最正直、最著名的领袖之一；他写的大量著作，虽其价值全都不大，但在当时都极重要。实际上，它们大部分都仅仅是讨论当时人们所注意的各种问题的一些小册子。在基督教脱离了它的摇篮时代渐渐壮大起来之后，一些比较著名的主教都同时起着哲学家和政治家的两种作用。他们掌握着对思想的控制权，至少在知识界处于优势地位；同时他们还得管理宗教社会的世俗事务。他们同时肩负着两种任务——传达与实行，使人信服与控制、管理。因此，品种繁多和匆忙草率往往成为他们著作的特色。一般而论，这些著作完全是为了适应一时的需要而写出来的；这些小册子有时是为了解决教义上某一问题，有时是为了讨论某一业务问题，为了启发某一人的灵魂或是反对某种世俗弊病，答复某种异端邪说，或是从政府那里取得某种让步。圣·奚拉里的著作特别带有这种性质。

一个可能认识奚拉里（因为他有一段时间和图尔的圣·马丁

① 生于360年前后，死于440年前后。

住在一起)的修道士埃瓦格里乌斯写了两篇对话，一篇题名为《基督徒狄奥斐卢斯与犹太人西蒙之间的会谈》，另一篇题名为《基督徒扎切厄斯与哲学家阿波罗尼厄斯之间的会谈》，这两篇对话都是关于四世纪末一个信奉基督教的修道士如何设想一方面犹太教和基督教之间、另一方面基督教和哲学之间的问题的奇妙的不朽之作。

此后不久，马赛的一个教士出生于特里尔的萨尔维纳斯，写了一篇探讨宗教伦理学的论文《论贪婪》，还写了一本我已提到过的题名为 *De Gubernatione Dei* 的书，此书以详细描绘这个时期的社会状况和风俗习惯著称，还有一个显著的特色是它试图为上帝卸却对尘世的苦难的任何罪责，而把罪责完全加在人类自己身上。

贝拉基教派的分裂教会的活动引起了大量的著作，可是我只想提一提阿基坦的圣·普罗斯珀的那些，特别是那篇基督教内部产生出来的哲学诗中最可喜的力作《反对忘恩负义者》。他的从世界起源写到455年的《编年史》是很有价值的一部著作。

当自由意志和上帝的恩惠的问题正在整个教会、特别是高卢教会中展开激烈的辩论时，当灵魂的非物质性的问题正在纳博讷人中间，在主张灵魂是物质性的里兹主教福斯图斯[①]和为相反的意见辩护的维也纳牧师和圣·马梅提乌斯主教的兄弟马梅提乌斯·克劳狄努斯[②]之间静静地讨论的时候，福斯图斯提出其观点的那封信和马梅提乌斯·克劳狄努斯的题名为《论灵魂的本质》的

① 死于490年。

② 死于470年前后。

那篇论文乃是关于五世纪人类精神状态的最奇妙的不朽之作。因此,我想将来让你们详详细细地了解它们。

在这个时期的基督教文学中,我只想再引举一个人的名字,即马赛的教士金纳迪乌斯,他在其题名为《论四世纪中期到五世纪末的著名人士或教士作家》中给予我们的关于文学史的知识比我们在其他任何地方看到的为多。当你们把这两张虽然很枯燥乏味而又不完全的著者和作品名称表加以比较的时候,仅仅人名和书名岂不就说明了两个社会在知识状况方面的差异了吗?基督教作家同时向思想和生活两方面最高的有关人士讲话,他们在知识的领域和现实的领域里都很活泼而有说服力;他们的活动是合理的,他们的哲学是深得人心的;他们讨论的事物既能激动隐居修道者的心,也能激动各国人民的心。与此相反,世俗的文学既不涉及原则问题也不涉及一些偶然事件,既不涉及群众精神上的需要也不涉及群众家庭的感情;它完全是一种因袭和奢侈生活的文学,一些志同道合者的小团体和学派的文学,从它所注意的问题的性质来说,完全是一种供贵族和才子们暂时消遣的文学。

先生们,不仅如此,我们看到两个社会精神状态的所以不同还有一个远为不同的原因:自由,(我指的是思想自由)对一个社会来说是完全缺乏的,而对另一个社会来说则是实际上存在而且是强有力的。

诚然,说世俗文学完全缺乏自由那是不可能的;那种文学从属于世俗社会,从属于古老的罗马世界;它是罗马世界的映象,罗马世界的消遣品;它具有它的一切特征,——颓废、枯燥无味、丰饶多产、卑屈奴态。可是,它关心的那些问题的性质使这些特征长期存在。它与道德方面的一切大问题，与生活的一切实际利益，即与不能没有思想自由的任何事业完全没有关系。语法、修辞、小诗非常容易使自己适应奴隶状态。像阿格拉西乌斯那样编辑拉丁文同义词词典——像阿尔鲍里乌斯那样批评一个穿戴得过于考究的女郎——或者像奥索尼乌斯那样歌颂摩泽尔省的美人都既不需要自由，实际上也不需要动脑筋。这种处于从属地位的文学在专制政治之下，在各种社会衰亡时期，曾不止一次地极度繁荣过。

在各学校内部完全没有自由；全部教授都是随时可以被免职的。皇帝不但有充分的权力可以把他们从一个城市调到另一个城市，而且可以在他认为合适的时候随时撤销对他们的任命。此外，在许多高卢城市里，人民自己也是反对他们的，因为人民至少绝大部分是基督教徒，因此都不喜欢完全异教血统和异教志趣的学校。因此，教授们经常受到敌意的对待，而且往往被虐待；实际上，除了残余的上等阶级和帝国当局以外，谁也不支持他们。帝国当局仍坚持维护秩序，而在此以前它之所以常常迫害基督徒，完全是由于屈从人民的要求。现在，在四世纪，它保护异教徒、反对人民，这或者是出于一种维持秩序的抽象的愿望，出于遵从那些本身就是异教徒的或不关心这个问题的著名人士的愿望，或者是出于尊重旧政府所支持的旧制度、旧原则。你们从此可以不难看出教授们处于一个多么从属的、无权的、朝不保夕的痛苦的地位。学生们所处的地位也几乎一样。他们都是一大批宗教裁判所的、令人恼火的治安法规的对象，在这些法规之下，他们是毫无保障的。我要念给你们听瓦伦提尼安的一道敕令，它将使你们得到一个关于他们的处境的明确的概念；这道敕令本身只涉及设在罗马的学校的学生，

但帝国的其他学校也是根据类似的规章和原则行事的。

“瓦伦提尼安、瓦莱里乌斯和格拉蒂安给罗马行政长官奥利布里乌斯的敕令(370 年)

“1. 一切来罗马求学的人,到达时必须立即向人口调查局长[①]呈交批准他们此行的省长签发的阐明他们的住处、年龄、身份和职业的公函。2. 他们同时还须声明他们特别想研究的是什么学科。3. 他们必须随时把他们的住址报告人口调查局,以便那个部门的官员注意他们是否始终进行他们自己指定作为其追求目的的那个学科的学习。4. 上述官员有责任注意学生们在听讲时是否按照合适的方式行事,避开一切可以得到坏名声的机会,不参加任何我们视为简直是罪恶的私人团体。他们不可以过于频繁地去看戏,也不得沉湎于过度的享受和宴乐。任何学生如果忘记了他作为攻读文科的学生应有的高贵的品行,就将公开地受到鞭笞,并被不光彩地逐出城市,送回原地。那些勤奋学习者可以留在罗马直到他们年满二十岁为止,如果那时他们忘掉了没有自动回家,则行政长官应使他们离去,不论他们愿意与否。这些规则应严格遵行,您阁下应立即命令人口调查部门的主要官员每月提出一份关于所说的学生们的报告,阐明学生人数、姓名、何时来到罗马,他们的一般鉴定,其中谁的居留罗马的期限已经届满、必须送回非洲或其他行省……这种报告应每年呈送我们一份,以便了解学生们的各种优点和学得的知识,以便判断他

① 一种行政官员,他的某些职能类似我们的警察局长。

们中的任何一个人对我们的工作究竟可取和合乎需要到什么程度。”①

这些预防措施中有些措施，在某种情况下，可能是必要的、恰当的；但同时也很明显，在它们成为其主要特色的这种制度中，在它们成为其纪律的基础的这些学校中，是没有任何自由可言的。

与此相反，在基督教文学中，自由却十分茂盛地表现出来：思想的活跃，公开宣布的种种不同的意见，它们本身就足以证明这种自由的真实性。人类思想的翅膀如果压上铁块，那么它绝不会展开得如此宽广、如此精力旺盛。此外，自由是教会的知识分子境遇中所固有的：教会正在努力形成它的教义，它在许多问题上还没有被颁布或固定下来。往往由于某一事件，由于某一论战的著作而产生了某一个问题；于是宗教社会的领袖们就进行考查和讨论，于是就形成了决定，采纳了信仰，并适时地宣布了教义。十分明显，在这样一个时期必定存在着自由，虽然是不稳定的，也许是暂时的，但仍然是真实的，而且在很大程度上是有实效的。

反对异端的立法的状况还没有达到足以使它致命的地步；迫害的原则，真理有权靠武力实行统治的思想已开始占领人们的头脑；但它在种种事情中还没有占主要地位。世俗权力开始有力地帮助教会反对异教徒，并以严厉的态度对待他们；他们被放逐，某些职务严禁由他们担任，他们的财产被剥夺；有些人，甚至像385年的普里西利安派那样，被判处死刑：皇帝们的法规，特别是狄奥多西大帝的法典，对异教是充满着威胁和戒备的；总之，事态的发

① 《狄奥多西法典》，卷1，XIV，第IX册，1.1。

展显然是倾向于暴政的:可是,世俗的权力对于使自己成为各种教义的工具一事还有犹豫;最伟大的主教圣·奚拉里、圣·安布罗斯、圣·马丁仍大声反对判处异教徒极刑,他们说,教会无权使用精神武器以外的其他武器。总之,虽然迫害的原则日益进展,并且是很有威胁性的进展,但自由仍然比它更强大:它是一种危险的处在狂风暴雨之下的自由,但它仍然是活跃的、普遍的;一个人过去是自己承担风险当异教徒的;但他如果愿意的话,将来也可能成为一个异教徒;人们在一个长时期里可能而且也的确有力地、公开地支持了他们的意见。看一看这个时期历次宗教会议的宗教法规就足以相信自由仍然是巨大的:除了两三次大的宗教会议之外,这些会议,特别是在高卢举行的这些会议,除了教规戒律以外,几乎不关心任何事情;理论的问题,教义的问题很少在会议上出现,只有在一些大的场合上才出现。他们所讨论和作出决定的大多是关于教会的管理、教会的制度设施、牧师的权利和义务等问题:这证明,在无数问题上,思想的多样性是许可的,辩论仍然是开放的。

因此,一方面,劳动的性质,另一方面,思想所处的地位,充分说明,宗教社会里的知识分子优越于世俗社会;前者的地位是着实而自由的,后者的则是奴性的,不重要的:还有什么需要增加的吗?

但最后还有一种意见,可是这种意见并不是毫无价值的,而且也许能充分说明为什么世俗文学快要死亡,而宗教文学却存在着而且还在精力旺盛地繁荣滋长。

对心灵的修养来说,对科学和文学来说,要不依靠一切邻近的直接的势力而靠自己来繁荣壮大,就必须有幸福而和平的时代、令人满意的能予人以好运的时代。当社会状况渐渐困难、粗野而不幸时，当人们长期遭受很多苦难时，研究和学习就有极大可能被忽视而衰落。对纯粹真理的爱好，对美好事物的欣赏（撇开其他一切欲望），都是一些娇嫩而高贵的植物；它们必须有纯洁的天空、光辉的太阳和柔和的气氛；在大风大浪中，它们就会低下头来、日渐枯萎。才智的发展、心灵的旨在取得真理的劳动就会停止，除非被置于队列之中，并受到人类某种实际的直接的强大势力的保护。这就是罗马帝国覆亡时发生的事：学习和研究、文学、纯粹的知识活动，都不能单独抗拒灾祸、苦难和普遍的沮丧情绪；它们必须依附于人民的思想感情和利益上；它们应不再是一种奢侈品而应成为一种必需品。基督教的宗教供给它们种种手段；哲学和文学与基督教联合起来后就从威胁它们的毁灭中得救了；它们的活动于是有了实际的、直接的结果；它们提出申请要去指导正在行动中的人们走上幸福之路。可以毫不夸大地说，人类的理智被剥夺公权，因大风大浪而沮丧，到教会和修道院的避难所去避难；它苦苦哀求地拥抱了祭坛，乞求在祭坛的保护下生活并为祭坛服务，直到更美好的时代允许它重新在世界上出现并呼吸新鲜的空气。

先生们，我不想再进一步去比较五世纪时两个社会的精神状态了，我认为，我们所知道的情况，已足以清清楚楚地了解两个社会了。现在需要的是更深入地去考察宗教社会，只有它是活跃而富饶的。我们必须设法去发现它有哪些问题，对此提出了什么解决办法，哪些论战是有力而受人欢迎的，它们对人类的生活和行为有什么影响。这些将是我们下一讲的主题。

第五讲

关于五世纪在高卢争论的主要问题——关于贝拉基派教义——关于在其历史中奉行的方法——关于引起这场争论的各种道义上的事实：第一，关于人的自由；第二，关于自由之虚弱和必须有外部的援助；第三，关于外部环境对自由的影响；第四，关于在灵魂里发生的没有人把它们归因于人的意志的精神上的变化——关于从这些事实中自然地产生的一些问题——关于我们在五世纪基督教教会方面应该据以考虑这些问题的这个特殊观点——贝拉基派教义在罗马、非洲、东方和高卢的历史——贝拉基——塞莱斯蒂乌斯——圣·奥古斯丁——半贝拉基派教义的历史——卡西安努斯——福斯图斯——阿基坦的圣·普罗斯珀——关于宿命论——这场争论的影响与一般结果

先生们，在上一讲中，我企图为你们描绘五世纪时高卢的世俗社会和宗教社会(仅就其一般面貌而言)的精神状态的对照图。现在让我们更深入地考察一下宗教社会，它是唯一能提供我们研究和思考的充分材料的。在五世纪高卢基督教社会里占主要地位的问题是——第一，贝拉基派教义或贝拉基的异教，它主要被圣·奥古斯丁所击败；第二，在高卢南部在主教福斯图斯与教士马梅提努斯·克劳狄纳斯之间争论的灵魂的本质问题；第三，各种与其说是关于教义的毋宁说是关于礼拜和戒律的问题，例如对殉道者的崇拜问题、关于持斋、苦修、独身等的价值的问题；你们知道，这些都

是维吉兰提乌斯的著作所讨论的对象；第四，基督教反对异教和犹太教的长期的斗争，即关于犹太人西蒙和基督徒狄奥菲鲁斯之间、基督徒扎切厄斯和哲学家阿波罗尼奥斯之间的两个对话的论题。

在所有这些问题中，最最重要的问题是贝拉基派教义：它是五世纪教会中伟大的理智方面的论战，正像四世纪时的阿里乌主义那样。我们现在就要来讨论的正是贝拉基派教义的历史。

每个人都知道，这场论战涉及自由意志和圣恩问题，也就是说涉及人的自由与上帝的权力之间的关系问题，上帝对人的道德活动的影响的问题。

在叙述这事的历史之前，我先要表明我想采取的方法。

这问题的单纯的陈述就将向你们指出，它并不是五世纪或基督教所特有的一个问题，而是一切时代和一切地方所共同的一个普遍性的问题，是一切宗教、一切哲学体系向自己提出并力图解决的一个问题。

因此，它显然与各种原始的、普遍性的、道德的事实有联系，这些事实都是人类天性中所固有的，通过观察可以在那边发现的。我首先要找出这些事实，我要摆脱一切关于时期、地点和个别信条的考虑而努力在一般的人的身上区别出所谓贝拉基论战的各种自然要素和首要的问题。我将阐明这些事实，既不在其中加入什么，也不从中删去什么，也不对它们加以讨论，而仅致力于证明和叙述它们。

然后我将指出，从这些固有的事实中自然地产生出了什么问题，什么困难，什么论战，而完全抛开关于时间、地点或社会地位的一切具体的情况。

这一点办到之后，同时，如果我可以这样说的话，这个问题的一般理论方面一旦彻底确立，我就要来测定，辩论中各种不同意见的辩护人在五世纪时是根据什么特殊论点来考虑这些道德事实的。

最后，在说明了贝拉基派教义是从什么来源和在什么力量赞助之下产生出来的之后，我就将详述其历史；我就将循着其关系和发展情况探索其主要思想，以便正确了解这场大论战兴起时人们的心理状态，它在其中起了什么作用，又在哪一点上离开了它。

先生们我务必请你们认真注意，特别是在考察这个问题所涉及的各种道德事实的时候，因为它们是难以正确地理解，难以正确地表达的；我但愿能既清晰又确实地叙述它们，可是我几乎没有时间，只能粗略地说明它们。

第一，形成整个争论的基础的是自由，自由意志，人类的意志。为了正确地了解这一事实，必须从一切不相干的因素中解脱出来并使它严格地复归原位。我认为它之所以往往不能得到正确的了解，是由于缺乏这种小心谨慎；人们没有把自己放在自由这个事实的前面，单单自由这个事实面前；人们看到了并且描述了它，但可以说是把它和在精神生活中处于非常接近的地位但本质上并不相同的其他事实混淆起来。例如，他们认为人的自由存在于考虑和选择行为的动机的力量之中，从那里进行的考虑和判断被认为是自由意志的实质。绝不是那么一回事。这些都是理智的行为而不是自由的行为；各种不同的行为动机，不同的利害关系、情欲、意见等等都出现在理智之前；理智加以考虑、比较、估计、衡量，并最后加以判断。这是一种预备工作，它先于意志行为，但绝不组成意志行为。当人深思熟虑时，当人充分认识到他心中产生的动机及其价值时，一种完全新的完全不同的事实即自由这种事实就到来了；人作出一种决定，也就是说开始了一系列的事实，这些事实的根源就在他本身之中，他把他自己看作这些事实的创造者，它的产生是由于他希望它产生，它不会产生，除非他希望它产生，如果他希望使它们不同地产生出来，它们就会不同。去掉一切关于理智的深思熟虑的回忆，关于已知的和已经意识到的动机的回忆；把你的思想和这个一想到一种决定就立即作出这种决定的人的思想集中起来，当时这个人说："我要，我要这样做，"同时要求你自己，问他，是否他不能决意而做了其他的事。肯定你会回答说——他会回答说，"是的。"自由这个事实在这里就显露出来了：它完全存在于人经过深思熟虑后作出的决定中：它是这样一种决定，它是人的固有的行为，这种行为是靠他存在的，而且是仅仅靠他一个人；这种行为是一种与在它之前或环绕着它的一切事实无关的简单的行为；它在最多样化的环境中总是同一的，永远是同样的，不管它的动机和它的结果如何。

先生们，人知道这个行为，正像他作出它那样；他知道自己是自由的，他感觉到自己的自由。良心是人所拥有的能凝视和沉思在自己身心里经过的思想、能出现在自己的存在之前、仿佛成为自己的旁观者的那种本领。不管在人的身心内部完成的种种事实是怎么样的，它们都是通过良心这个事实显示给他看的；良心证实了自由，正像感觉和思想那样；人看到和知道自己是自由的，正像他看到和知道自己在思想、反省和判断那样。人们曾屡次试图，甚至现在也试图在这些各不相同的事实中间建立某种不平等的清晰性和可靠性：他们起来反对他们称为把关于良心的事实即未知的和模糊的事实引进科学中去的这个设想。他们说，感觉、知觉，这些都是清楚的，已经证明了的；但是关于良心的事实，它们在哪里呢？它们是什么呢？我不认为有任何必要在这个问题上长期坚持这个论点：感觉、知觉，也像自由那样，是属于良心的事实；人以同样的态度、同样的眼神和同样的肯定看待它们。他可能把他的注意力投在关于良心的某些事实上而不投在其他事实上，并忘记或误解了那些他所不重视的事实。我此刻提到的这个意见就是这事的证据：但当他全面地看到自己时，当他毫无遗漏地目击自己内心生活的壮观场面时，他就会毫不困难地深信一切场景都是在同一个舞台上通过的，同时他是在同样的原则上并以同样的态度知道这一切场景的。

先生们，我希望已被如此转化为其固有的独特的本质的人类自由这个事实能充分地呈现在你的思想的面前，因为它与其他近似而又有别于它的事实的混淆正是我们要探讨的这场大论战中引起麻烦和辩论的主要原因之一。

第二个同样自然、同样普遍的事实在这场大论战中起着重大的作用。

人觉得自己是自由的，认为自己有本领仅仅通过自己的意志开创一系列事实，他同时也承认他的意志是受某种规律的控制的，这种规律在不同的场合有不同的名称：人道、理性、机智等等。他是自由的；但是，在他自己的思想中，他的自由并不是任意的；他可能无意义地、不正当地、自觉有罪地利用他的自由；每次他利用它的时候，总有某种规律在指挥它。遵守这种规律是他的责任，也是他的自由的任务。

不久他就会看到，他从未十足地完成过这项任务，也从未完全按照理性和伦理行事；总是自由地，也就是说，虽然道义上能使自己遵守这项规律，但实际上他并没有完全履行他所应做的，甚至他所能做的一切事情。每次当他认真地问自己并诚恳地回答自己时，他总是不得不说："如果我愿意的话，我可能已经做了什么什么事了；"但他的意志是软弱的、畏缩的；它既不尽自己的责任，也不尽量发挥自己的威力。

先生们，这种事实很明显，其中之一谁都能证明：甚至有这种怪事，随着道德的人的发展和完善，越来越清楚、越来越迫切地感觉到意志的这个弱点：最优秀的人，即最能使自己的意志符合于理性、符合于道德的人，往往最深切地感到他们的不足，最深信在人的行为与其任务之间、在自由与其规律之间存在着深刻的不平等。

先生们，因此，在一切人的心中产生出一种以各种不同的形式呈现的感情；即感觉到必须给人的意志一种外力的支持，一个支轴，在它的目前的力量上添加一种力量以便必要时支持它。人便向各方面探索，想发现这种支轴、这种助力；他在友谊的鼓励中，在聪明人的会议中，在像他自己的那些人的榜样和称赞中，在对责备的害怕中查问这种支轴、这种助力；但一个都没有查到，却每天在他自己的行为中看到有上千个证据足以证明这种灵魂的活动，急于要在它本身之外找到一种能帮助它的自由的助力，它觉得这种助力既是实际的又是不够的。但由于这个可以看得见的世界，即人类社会，并非总能满足他的欲望，由于它们都苦于这种在他自己的情况中也可以看得到的这种不足，灵魂便走到这可以看得见的世界的外面去，在人类关系之外去寻找这种它所需要的支轴：宗教的感情发展起来；人开始向上帝讲话并请求他的帮助。祈祷是最崇高的方式，但并不是唯一的方式，在这种形式之下，对人类意志之软弱的普遍的感觉，和向某种外力和同盟力量的求援之心便显露出来了。

这正是人的本性，当他诚恳地请求这种支持时，他就能得到这种支持，他一门心思地寻求它，几乎就足以取得它。任何人，感到自己的意志荏弱，诚恳地乞求朋友的鼓励，智者会议的影响，舆论的支持或通过祈祷向上帝请教，立刻就会感觉到自己的意志在某种程度上和某一段时间里得到了加强和支持。这是日常经验的一个事实，是非常容易证明的。

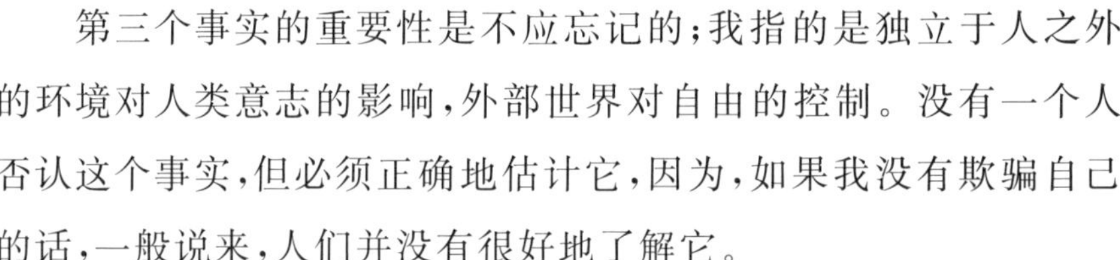

第三个事实的重要性是不应忘记的；我指的是独立于人之外的环境对人类意志的影响，外部世界对自由的控制。没有一个人否认这个事实，但必须正确地估计它，因为，如果我没有欺骗自己
120 的话，一般说来，人们并没有很好地了解它。

我刚才区分了自由与慎重考虑；慎重的考虑先于自由，它是由理智完成的。先生们，独立于人之外的环境，不论它们是什么，是地点，是人出生的时间，还是习惯、风俗、教育、事件，绝不影响自由的行为，例如我竭力描述过的那些；自由的行为并不受环境的影响而有所改变；它始终是同一的、完全的，不论引起它的动机是什么。各种外界环境都是根据这些动机，在理智活动的领域内发挥和耗尽它们的力量的。时代、地区和一切生命都在其内部消逝的这个世界，无限制地改变先于意志的慎重考虑的各种因素：由于这种改变的缘故，某些事实、某些思想、某些感情，在这智力劳动中，出现或不出现，靠近或疏远，有力或软弱；而这种慎重考虑的结果，也就是说，根据这些动机形成的判断，大大地受到它的影响。但跟在它后面的意志的行为基本上仍然不变：人们的行为仅仅间接地并由于被引入慎重考虑的各种因素的多样性而受到了外部世界的这种影响。我希望一个实例就能使你们完全理解我。一个野蛮人为了忠于他部族的习惯、完成他认为应尽之义务而勉强地杀死了自己的年老体弱的父亲：相反，一个欧洲人却赡养自己的父母，服侍他、尽心竭力减轻他年老体弱的痛苦；再也没有任何东西比这两个例子中构成行动之前的慎重考虑的基础的两种思想和随之而来的两种结果更不相同的了。没有任何东西比这两种行动中的合法性和道德价值更不相等的了。但说到决心，欧洲人的和野蛮人的自由的个人行动难道是不一样的吗，如果都是以同样的意图和同样的努力程度来实现的话？

121

因此，独立于意志之外的环境对自由行动的动机和结果的影响是十分巨大的，但这是它能发挥其作用的唯一领域：处在慎重考虑与外部行动之间的较低的事实，即自由的事实，则仍然是一样的，而且是在最多样化的各种因素中以同样的方式实现自己的。

我现在要来谈谈第四种也是最后一种大的道德事实，我们必须了解它才能了解贝拉基派教义的历史。我还可以列举其他许多事实，但这些的重要性都不大，它们显然是我在这里叙述的那些事实中派生出来的，我没有时间叙述它们。

有某些变化、某些道德事件是在人的内心完成和表现出来的，无须他能把它们的根源归诸他的意志的某一行动，或能认出它们的创作者。

这种说法，初初一看，可能会使你们中的某些人感到吃惊；先生们，请允许我用类似的事实来说明它，这种事实在知识领域里比较频繁地发生，而且也比较容易理解。

没有一个人不曾在他一生的某个时期里，在辛苦地探索某种思想、某种往事的过程中未取得成果就因疲倦而昏昏入睡，可是第二天早晨醒来时却发现他所要的东西已完完全全出现在他的头脑里。没有一个学者不曾遇到过，在他研究的课题尚未取得成果时就不得不退下来休息，而在第二天早晨起来时却毫无困难就攻下了这个课题。我可以举出许多其他这样的例子：我现在选出这两个作为最简单、最无可争辩的例子。

我从它们推断出这个结果：某种内心的自发的劳动不依靠意志的自觉的、故意的活动而在人的悟性中完成了自己，这是一种我们没有加以指导和控制的劳动，我们没有机会观察其进展的劳动，然而是一种实际的生产性的劳动。

这里面毕竟毫无奇怪之处：我们每个人降生到这个世界里来时都带来了他自己的天生的智能。人通过他意志的活动，指导和修改、提高或贬低自己的道德存在，但他并不创造自己的道德存在；他已得到了它，同时它还具有某种个人的气质，具有某种自发的力量。各个人在精神方面的天生的差异，也像在体质方面的天生差异那样，是无可争辩的。既然各个人的天生的体质都同样是自发地靠它自己的力量发展的，因此，在他的智能的天性中，也同样由于它与外界的关系或它的意志本身的发动而有某种不自觉的看不见的发展在那里运转，虽然运转得极不均衡，或者用只有我自己用的一种说法来说（因为它形象地表达了我要表达的意思），有某种在适当的时候能自然地产生它的果实的植物在那里运转。

先生们，在知识阶层里发生的事往往也同样在道德阶层里发生。某些事实发生在人类灵魂的内部，它并不涉及它本身，也不把它看作自己意志的作品；有某些日子、某些时刻，它发现自己处于一种不同于它在自己意志作用下最后感觉到的那种道德状态。它不能把这个变化的进展追溯到它的源头；它与此无关，它的发生是未经它的同意的。换句话说，道德的人并不是整个地创造自己的，他意识到那些原因、那些在自己外面的力量不知不觉地在他身上起作用，并改变它；在它的道德生活中，也像在他的未来命运中那样，有许多问题对他来说是完全无法说明的，是他所完全不知道的。

也不必使他自己相信这个事儿，即他应注意那些伟大的道德革命、那些突然的显著的变化，因为人类的灵魂无疑有时可能会有这种感受，但这种感受往往被叙述者的想象所高度渲染，而令人难以对它作出适当的评价。这种不自觉改变的更多的事例，我们只需深入观察自己的内心，就能在那里发现。任何人在观察自己内心生活时都能容易地认识到自己这个有道义心的人的兴衰变化并非完全是自己意志行动或自己所知道的外界环境的结果。

先生们，这些都是人类天性，简单而普遍的天性，在贝拉基派教义本身的历史细节和具体情况之外，传送给我们的关于贝拉基论战的主要的道义事实。你们立刻就会看出，仅仅从这些事实，仍然撇开一切特殊的偶然的因素，就产生了大量成为许多重大讨论的基础的问题。首先，我们可以研究一下这些事实本身的真实性：实际上，并非它们全都同样地面临着这种危险；例如，人类自由这个事实比任何其他事实更为明显、更为不可抗拒；然而即使这一点也已被否认，正像一切事物都可被否认那样，因为错误的广大领域是无边无际的。

承认这些事实，完全承认它们，但接着又来了这样一个问题，我们对于每个事实在道德生活中所占的地位或所起的作用是否没有弄错；我们可能不正确地衡量了它们的广度和重要性。我们可能对自由、对外界环境、对意志的弱点、对各种未知的影响所起的作用估计得太大或太小。

还有，关于事实本身完全不同的各种解释都可能被提出来。例如，关于人的精神状态中发生的不自觉的、难以察觉的变化；我们可以说，这些都可以归因于灵魂缺乏适当的注意，归因于它的不记得一切事情都在它的内心经过的，归因于它已经忘记了意志的某些行为，忘记了已经产生结果的某种决策、某种印象，它既没有探究其线索，也没有观察其发展。或者，为了说明道德生活中这些模糊的、可疑的事实，可以一方面乞援于上帝对人的直接的、特殊的行动，另一方面乞援于上帝的行为和人的活动之间的永久关系。或者，最后，可以试图用各种方法使这些事实和谐一致；使它们变成建立在某种原则上的一个体系，使它们归属于某种关于人和世界的本性和命运的一般的教义。因此，无穷无尽的问题可能以各种方式产生出来；仅就在考虑中的这些事实的本质而论，就其本身及其大多数而论，它们是一个多产的讨论课题。

如果某些局部的暂时的原因更多地改变我们据以考虑这些问题的观点，改变人类头脑对它们的认识范围，使对它们的研究转到一个方向而不转到另一个方向，使这个或那个事实更突出或不太突出，使它们更有效或不太有效，则论战的战场不知将广阔到如何

程度。这种事是经常发生的，在五世纪当然也发生过。我已尽力和你们一道追溯贝拉基论战的天然的和纯粹的道德根源：现在我们必须考虑它的种种历史根源；它们对于正确了解贝拉基论战是同样必要的。

在基督教会内部，我叙述过的那些道德方面的事实必然会被人们以各种观点加以考虑。

基督教实质上是一种实际上的革命，并不是一种纯科学的理论的改革。它的主要目的是改变人的精神状态，支配人的生活，不仅仅是某些具体的人的生活，而是整个民族、整个人类的生活。

先生们，这是一种奇妙的新事物。希腊哲学，至少从其历史渐渐清晰而确实的时期起，基本上是科学的，被更广泛地应用于真理的探索而不仅是用于改革和指导生活方式。它的学派中只有两个学派采取一种稍稍不同的方针。它参加斯多葛派和新柏拉图派的正式方案以发挥一种道德影响，调节行为和启发悟性；但他们在这方面的抱负仅限于少数门徒——一种知识贵族。

与此相反，基督教的特殊的有代表性的计划是实施道德的改革，一种普遍性的改革，以其教义的名义，在全世界范围内支配人们的意志和生活。

先生们，作为一种几乎必然的结果，在构成我们的天性的许多道德事实中，基督教社会的领袖们特别要突出的是那些最能发挥改革的影响、以更快的速度产生实际效果的道德事实。他们把大主教和教会中的长老们的注意力吸引到这些事实上来；因为他们是从这些事实取得推进基督教事业和完成自己使命的手段的。

还有，基督教道德改革的支柱是宗教，构成其力量的是宗教思想,人与上帝的关系,目前生活与未来生活的关系。因此,基督教领袖们在众多道德事实中最喜欢的是那些具有我们天性中属于宗教部分的那种宗教倾向,并且可以说是限制在现职和未来希望、道德与宗教的范围上。

基督教的需要及其实施道德改革和支配人的行动的手段必然随着时间地点而变化。在人的灵魂方面,它必须时而致力于某一事实,时而致力于另一事实;今天致力于一种事态,明天致力于另一种事态。例如,在各个时代,从一世纪到五世纪,宗教社会领袖们的任务显然不是始终如一的,也绝不是用同一种方法完成的。一世纪的主要的事情是反对异教的斗争——推翻一种令人从心里憎恨的制度的必要的努力——简言之,即革命的工作,作战的工作。这就必需不断地诉诸自由的精神和检查的精神,诉诸意志的有力的表现;这是这个时期的基督教社会在一切场合所祈求和经常夸耀的道德事实。

五世纪时,一切事物都处于一种不同的情况中。战争已经结束,或者已基本结束——胜利已经取得。基督教的领袖们现在必须整顿宗教社会,传播其信条,整饬其纪律,一言以蔽之,必须在它所击败的异教世界的废墟上制定它的教规。这些盛衰的变化在一切伟大的道德革命中都会遇到。我无须再给你们举出例子。你们可以看出,在这个时期,必须经常祈求的已不再是自由精神。现在需要在人民中培养的却是一种有利于制定规章、建立秩序、有利于行使权力的心情和素质。

把这些考虑应用于我指出的作为贝拉基论战的根源的那些物质世界的事实和道义的事实,你就能容易地辨认出在五世纪时教会领袖们特别感觉到应该促进其发展的那些人。

有另一个原因使他们据以考虑我们的道德本质的观点发生变化。与人类自由有关的种种事实和那些事实中产生出来的种种问题,都不是孤立的事实或孤立的问题:它们是和其他事实,和其他更普遍更复杂的问题密切地联系着的;例如同善恶起源的问题,人的一般命运问题以及它与上帝对世界的计划的基本关系问题密切地联系着的。因为在这些更高层的问题上,教会里早已存在着明确的教义、固定的主张和公认的解决办法;所以当新问题起来时,宗教社会的领袖们必须使他们的思想适应于一般人的思想,适应于既定的意见。由于它们,便产生了这种复杂的局面:某些事实、某些道德问题吸引了他们的注意力;他们本来可以排除一切外界的考虑,排除科学观点以外的一切观点而思想完全自由地作为哲学家来考察和判断这些事实、这些问题;但当时他们被授予官方权力,他们有责任管理他们的人民,整饬他们的行动,指导他们意志。因此,一种实际的政治的需要压倒了哲学的作用并把它推在一边。这还不是全部;哲学家们和政治家们,他们还不得不同时起纯粹逻辑学家的作用,在一切场合无保留地与某些原则的重要性和某些永远不变的教义保持一致。因此,他们仿佛同时扮演着三种角色,同时受到三方面的支配;他们必须同时考虑到事物的本性、实际的需要和希望。一旦发生了一个新的问题,一旦他们不得不注意到他们以前从未好好注意过的那些道德事实时,他们就得以这三种资格来思考和行动,来完成这三种使命。

可是,先生们,这在宗教社会里并不是它的一切成员的职务;有许多基督教徒,他们认为自己一方面并不负有责任指导教会的

道德管理，另一方面也不必通过它的一切结论去贯彻它的整套教义。在这样一批人中间，一定会出现一些人才，他们有权观察并为他们自己取得某些道德事实，而无须十分注意他们的实际影响或他们在总系统中的地位，他们的头脑没有教会大领袖们的头脑那么渊博那么坚强有力，但他们在一个人数较少的领域里有着更充实的事业，担任着比较简单而容易的工作，因此他们对某些具体问题可能掌握着较精细而明确的知识。这样，就产生了一些异教的创始人。

这样就兴起了贝拉基教义。我希望，你们现在已经了解影响其命运的那些初期的、外界的情况；你们了解了：(1) 成为争论中心的那些主要的自然事实；(2) 从那些事实中自然地产生出来的一些问题；(3) 五世纪时宗教社会的领袖们和从宗教界中产生出来的活跃的有研究头脑的人据以考虑这些事实、这些问题的特殊的观点。有了这条指导线索、这支照明的火炬，我们现在就可以继续下去叙述贝拉基论战本身的历史。

论战是在五世纪初兴起的。关于自由意志的问题和关于上帝对人的灵魂的作用的问题，实际上早已受到基督徒们的注意，这是圣·保罗的书信和其他许多不朽巨著所证明了的；但是提出来的一些事实几乎没有经过讨论就被接受或被抛弃了。到四世纪末，人们开始更细致地研究它们；教会的某些领袖已开始对这个问题感到不安。圣·奥古斯丁自己说，“我们切不可对尚未成为基督徒或尚未成为彻底坚定的基督徒的人讲太多的关于神的恩赐的话；因为这是一个棘手的问题，这个问题可能给信徒造成许多麻烦。”

405 年前后，英国修道士贝拉基(这是希腊、拉丁作家给他的名字,他的真名似乎是摩根)居住在罗马。关于他的出身、他的道德品质、他的能量和他的学识有无穷无尽的争论,他在这几方面都受到了大量的辱骂;但这种辱骂似乎都是没有根据的,因为根据一些权威的证据,也根据圣·奥古斯丁本人的证据来判断,贝拉基是一个好出身的受过良好教育的生活廉洁的人。我已说过,他是一个罗马的成年居民,没有制定过任何教义,没有写过关于这个问题的任何著作,在405年前后开始大谈起自由意志问题,并对它作了深刻的研究和详细的阐释。但没有迹象表明他在这个问题上曾抨击过任何人或要求论战,他似乎仅仅按照这样一个信念行事,即认为人类自由之说是没有充分理由的,在这个时期的宗教教义中是没有它的份的。

这种思想在罗马没有引起麻烦,几乎没有引起任何辩论。贝拉基自由自在地谈;人们静静地听着他。他的主要的门徒是塞莱斯蒂乌斯,像他一样是一个修道士,至少人们是这样认为的,但比他更年轻,更自信、更果敢,并更坚决地要把他的意见贯彻到底。

411年,贝拉基和塞莱斯蒂乌斯已不在罗马;人们发现他们在非洲,在希波和迦太基。在后一城市里,塞莱斯蒂乌斯提出他的观点:一场论战立刻在他与副主祭保利努斯之间爆发了,后者在主教面前控告他信奉异教。412年,召开了一次会议;塞莱斯蒂乌斯也出席了,并有力地为自己辩护;他被开除教籍,而在无效地向罗马主教上诉后就迁居到亚洲,看来,贝拉基在他之前就已到了那里。

他们的教义传播开来了,在地中海各岛,特别在西西里和罗得岛,很受欢迎。他们把塞莱斯蒂乌斯写的一本题名为 *Definitiones* 的小著作送给圣·奥古斯丁。该书使许多人都急切地争相阅读。一个名叫希拉里的高卢人为此以极大不安的心情写信给他。希波的主教开始感到吃惊，认为这种新思想是错误的、危险的。

起初，在许多涉及人的道德活动的事实中，关于自由意志的问题几乎是贝拉基和塞莱斯蒂乌斯所唯一探讨的问题。圣·奥古斯丁和他们抱同一信念，并曾不止一次地公开赞扬它；但是其他问题，他认为也应取得一席之地；例如，关于人类意志无能的问题，需要外援的问题，以及如果意志不能取得外援则灵魂里就会发生道义上的变化的问题。贝拉基和塞莱斯蒂乌斯似乎毫不重视这些问题：这是他们与希波主教发生争议的第一个原因，希波主教的更为广阔的头脑是从更多的方面来考虑道德的本质的。

此外，贝拉基由于他极端重视自由意志，削弱了基督教教义的宗教的一面，而加强（如果我可以用这个词的话）了人的一面。自由是人的事情，他单独在那里出现。与此相反，在人类意志的无能方面，在人类意志所并不要求的道义上的变化方面，都有上帝干预的余地。既然教会的改革力量基本上是宗教的力量，根据实际的观点，它一定会从第一流的理论中丢弃一种与宗教无关的事实，并使其势力能在其中找到发挥机会的那些事实相形见绌。

圣·奥古斯丁是教会学者的领袖，比任何其他人更有责任维护教会教义的总的体系。既然在他看来，贝拉基和塞莱斯蒂乌斯的思想是与基督教信条的某些基本观点、特别是关于原罪和赎罪的观点相抵触的，所以他从三层关系方面来抨击它们：作为一个哲学家，因为在他看来，它们关于人类本性的知识是狭隘和不完全的；作为一个负责管理教会的实际的改革者，因为，按照他的看法，它们削弱了改革和管理的最有效的手段;作为一个逻辑学家,因为他们的思想与基督教信条的基本原则中推导出来的结论并不完全符合。

你们瞧,从那时起,争吵严重到什么样子:一切事物都被卷进去了,哲学、政治、宗教,圣·奥古斯丁的意见和他的事业、他的自尊心和他的职务。他把自己整个儿都舍弃给它了,发表论文,书写信函,收集各方面送来的消息,大量的反驳和忠告,并载入他的一切著作、他的一切活动记录,这些著作和记录是激情和温厚、权力和同情、宽广的心胸和逻辑的严密性的混合物,它赋予他如此罕有的一种力量。

贝拉基和塞莱斯蒂乌斯方面也并不闲着;他们在东方找到一些有力的朋友。如果圣·哲罗姆在伯利恒大声谴责他们,耶路撒冷主教约翰则热情地保护他们:他为了他们召集他教会里的牧师们开了一个会。圣·奥古斯丁的一个门徒西班牙人奥罗修斯刚巧在巴勒斯坦,他到那里描述了非洲在贝拉基问题上发生的一切事情以及他被控告犯的错误。在约翰主教的介绍下,人们访问了贝拉基。他们问他,他是否真的把奥古斯丁驳斥过的东西教给人家。他回答说,"奥古斯丁在我眼里是什么呀?"在场的许多人都很反感。当时奥古斯丁在教会的学者中是最著名、最受人尊敬的。他们要把贝拉基驱逐出去,甚至要开除他的教籍;但约翰挡开了这个打击,让贝拉基坐下来,并讯问他,说,"我是这里的奥古斯丁,你要回答我的话。"贝拉基说的是希腊语,他的起诉者奥罗修斯仅仅能说拉丁语;出席会议的人听不懂他的话;他们就散开了,什么决定也没有作出。

不久,415 年 12 月在凯撒利亚主教尤洛其乌斯的主持下,在巴勒斯坦的狄奥斯波利斯(古代的利达)举行了一次由十四个主教出席的会议。两个被逐出自己的教区的高卢主教,阿尔勒主教希罗斯和艾克斯主教拉扎勒斯,对他提出了一个反对贝拉基的新的罪名。他们两人没有出席会议,说是病了,大概知道他对他们毫无好感。贝拉基出席了会议,仍旧受到耶路撒冷主教的保护:他们询问了他的有关他的意见;他解释了这些意见,采用了这次会议作为教会的真正教义向他提出的一切话来修饰了这些意见,详细叙述了他受过的苦,谈到了他与许多可敬的主教以及与奥古斯丁本人的关系,奥古斯丁在两年前曾写信给他,想批驳他的某些思想,但字里行间充满着慈爱和温厚之情。会上宣读了希罗斯和拉扎勒斯的控诉书,但只是用拉丁文写的,而且还插入了译者的话。会议表示满意;贝拉基被判无罪,并宣告他是正统的。

132 关于这个决定的消息不久传到了非洲,你们知道这个时期教会活动何等积极,而事件和消息的传布又何等迅速,文件从亚洲传到非洲,从非洲又传到了欧洲,从这个城市传到另一个城市。圣·奥古斯丁一知道狄奥斯波利斯会议的结果,虽然他还没有接到这个会议的法令,他就调动一切力量来抵制它的执行。差不多在同一时间,巴勒斯坦发生了一件小事情,它使贝拉基的事业蒙上了阴暗的颜色。他仍留在耶路撒冷,并更自信地宣称信奉自己的思想。在伯利恒爆发了一场反对圣·哲罗姆和建立在他附近的修道院的猛烈的骚乱:发生了一系列过度行为,有些家宅被抢、被焚,有一个副主祭被杀;哲罗姆也不得不躲避到一座塔里去。据说,贝拉基教义者是这场骚乱的发起人:但没有什么可以证明这一点,我倒倾向于对它有怀疑；但仍然有怀疑的余地；一般都这样认为，于是兴起了一阵大吵大闹；圣·哲罗姆就此事写信给罗马主教英诺森特一世，贝拉基教义受到了严重的损害。

这一年，在非洲的迦太基和米利文举行了两次庄严的宗教会议，一次出席了68个主教，另一次出席了61人。贝拉基与其教义在那里被正式宣告有罪；两次会议把它们的决议通知了教皇；圣·奥古斯丁和另外四个主教私下写信给教皇，更详细地报告了整个事件，并劝他审查贝拉基以便公布真相、谴责错误。

417年1月27日，英诺森特复信给两个会议和五个主教并宣告贝拉基教义不适用。

他们并不认为自己已被击败；两个月后，英诺森特死了；索西穆斯继承他；塞莱斯蒂乌斯回到罗马；他从新教皇那里取得了一份新的检定书，他大概在该书中说明了自己的意见，像贝拉基在狄奥斯波利斯所做的那样。417年9月21日，索西穆斯通过三封信告诉非洲的主教们说，他严格认真地过问了这件事；说他在圣克雷芒教堂里举行的教士的大会上亲自听了塞莱斯蒂乌斯的证词；说贝拉基曾写信给他替自己辩白；说他对他们作的解释表示满意，并曾在教会的圣餐会上恢复了他们原来的地位。

这些信刚刚到达非洲，在迦太基就举行了一次宗教会议（418年5月）；出席会议的有203个主教[①]；会议在八条明白的教规中谴责了贝拉基的教义，并与罗马皇帝荷诺里乌斯通信，以便从他那里而不从异教徒那里取得使教会免于灭亡的手段。

① 按照其他文献，为214个主教。

从418年到421年，出现了罗马皇帝荷诺里乌斯、狄奥多西二世和君士坦提乌斯的许多敕令和信函，说要把贝拉基、塞莱斯提乌斯及其党徒逐出罗马和他们妄图去宣传其极端错误的思想的一切城镇。

教皇索西穆斯并未长期抵抗宗教会议和皇帝们的权力；他召开了一次新的会议以便再听听塞莱斯提乌斯的证词；但塞莱斯提乌斯已经离开罗马，于是索西穆斯写信给非洲的主教们说，他已谴责贝拉基教派。

这场争论还继续了一段时间；有18个意大利主教拒绝在宣判贝拉基有罪的文书上签字；他们被剥夺了主教的职位，并被放逐到东方去。宗教会议、教皇和皇帝的三重决定给予这个事业以致命的打击。418年后，我们在历史上已看不到贝拉基的痕迹。塞莱斯提乌斯的名字在427年之前有时还能遇到；此后也就消失了。这两个人一旦离开舞台，他们的学派就迅速地消亡了。被历次宗教会议、教皇们和世俗当局所采纳的圣·奥古斯丁的意见成了教会的一般教义。但它尚须进行一些斗争才能取得胜利；贝拉基教义死了，留下了一个后继者；半贝拉基教派进行了贝拉基教派所不能再担当的斗争。

在高卢南部，在躲藏着一些思想大胆的人的圣·勒林斯和圣·维克特修道院内，有些人，特别是我已谈到过的修道士卡西安努斯，觉得贝拉基的错误的范围似乎过于狭隘，不能充分说明有关人类自由及其与上帝权力的关系的一切事实。例如，人类意志无能为力的问题，需要外援的问题，在灵魂中起作用但并非是灵魂的工作的道德革命问题，他觉得这些都是既无可争执也不能忽视的

实际的重要的事实。卡西安努斯充分地大声地承认了这些事实，因而使关于自由意志的教义具有一些宗教的性质，而这正是贝拉基和塞莱斯蒂乌斯所解释了的。但是，同时他还对圣·奥古斯丁的许多思想，特别是他的关于道德改革和人的逐渐神圣化的说明，相当公开地提出了质疑。圣·奥古斯丁把它们都归因于上帝对灵魂的直接的、立即的、特殊行动，归因于真正的上帝的恩惠，这种恩惠，人自己原是没有资格享受的，它完全来自上帝的无偿的赠予，来自上帝的自由选择。

卡西安努斯承认人本身的价值具有更多的功效，并坚持认为人的道德改革部分地是人自己意志的工作，它使自己得到上帝的支持，并通过一系列相互的自然联系（虽然往往是看不见的）产生出一些内部变化，人的神圣化进程就是通过这种内部变化而为人世所知的。

这就是半贝拉基教派与其可畏的对手之间争论的主要问题。论战是在428年前后，从阿基坦的普罗斯珀和奚拉里两人的书信开始的。奚拉里曾急急忙忙告诉圣·奥古斯丁说，贝拉基教义又以新的形式抬头了。希波的主教立刻写了一篇题名为 *De Prœdestinatione Sanctorum et de dono perseverantiœ* 的文章。普罗斯珀发表了他的诗篇《反对忘恩负义者》；于是，以小册子和书信为武器的论战又重新活跃起来。

圣·奥古斯丁死于430年；只有圣·普罗斯珀和奚拉里留下来负责执行他的工作。他们到罗马去，并使半贝拉基教派受到教皇的谴责。这种教义不管经过怎样的修改，在教会里已不太受人欢迎；它使已经被击败的异端邪说复生；它削弱了（虽然仅是轻微地)道义和政府的宗教影响;它也不符合一般的思想路线,这种思想路线对上帝在各种场合的干预给予了更多的赞扬。半贝拉基派的教义如果没有另一种完全相反的教义即宿命论教义的出现,使其得以暂时保留一些力量和信誉的话,大概早已几乎毫无抵抗地垮台了。

某些执拗的逻辑学家根据圣·奥古斯丁论人类意志的无能与其价值的无效以及上帝的恩惠完全免费与无偿的性质的著作,推断出一切人的命运都是注定的,关于每个人的永久命运的天意是不可改变的。这个教义在五世纪时的各种最初的表现是模糊而可疑的;但它从它出现的时候起就震动了大多数基督徒的良知和道义上的公正心。于是,半贝拉基教派开始投入战斗并把他们的思想提出来作为这样一种错误的天然的抗毒剂。这些就是里兹主教福斯图斯在445年前后力图加于半贝拉基教义的特征,关于福斯图斯,我早已提到过他的名字,在将来某一个时期里,我将更详细地谈到他;他是作为贝拉基教派和宿命论派之间的一种介体出现的。他说:"在关于上帝的恩惠和人的服从的问题上必须坚持中间道路,既不偏右,也不偏左。"按照他的意见,贝拉基和圣·奥古斯丁两人都太专断:一个对人的自由考虑得太多,而对上帝的行动考虑得不够;另一个呢,对人的自由太不注重了。这种妥协开始时在高卢的教会里很受欢迎;两次宗教会议,一次是472年在阿尔勒举行的,另一次是473年在里昂举行的,都正式谴责了宿命论派,并责成福斯图斯发表一篇他已写好的题为《论上帝的恩惠和人类意志的自由》的论文,甚至还让他作进一步的发挥。可是,这对半贝拉基教义来说仅仅是一天的缓解,一线的好运;不久,它的信誉又

丧失殆尽。

圣·奥古斯丁生前曾被控宣传宿命论教义，宣传完全取消自由意志，但他积极地为自己作了辩护。

我认为，作为一个论理学家，他想错了，错在他否认了他自己的一方面关于人类意志的无能和败坏，另一方面关于上帝的干涉和上帝的先见的性质的思想必然会造成的一个结果。

但在这个场合，圣·奥古斯丁的高超的头脑挽救了他，使他免犯逻辑几乎要他犯的错误。他的自相矛盾正是由于他的崇高的理性。先生们，请让我对这一事实详细说一下，因为仅仅这样就足以说明这么多的优秀天才的自相矛盾的说法：我要举一个我们大家身边的一个最惊人的例子。当然，你们中大多数人都已读过卢梭的《社会契约论》；正像你们知道的那样，数的至尊的地位，数的多数的至尊的地位，是这部著作的基本原则，而卢梭在一个长时期内，以坚定不移的严峻态度研究出它的种种结果；可是，一种时刻终于到来了，这时他放弃了它们，而且最有效地放弃了它们；他希望把他的根本法，他的宪法奉献给正在上升的社会；他的崇高的才智警告他，这样一件作品绝不能出自普选权，出自大多数，出自群众：他说，“要为人类制定法律，就需要有一个神明。……这一职务绝不是行政官的职务，也绝不是统治权……它是一种独特的、超然的职能，与人世间毫无共同之处。”[①]于是他树立了一个唯一的立法者，一个圣人；这样就违反了他的人数至高无上原则，从而转变到一种完全不同的原则，转变到才智至高无上原则，转变到高级理

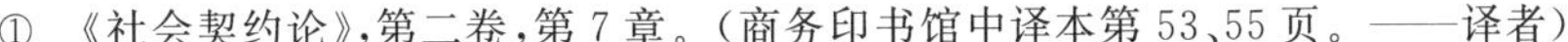

① 《社会契约论》，第二卷，第7章。（商务印书馆中译本第53、55页。——译者）

性的权力。

先生们，在《社会契约论》和几乎卢梭的全部著作中，类似的矛盾很多很多，它们也许是这位著者的伟大思想的最明白的证据。

由于同样的这种不一致性，圣·奥古斯丁坚决地排斥了曾被归属于他的宿命论。后来，其他人，激烈的辩证论者，毫不迟疑地继续向着这个教义走去并安身立命于这个教义。至于他呢，当他受到自己天才的启发而洞察了它时就掉转头去，但并非完全走回头路而是飞向另一个方向，飞向绝对拒绝取消自由。教会也像圣·奥古斯丁一样行动；它采纳了他的关于上帝恩惠的教义，并根据这个理由，谴责了贝拉基教派和半贝拉基教派；它也谴责宿命论派，因而从卡西安努斯和福斯图斯及其门徒们那里取得了一些借口，并借助于它，恢复了一些优势。半贝拉基教义从这时起，就日趋衰亡；阿尔勒主教圣·凯撒利乌斯在六世纪初再次向它宣战，正如圣·奥古斯丁和圣·普罗斯珀所做那样：529年，奥朗日和巴伦西亚两次宗教会议谴责了它；530年，教皇卜尼法斯二世又以宣判逐出教门来打击它；不久，它在很长一个时期里，至少已不再能鼓动人心。宿命论也遭遇了同样的命运。

先生们，这些教义中没有一个曾产生过一个宗派，一个严格意义上的宗派。它们并不从教会中分裂出去，也不自己组成一个独特的宗教社会；它们没有组织，没有礼拜：它们仅仅是有才智的人中间所争论的一些意见；它们或多或少是教会的官方教义所认可的，也或多或少是反对教会的官方教义的，但它们从来没有以分裂宗派威胁过教会。因此，关于它们的出现，关于它们所引起的争论，只留下某些倾向，知识分子的某些意向，既不是宗派，也不是真正的学派。我们在欧洲文明史的各个时期里遇到的，首先是特别专心研究我们道德活动中有关人性的问题和有关自由的事实因而依附于贝拉基教派的那些有才智的人。其次遇到的是对上帝对人的权力、上帝对人类活动的干预特别感到吃惊、并倾向于使人类自由在上帝的手下消失的有才智之士；这些是赞同宿命论的人。第三是，被置于这两种倾向之间的教会的一般教义，它力求重视一切自然的事实、人类的自由和上帝的干预；否认上帝能影响人的一切，否认人能做一切事情而无需上帝的帮助，并因此使自己，也许更多地借助于理智而不是借助于科学的一致性，而立足于机智的领域内，人类心灵的真正的故乡，也就是它在漫游四方之后(post longos errores)经常回去的地方。

第　六　讲

本讲的目的——中世纪文献的一般性质——从异教哲学到基督教神学的过渡——基督教教会中灵魂的性质问题——大部分表示赞同唯物主义体系的古代传教士——想避开它的努力——异教哲学中类似的思想发展——唯灵论体系的开端——圣·奥古斯丁、尼梅希、马梅提努斯·克劳狄纳斯——里兹的主教福斯图斯——他的认为灵魂有物质的论据——马梅提努斯·克劳狄纳斯响应了他——马梅提努斯·克劳狄纳斯在高卢的重要性——对他的论灵魂的本质一文的分析和引语——埃瓦格里乌斯写的基督徒扎切乌斯与哲学家阿波罗尼奥斯之间的对话——蛮族入侵对高卢的精神状态的影响

先生们，上一讲中讨论的问题与我们现在将要讨论的问题之间的差异是很大的。贝拉基教义不仅是一个问题，而且也是一个大事件；它引起了各种派别、各种势力和圣徒的受难；它推动了历次宗教会议，推动了皇帝们；它影响了许多人的命运。关于灵魂本质的问题没有产生任何这样的事。它的讨论是在帝国的一个角落里，在少数能人之间进行的。在上一讲里我必须叙述许多事实，现在我必须谈到一些书和一些论点。

我请你们注意我们研究的进程。我们是从考察社会状况，外界的和公众的事实开始的；接着我们就要谈到高卢的精神状态；我们首先在一些一般性事实中、在整个社会中加以探讨，然后再在一

次宗教大辩论中、在一种教义中、在一种发展成为一个重大事件的活跃而强大的教义中加以探讨；我们现在就用简单的哲学讨论的方式研究它。这样我们就可以一步一步深入到人类思想的内部；我们先考虑各种事实，然后考虑与事实混在一起、受到事实的影响的那些思想；我们现在就单独来考虑这些思想。

在开始讨论这个问题之前，请容许我就这个时期和整个中世纪时期作家的一般性质说几句话。他们为什么会这么久地完全被遗忘呢？他们为什么今天值得我们对他们多少加以注意呢？

如果你们把一方面古代文学、希腊和罗马文学，另一方面，特别是所谓现代文学，与中世纪时期的文学作一对比，那我想，使你们感到吃惊的主要问题将是下述问题。

在古代文学中，著作的形式，其写作的技巧以及语言都是极好的；即使它的材料是贫乏的，思想是谬误的或是混乱的，而且十分无知，可是写得非常精巧，令人读了不能不感到喜悦；表明作者的头脑既是天真的又是精细的，他的内心世界的开发远远超过其后天的知识，它对美的事物具有极高的欣赏能力和加以描绘的特殊才能。

在现代文学中，例如十六世纪以后的，其形式往往是不完善的，无论是本质方面或是艺术方面，常常显得不够，但其基础一般说来是健全的；完全无知的，离题太远的或是非常混乱的，我们看到的极少极少；方法、常识，一句话，艺术的功力是其显著的特色；如果人们的头脑并非总能得到满足，那么至少它很少受到震动。展现在人们面前的并非总是一幅美好的景象，但混乱的场面已经消失。

中世纪的脑力劳作显示了一幅不同的面貌；一般说来，它们在艺术功力方面是完全不够的；其形式是粗糙的、异想天开的；语言是不确切的，方法是乱七八糟和有害的；它们充满着离题的话和不连贯的思想。它们显示出一种粗野的、无教养的精神状态，也没有内心的开发或后天的知识，因此，我们的理性和爱好都得不到满足。这就是它们被人们遗忘的原因，也就是希腊、罗马文学所以能留存下来以及产生出这种文学的人民所以会永久存在的原因。然而，在这如此不完善的形式之下，在这难以理解的思想和没有好好组合起来的事实的如此奇特的大杂烩之中，这些中世纪的书却是人类思想活动和财富的非常卓越的纪念碑，我们可以从中看到许多朝气蓬勃的有独创性的想法；一些重要的问题往往被探究到最深的底蕴；哲学的真理和文字的美每时每刻都从黑暗中发出闪光；这个矿藏中的矿物全都处于粗糙状态，但各种金属非常丰富，很值得我们加以研究。

而且，这些五六世纪的著作还有一种它们所特有的性质和重要性。这个时期正是古代哲学在现代神学面前撤退，前者转变为后者，某些体系变成教条，某些经院分裂成许多小宗派的时期。这些转变时期具有极大的重要性，以历史观点看来，也许是最有启发性的时期。只有在这种时期，我们才能同时地、面对面地看到某些一般不为人所知的、分散在这整整两个世纪中的事实，某些人和世界的情况；因此，只有这些时期，才便于我们把这些事实、这些情况加以比较，阐明它们并把它们联系在一起。先生们，人的头脑太容易走进一条单独的小道，只根据一个偏的、狭隘的、排外的方面观察一切事物，把自己禁锢起来；因此，如果由于在他眼前出现的景象的本质，使他不得不放眼向自己的四面八方看去，开阔了眼界，对大量不同的事物深加考虑，全面地从它们各种不同的解决办法中去研究世界上各种重大的问题，那么，对他来说，这真是一个非常幸运的环境。

特别是在高卢的南部，第五世纪的这一特性表现得更为明显。你们已经看到，这种活动，在宗教社会中，特别是在有大量大胆意见的集中点勒林斯和圣·维克特等寺院尤为盛行。这整个思想运动并非发源于基督教；在衰落中的古代文明正是在这种地区，在里昂人中，在维也纳人中，在那旁人中，在阿基坦，重振其精神的，它在这里仍然表现极大的生命力。西班牙和意大利本身，在这一时期远不如高卢活跃，在文学和文人方面也远为贫乏。也许我们必须把这一结果归因于希腊文明在这些地区的发展，归因于希腊哲学在那边的长期影响。在南部高卢的所有大城市里，在马赛，在阿尔勒，在维也纳，在里昂本地，希腊语人们都能听懂也能讲。在罗马皇帝卡利古拉治下，在里昂的一座专用于敬神的雅典娜神庙里，还经常举行正规的希腊宗教仪式；第六世纪初，当阿尔勒的主教圣·凯撒利乌斯要求信徒们在布道之前与教士一起唱圣诗时，许多人用希腊语来唱。我们看到这一时期著名的高卢人中，有许多属于希腊各学派的哲学家，有些被称为毕达哥拉斯派，另一些被称为柏拉图派，另一些称作伊壁鸠鲁派，再有一些被称作斯多葛派。第四、第五世纪的高卢人的著作，除了那些我即将介绍给你们的而外，马梅提努斯、克劳狄纳斯的论文《论灵魂的本质》引用了这些哲学家的文章，这些哲学家的名字我们在其他地方甚至见都没有见过。总之，种种迹象证明，在哲学观点方面，也像在宗教观点方面那样，在这个时期里，希腊人、罗马人以及基督教高卢人是帝国中

最有生气、最活跃的部分，无论怎样在西方世界中也是最有生气、最活跃的部分。因此，正是在这里，可以最明白地看到从异教哲学到基督教神学、从古代世界到近代世界这个过渡期的最显著的标志。

在这种思想的变动过程中，关于灵魂的本质的问题不可能长期没有触动过。从第一世纪起的每个世纪，我们发现它是教会的学者们讨论的主题，他们大多数都采纳物质的假设；含有这种意思的段落是很多很多的。我现在就选出两三段来，它们无疑是在本问题上占主导地位的意见。特土良明白地说：

"灵魂的物质性凡是读过福音书的人完全明白。一个人的灵魂在肉体上被描绘出来正在受其地狱刑罚之苦；它被置于火焰之中；它感到舌头上难受的痛苦，它从一个比较幸福的灵魂的手中讨取一滴水来冷却舌头；……所有这一切，如果没有肉体在场的话，那就只能是什么也没有。非物质的存在是不受任何限制的，即没有一切苦痛，也没有一切欢乐，因为人只有在肉体里才会受到惩罚或报应。"①

"谁不知道，凡是非人间的、永生不死的东西都不会感觉到痛苦。"阿尔诺比乌斯问道。②

大马士革的圣·约翰说，"我们通过两条途径想象出非物质的、看不见的存在，即通过本质和风度；前者天生是非物质的，后者则只是相对来说，与物质的总体比较起来说，是非物

① 特土良:《论灵魂》,第5页,第7页。

② 阿尔诺比乌斯:《对各民族》,第2页。

质的。因此,上帝天生就是非物质的;至于天使、魔鬼和人的灵魂,则我们只是根据其风度来说,并与物质的总体比较来说,才称它为非物质的。”[①]

我可以无限制地增加类似的引文,它们全都能证明,在我们时代的初期,灵魂的物质性不仅是公认的,而且还是占主导地位的意见。

不久,教会表现出一种放弃这种意见的倾向。我们看到神父们把一切赞成非物质性的论点抬出来。我刚才引自大马士革的圣·约翰的那句话本身就证明了,你们可以看到,他给各种物质的存在加以某种区别。镇静而达观的神父们走上了这同一条道路,并以更急速的步子前进。例如奥里金,他对那种认为物质的灵魂能够想象非物质的事物并能达到真知的那种思想,感到十分吃惊;因此他断言它具有某种相对的不朽性,也就是说,与上帝这个唯一的真正精神的存在比较起来是物质的;但与一些尘世的事物,与一些可以看得见的有感觉的物体比较起来,则并不是物质的。[②]

145

这就是深藏于异教哲学的心底的思想路线;在其最初的几篇论文中,占主导地位的既有对灵魂的物质性的信念,同时还有某种想把灵魂设想为具有一种更崇高更纯洁的面貌的进步的苦心。有些人把灵魂看作一种蒸汽,一口气;另一些人则断言它是一把火;全都想把物质纯化,加以精炼,使它精神化,希望从而达到他们所期望的目的。这种愿望、这种倾向在基督教会中的确存在着;但认

① 大马士革的圣·约翰:《论真实的正统》,II. 3,12。

② 奥里金:《论原理》,I.i.C.1.1.2.C.2。

为灵魂具有物质性的思想，在一世纪到五世纪的基督教学者中，仍比同时期的异教学者更为普遍。某些神父是为了反对异教学者，为了宗教的利益而坚持这种教义的；他们希望灵魂是物质的，以便它受到报应或惩罚，以便它转入另一个生世时，看到自己仍处在类似他在地球上所处的地位；最后，以便他不忘记它比上帝远为卑下，而绝不想把自己与上帝相比。

第四世纪末，在教会的内部兴起了关于这个问题的某种革命。关于灵魂的非物质性、关于两种实体的起源和实质区别的教义，在那边出现了。即使这并非第一次，至少比过去远为明确、远为精致。它首先在非洲由圣·奥古斯丁在其论文《论动物的数量》中公开表示并坚决主张；其次，在亚洲由埃梅萨的主教尼梅希在其卓越著作《论人的本性》中；第三，在高卢，由马梅提努斯·克劳狄纳斯在其《论动物的本性》中公开表示出来。仅就高卢文明史而论，最后这本著作是我们必须好好加以研究的唯一的一本书。

这本书是在这样的场合写成的。一个你们早已知道的人里兹的主教福斯图斯，在高卢教会中发挥了重大的作用。他像贝拉基一样，出生于布列塔尼亚地区，不知什么缘故来到了高卢的南部，在勒林斯的修道院里，当上了一名修道士，并于493年成为该院的院长。他创办了一所很大的学校，招收了一些富家子弟，抚养他们，教给他们当时的全部知识。他常常跟他的修道士们讨论哲学问题，而且看来，他还具有非凡的即席表演的才能。到462年前后，他成为里兹的主教。我已谈到过他在半贝拉基派异教教义方面所起的作用和他的反对宿命论者的著作。他是一个活跃的有主见的人，相当爱管闲事，常常热衷于参与一切争论。我们不知道什么事引起他注意灵魂的本质的问题:他在一封写给一位主教的富有哲理的长信中详细讨论了这个问题,在此信中,还讨论了一些其他问题;他宣称自己支持灵魂具有物质性的主张,并把自己的主要论点总结如下:

> 1. 一切看不见的事物属于一类事物,一切无形体的事物属于另一类事物。
>
> 2. 一切创造出来的事物都是可以通过造物主而触知的物质;都是有形体的物质的东西。
>
> 3. 灵魂占有地位。(1) 它被关闭在一个躯体之内。(2) 并不是凡是它的思想存在的地方都能找到它。(3) 总之,只有它的思想存在的地方才能找到它。(4) 它与它的思想不同,它的思想会变化,会向前进展,而它是永恒的,老是同一个样子的。(5) 它在躯体死亡时离开躯体,并通过复活重新进入躯体;见证人是(圣经中的乞丐)拉扎勒斯。(6) 地狱与天堂的区别、永恒的惩罚与报应的区别都证明,即使在死后,灵魂也占据一个地位,且是物质性的,有形体的。
>
> 4. 只有上帝是无形体的,因为只有他是不可触知的,无所不在的。①

这些毫不踌躇地、明确地提出来的命题,无论如何不是精心地搞出来的;而其作者所谈论的那些细节一般都是从神学、记叙文和基督教圣经中拿来的。

① 我采用的是1665年在次维考的安德鲁·舍弗与加斯巴德·巴思出版社出版的克劳提努斯的《论灵魂的本质》中插入的福斯特斯的原文。

流传着的福斯图斯的匿名信引起了一些骚动。维也纳主教圣·马梅提努斯的兄弟马梅提努斯·克劳狄纳斯(他本人也是该主教辖区的一个教士)在其远比他驳斥的书重要的著作《论灵魂的本质》中对此作了回答。马梅提努斯·克劳狄纳斯是他那个时代南部高卢最有学问和最著名的哲学家。为了使你们对他的名誉有一个概念,我要念一念这位哲学家死后不久,由西多尼乌斯·阿波利拿里乌斯写给这位哲学家的外甥彼特雷乌斯的一封信。这封信,我可以说,带着这位写信人的全部特点,表现出对这位自称的才子的天真而详尽的阐述,到处可以看到精确的洞察力和奇异的事实。

"西多尼乌斯致其亲爱的彼特雷乌斯[①]。祝颂健康。[②]

"看到最近您舅父克劳狄纳斯的逝世使我们这个时代遭受的损失,我悲伤得倒下来了。我们将永远看不到像他这样的人了。他确是富于智慧和判断力,学识渊博,既有辩才,又足智多谋,是他的时代和他的国家、他的民族的最有才华的人。他始终是一个哲学家,没有触犯过宗教;虽然他并不异想天开让自己的头发和胡须长得老长老长;虽然他嘲笑哲学家们的长大氅和手杖;虽然他有时还温和地指责这些稀奇古怪的附加物;但只有在这种外部问题和信仰上,他才和他的柏拉图主义者的朋友们分道扬镳。呵,天哪!每当我们到他那里去向他请教的时候,我们是多么幸福呀。他总是万分高兴地

① 马梅提努斯·克劳狄纳斯姐姐的儿子。

② 第IV卷,信札2。

将自己所知全部告诉我们，总是毫不迟疑，没有一句话，没有一个发怒或轻视的眼色，向那些到他那里来请他解决某个其他人谁都解决不了的问题的人打开自己的知识宝库，并以此为自己最大的乐事！那时，当我们大家围着他坐下来时，他叫我们大家不要说话，听他讲，他只把陈述命题的特权留给自己——这是我们自己也一定会作出的选择。问题就这样放到了他的面前，他审慎地展示其丰富的知识，熟练地、逐点逐条地、毫不借助于巧妙的手势或华丽的辞藻。他的讲话结束后，我们便用三段论法提出我们的反对意见；对于我们提出的任何没有正确可靠的理由为根据的主张，他总是立刻加以驳斥，因此，任何意见如果没有经过成熟的考验，没有彻底被论证过，都不被采纳。但使我们觉得更可敬的是，他竟会毫无不快情绪地支持我们中某些人的愚钝顽固之见，把它归罪于一种可以原谅的动机，我们始终赞美他的耐心，虽然无法模仿他。对于这样一个不反对任何讨论，不拒绝回答任何问题，甚至最愚蠢最无知的人提出的问题的人，我们在遇到困难的时候，谁还会害怕去向他请教呢？关于他的学识、他的研究和他的科学，就讲这么多；但又有谁能够相称地、恰当地赞扬那个人的优点呢，他老是记着人性的弱点，但以其著作帮助教士们，以其讲道帮助一般群众，以其激励的话帮助受苦的人，以其慰问帮助被遗弃的人，以其金玉良言帮助囚犯们；饥饿的人从他那里得到了食物，没有衣服穿的人他舍给了衣服。我认为，在这个问题上再要说什么话，那同样是多余的……

“我们在这里首先要说的是：为了向像维吉尔所说的不会

领情的遗体，也就是说，向已不能对我们说的话表示感谢的遗体表示敬意，我们写了一篇悼词，由于好久没有写过什么，我们感到写这篇东西非常困难。虽然如此，我们原来很懒惰的头脑，由于一种想要哭出来的悲伤，重新振奋起来了。下面就是这篇悼词的主旨：

“在这片草皮底下，安息着克劳提努斯，他的兄弟马梅提努斯的骄傲和悲伤，他像一颗宝石一样受到所有的主教的尊敬。在这位大师身上，有一种三重的科学在繁荣地滋生着，即罗马的科学、雅典的科学和基督教的科学：他在精力充沛的壮年，以一个单纯的修道士的身份完美地默默地做出了这样的成就。作为演说家、辩证学家，又是诗人、精通圣书的学者、几何学家和音乐家，他善于用文字的剑去打击那些非难天主教信仰的教派。他还善于为圣诗谱曲，并在祭坛前歌唱；他教导
150 人们吹奏各种乐器，使他的兄弟极为感激。他为一年中各个庄严的节日有条有理地安排各种场合应读的读物。他是一个第二级的教士，但他为他的兄弟做了大量主教的繁重工作，为他的兄弟举起旗帜，担负了全部责任。因此，你，读者，如果你因为这样一个人并没有留下什么功绩而感到苦恼的话，那么，不管你是谁，请停止把你的眼泪洒在你的脸颊和这块大理石墓碑上；这灵魂和光荣是绝不可能被埋没在这个坟墓里的。

“这就是我铭刻在他这位我们大家的兄弟的遗著上的几行文字……”

马梅提努斯·克劳狄纳斯是把自己的著作奉献给西多尼乌斯的。

该书分为三卷，第一卷是唯一的真正的哲学著作；在那里，问题是不受任何特殊事实和一切权威的控制，而是根据纯粹合理的观点“就其本身”而加以考察的。在第二卷中，作者乞灵于一些权威著作的帮助；首先是希腊哲学家的著作，其次是罗马哲学家的著作，最后是一些宗教经典，圣·保罗，福音派教徒和教会的神父们。第三卷的特殊目的是按照认为灵魂具有精神性的这个体系来说明某些事件、某些基督教宗教传统；例如，拉扎勒斯的复活，天使的存在，天使加布里埃尔的出现于圣母玛利亚的面前；第三卷的目的还在于指出这个体系完全不是反对它们，或是由于它们而感到惊慌失措，而是承认它们，至少把它们看得和任何其他体系同样重要。

分类并不是像我作出的那样严格的：思想和论据往往是混在一起的。哲学讨论在那几卷并非用来进行这种讨论的书里也到处出现；但是，整个说来，这部著作无论在方法上或是在精确性上都并不是不够格的。

我现在要把该书的概要，像马梅提努斯·克劳狄纳斯自己在第三卷倒数第二章中安排的那样，按照十个论题或基本命题展示在你们面前。接着我要把某几段文字逐字翻译出来，这些文字能使你们了解，一方面，作者对问题的研究达到了多么深的程度，耗费了多么多的脑力；另一方面，了解在这个时代，多么荒谬而稀奇古怪的概念竟可以和最高尚最正确的思想混合在一起：

> “由于我在这个讨论中所断言的许多事物，”马梅提努斯·克劳狄纳斯说，“都是分散在各处的，可能不容易记住，我要把它们放在一起，加以压缩，使它们在有头脑的人看来一目了然。

"第一，上帝是无形体的；人的灵魂是上帝的映象，因为人是按照上帝的图像和外表制造出来的；既然一个躯体绝不可能是一个无形体的存在的映象，因此，作为上帝的映象的人的灵魂是无形体的。

"第二，任何不占有确定的地位的东西都是无形体的。灵魂是躯体的生命，是生活在躯体中的，每个部分都像整个躯体一样确确实实地生活着。因此，在躯体的每个部分中，也像在整个躯体中一样，有生命；灵魂就是那生命。因此，任何东西，如果它在整体中是多么大的，在部分中也多么大，在大空间中是多么大的，在小空间中也多么大，那么这种东西都不占有空间；因此，灵魂是不占地位的。凡是不占地位的东西都是无形体的；因此，灵魂是无形体的。

"第三，灵魂能推理，而推理的功能是灵魂的实体中所固有的。既然理性是无形体的，在空间中不占地位；因此灵魂是无形体的。

"第四，灵魂的意志是灵魂的真正的实质；而当灵魂进行选择时，这完全是它的意志在那里选择。既然意志并不是躯体，因此，灵魂并不是躯体。

"第五，诚然，记忆是一种毫无局限性的能力；但它不能被扩大来记忆更多的事物；当记忆的事物较少时，也不会缩小；它非物质地记忆物质的事物。而当灵魂记忆时，它记忆整体；全部都是回忆。既然回忆并不是躯体，因此，灵魂并不是躯体。

"第六，躯体感觉到被触到的地方有触感；整个灵魂感到这种触感，并不是在整个躯体上，而是在躯体的某一部分。这种感觉是完全没有局限性的；既然没有局限性的事物都是无形体的；因此，灵魂是无形体的。

“第七，躯体既不能走近上帝，也不能离开上帝；灵魂则能走近和离开它而无须改变自己的地位；因此，灵魂并不是躯体。

“第八，躯体能从一个地方移到另一个地方；灵魂没有类似的运动；因此，灵魂并不是躯体。

“第九，躯体有长度、宽度和深度；而既无长度、宽度，也无深度的东西都不是躯体；灵魂没有这种东西，因此，灵魂并不是躯体。

“第十，一切躯体都有右和左，都有上和下，前部和后部；而灵魂却没有这种东西；因此，灵魂是无形体的。”[1]

在支持这些命题方面有这样一些主要的发展：

I

“你说灵魂是一回事，灵魂的思想是另一回事：你倒应该说，灵魂所想到的一切事物……并不是灵魂；但思想仅仅是灵魂本身而已。

“你说，灵魂处于深沉的酣睡状态，因此它根本没有思想。这是不真实的；灵魂能够改变它的思想，但并不是完全没有思想。

① 第三卷，第14章，第201、202页。

“如果不是这样的话，那我们的梦意味着什么，即使那时躯体因疲倦而深深入睡，灵魂也不停止思想？

“在关于灵魂的本质的问题上使你受骗最深的是你的这一想法，即你认为灵魂是一回事，而它的功能是另一回事。灵魂所想的是一件偶然的事故，但进行思想的是灵魂本身这个实体。①

II

“凡是有形体的东西，灵魂通过躯体的媒介才能看到；凡是无形体的东西，它自己就能看到。如果没有躯体的参与，那任何有形体的、有色的或是有广延性的东西它都不能看到；但它能看到真理，它是用一种非物质的视力看到它的……如果

154 像你自己所说，本身是有形体的，且又被锢禁在一个躯体之内的灵魂，能够自行看到一个有形体的东西，那对它来说，当然再也没有比看到它被锢禁于其中的那个躯体的内部更容易的事了。那么，好了，就请你致力于这件工作吧，把你所说的灵魂的这种有形的物质性的视力导向内部吧；请告诉我们，脑子是怎样被处置的，一大块肝又放在什么地方；脾在什么地方，它是干什么的……血管是如何弯曲如何结构的，神经的起源又是什么……什么！你否认你有责任回答这些问题，你又为什么要否认呢？因为灵魂不能直接地自行看见有形体的事物。那么，为什么它不能看到那绝不会没有思想亦即没有视

① 第一卷，第24章，第83页。

力的事物呢？因为它，如果没有有形体的视力这个媒介，就不能看到任何有形体的东西。由于灵魂能自行看到某些东西，但并非有形体的东西，因此，它是用一种无形体的视力来看的；既然一种无形体的存在只能用一种无形体的视力来看；因此，灵魂是无形体的。①

III

“如果灵魂是一个躯体，那么，灵魂称之为它的躯体的那个东西，如果不是它本身的话，又是什么呢？要么，灵魂是一躯体，而如果这样的话，那么，说我的躯体就错了，而是应该说我，因为这是它本身；要么，如果灵魂说我的躯体这话是说得对的（如我们料想的那样），那么，灵魂就不是躯体。②

IV

“人们说记忆是人所共有的，也是各种动物所共有的，这话不无理由；麻雀和鹳鸟都能回到自己的巢，马能回到自己的厩；狗能认得自己的主人。但是动物的灵魂，虽然它们保留着各地的映象，对于自己的存在却是一无所知的，他们只能保留着它们通过肉体的感觉看到过的有形体的东西的回忆；而由于已丧失了心眼，它们不仅不能看到比它们高的东西，而且也不能看到它们本身。③

① 第三卷，第 9 章，第 187、188 页。

② 第一卷，第 16 章，第 53 页。

③ 第一卷，第 21 章，第 65 页。

V

“有一种被认为不能解决的可怕的诡辩对我们说;据说,灵魂处在它在的地方,而不处在它不在的地方;预料是,我们将被迫说,或者是它任何地方都在,或者是它任何地方都不在:于是,将被回答说,如果它任何地方都在,那它是上帝;如果它任何地方都不在,那它是不存在的东西。灵魂并不是整个地处在整个世界上,而是像上帝整个地处在整个宇宙间那样,所以灵魂是整个地处在整个躯体里的。上帝并不是用自己的最小部分来充实世界的最小部分,并用自己的最大部分来充实世界的最大部分的;他是整个地处在每个部分和整个地处在整个宇宙中的;所以灵魂也不是分成许多部分分别寓居于躯体的各个不同部分的。并不是灵魂的一部分通过眼睛向前看,而另一部分使手指活动起来;而是整个灵魂都寓居于眼睛里并用眼睛来看,整个灵魂在使手指活动,并通过手指而感知。[①]

156

VI

“能在躯体里感知的灵魂,虽然它是通过看得见的器官感知的,但它的感知是人们所看不见的。眼睛是一回事,看则是另一回事;耳朵是一回事,听则是另一回事;鼻子是一回事,嗅则是另一回事;嘴是一回事,味觉则是另一回事;手是一回事,

① 第三卷,第2章,第164页。

触摸则是另一回事。我们通过触摸区分热的东西和冷的东西，但我们不能触知触的感觉，因它本身既不是热的也不是冷的；我们赖以感知的器官是一件与我们能够感知的感觉完全不相同的东西。"①

先生们，你们会欣然承认，这些思想无论在高度上还是深度上都不是不够的。它们会给任何时期的哲学家们带来荣誉；但灵魂的本质及其统一性很少被更深入地研究，或被更精确地叙述过。我可以引录许多其他段落，这些段落都是以敏锐的洞察力或生气勃勃的辩论，有时以深厚的道德感情和真正的口才著称于世。

我要读给你们听两段摘自同一个人的同一本著作的摘录。福斯图斯坚决主张灵魂是由空气形成的，其推论的根据是一种古代理论，认为空气、火、土和水是自然的四种基本要素。马梅提努斯·克劳狄纳斯回答福斯图斯的论点说：

"火显然是一种比空气更优越的要素，这不但是由于它所占的地位，也由于它内在的力量。这一点已由人间的火的运动所证明，这火以一种几乎无法理解的速度并靠着它自己的自然冲力，像冲向自己的本土似的重新升上天去。如果这个证据还不够，这里还有另一个：空气是由于太阳的出现，也就是说火的出现而被照亮，并随着太阳的离去而堕入黑暗之中。还有一个更有力的理由是，空气能经受火的作用而变热，而火不能经受空气的作用而变冷。空气可以关闭在一些器皿里；火却不能。因此，火的优越性是无可争辩的。既然，我们是从

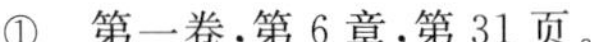

① 第一卷，第6章，第31页。

火(也就是说从火的光)取得视的本领的,这种本领是人与动物所共有的,而且确实有些无理性的动物在这方面,就力量和灵敏程度而论,还远远超过人类。因此,这是无可否认的,如果视力来自火,同时如果灵魂像你所说是空气所形成的,那么结果必然是,动物的眼睛,就其实质而论,要比人的灵魂更为高贵。"①

这种在物质事实和知识事实的学术上的混淆,这种企图把各种自然要素排列出某种等级以便从中推断出哲学结果的努力,都是一些足以证明科学和思想的幼稚程度的奇妙的证据。

我现在要为支持灵魂的非物质性引用一种论点,这种论点其本身固然没有什么价值,但其外表却没有那么荒唐古怪。"每一个无形体的存在,在天生的品格上,都要比一个有形体的存在优越;每一个不局限于某一空间之内的存在都要比一个局限于一地的存在优越;每一个不可分的存在都要比一个可分的存在优越。现在,如果无比强大而又至善的造物主,没有像他本该做的那样,创造出一个优于躯体而类似他自身的实质的话,那是因为要么他不能,要么他不愿意。如果他愿意但不能,那么他的全能性是不够的;如果他能但不愿意(单单这样想就是一种罪过),那么其原因只能是彻底的妒忌。既然绝不可能有全能者不能做自己愿意做的事,至善者是妒忌的,则其结果是,他既能够又愿意创造这种无形体的存在;最后结果,他的确创造出了它。"②

① 第一卷,第9章,第38页。

② 第一卷,第5章,第26页。

先生们，如果我刚才所说的那些关于作为这个时期著作的特色的崇高的真理与粗俗的谬误结合在一起，令人钦佩的观点与可笑的概念混合在一起的话是说错了，那么我可以加上一句，在马梅提努斯·克劳狄纳斯的著作里，这种明显的对照还比他的绝大多数同时代人的著作里要少些。

你们对这位作者的充分了解足以正确地评价他的性格；整个说来，他的著作与其说是神学著作不如说是哲学著作，然而，宗教的原则在书中始终明显地占着主导地位，我这样说，是因为上帝这个概念是书中每一讨论的出发点。作者并不从观察和叙述人类特殊的实际事实开始并通过它们逐步走到上帝那里；在他看来，上帝是原始的、普遍的、显著的事实，是一切事物都与它有关系、都必须与它相符合的作为论据的基本事实；他总是从上帝转而说到人，从上帝的本质推演到我们自己的本质。他显然是从宗教那里而不是从科学那里借用这种方法的。但是这个基本点一旦确立，这个符合逻辑的计划一旦定下，他一般是从哲学取得他的思想和他的表达思想的方法的；他的语言是学派的语言，不是教会的语言；他诉诸理性，不诉诸信仰；我们有时觉得他是学者，有时觉得他是个斯多葛派，而更经常的是个柏拉图主义者，但始终把他看作一个哲学家而绝不是一个教士，虽然基督教教徒的色彩在每一页里都是非常明显的。

因此，我已把我在开始时指出的事实，即异教哲学与基督教神学之混淆，前者之变为后者，展示出来。而值得注意的是，用以确立灵魂的精神性的理论，显然是从古代哲学中而不是从基督教教义中引申出来的，同时作者似乎更特别注意于通过向神学家们证

明以使神学家们相信，基督教的信仰，在所有这一切方面，丝毫没有与来源于纯粹理性的结果不完全相一致的东西。

可能有人这样想，这种由古代哲学转变到现代神学的情况，在修道士埃瓦格里乌斯写的基督教徒扎切乌斯与哲学家阿波罗尼奥斯的对话中被刻画得更明显更有力；在那里，这两种教义、这两种团体直接相遇且不得不来讨论他们各自的优点；但是这种讨论只是表面上的，实际上只存在于标题上。我不知道还有什么有永久价值的著作能更明白地表明一般人对基督教的彻底漠视态度了。哲学家阿波罗尼奥斯以一种傲慢的语气开始对话，仿佛即将彻底压倒这个基督徒，并将他可能提出的任何论点交给大众去蔑视似的。[①] 他说："如果你仔细考察这个问题，你就会明白看出，任何其他宗教和任何其他神圣的宗教礼仪都有合理的起源；而你的教义却完全是空虚的、不合理的，我看只有疯子才会信奉这种教义。"

160

但是这种傲慢是没有结果的：在整个对话过程中，阿波罗尼奥斯连一个论点、一个单独的概念都没有提出来；他并没有证明任何事物，也没有驳倒任何论点；他除了向扎切乌斯提出一个论题而外，没有开过口。扎切乌斯呢，他既不注意任何关于异教的事，也不注意任何关于其对手的哲学的问题，也不去驳斥它们，几乎没有提到它们，仅仅忙着讲历史和把基督教描述得足以显示其完整性和权威性。毫无疑义，该书是一个基督徒的著作，但他使他的哲学家们保持的这种沉默，并不能证明哲学家们真的沉默了。然而这绝不是基督教与古代哲学的最初几次辩论的鉴定，因为那时古代

① 扎切乌斯与阿波罗尼奥斯的对话，载《冥土拾遗穗者》，第10卷，第3页。

哲学还颇为活跃而有权威,基督教还得屈尊注意其对手的论点。它谈到这些论点,驳斥这些论点;这次论战是一次真正的、生气勃勃的论战。在我们面前的这本著作中,已根本不再有任何论战了;这位基督徒把自己的想法灌输给这位哲学家,并提出一系列问题来盘问他,似乎认为这就是人们所能要求于他的全部事情了。

不仅如此,他甚至把这看作是一种让步,一种恩惠;这时,在基督教眼里,与异教徒讨论问题已成为一种多余的事了。

埃瓦格里乌斯在其著作的前言中说,"许多人认为,对于异教徒所提出的异议,我们应该鄙视而不应加以驳斥,因为这些异议非常空虚,毫无真实的智慧;但我认为这种鄙视是一种无用的骄傲,我看,教育异教徒有两种好处;第一,我们可以向大众证明我们的宗教是多么神圣而坦率;第二,受到这样的教育的异教徒最后会渐渐信奉他们由于不知道而加以鄙视的那种宗教……此处,由于我们使烛火一步一步逼近盲人的眼睛,即使他们没有看到蜡烛的光,他们无论如何也会感觉到它的温暖。"最后这句话我觉得是一句很出色的话,充满着一种同情的情绪。

161

我觉得,这对话中只有一件事是值得注意的:这就是,在这里,这问题已明明白白地摆在唯理论与基督教启示录之间,而并不是这个问题比任何其他问题展开得更真实更广泛:思想只在少数句子中呈现出来,但从这些句子中可以明显地看出,在一切争论者的头脑中,这个问题已十分清楚,并且仿佛已成为哲学保卫其自身的最后一道防线。正像你们已经知道的那样,阿波罗尼奥斯就利用它来攻击基督教教义,说它是不合理性的。对此,扎切乌斯答道:

“对每个人来说，要了解上帝和意识到上帝是很容易的，这就是说，如果圣经上的话同你对智慧的看法是一致的话……因为你的观点是，哲人是不相信自己以外的任何事物的，他是绝不会受骗的，但他会自行毫无错误地知道一切事物，不容有任何事物被隐藏起来或不为人所知，或是有任何事物对造物主比对创造物更可允许。而你使用这种推论方式尤其使基督徒反感。”[①]在另一处说：“理解总是跟着信仰。人的头脑只有通过信仰才能知道接近上帝的更高的事物。”[②]

考察唯理论在这一时期的状况，其灭亡的种种原因和它为避免灭亡而做出的种种努力和变化，是一种奇妙的研究。但这种研究会使我们走得太远。此外，唯理论与基督教之间的大搏斗并不发生在高卢。

埃瓦格里乌斯写的第二次对话，在基督徒狄奥斐卢斯与犹太人西蒙之间举行的对话，是一次毫不重要的对话，仅仅是一种评注，是一次毫不足道的关于圣经上少数原文的小争论。

我可以向你们提到属于这同一时期和同一类的大量其他著作并作出摘要。然而这是不必要的，因为我已从其中选出二种最值得注意、最有代表性、最能表达关于这个时期的心理状态及其活动的正确概念的著作。这个时期的活动是巨大的，虽然完全局限于宗教界范围之内；不论留给古代哲学的精力和生命是多么旺盛，都被移交给基督教的宗教礼仪了。哲学家们的思想、学派，整个科学

① 第3页。
② 第9页。

是在宗教形式之下，在基督教的真正内心里被描绘出来的。但它们虽然屈居于这种条件之下，却仍然占据着人们的头脑，并在新社会的精神状态中起着重要的作用。

蛮族的入侵和罗马帝国的衰亡使这个运动受到了抑制。一百年以后，我讲给你们听的那些事儿，我们连一丝一毫的痕迹都不会看到了。这些讨论、旅行、通信、小册子、七世纪高卢的整个知识分子的活动，所有这些都已消失。

这个损失是否巨大？由于蛮族的入侵而被这样中止的这个运动是一个重要而富有成果的运动吗？我深感怀疑。你们可能还记得我认为基督教基本上具有实事求是的特性这个意见；知识的进步，严格意义的科学，根本不是它的目的；虽然它和古代哲学在若干论点上有联系——虽然它很想利用古代哲学的思想概念，并且尽量利用它，但绝不是想保存它，也不是想用任何其他哲学来代替它。它的领导人的主要的思想是改变风俗，指导人们的生活。

此外，虽然思想自由在五世纪、在宗教社会中，实际上是存在的，可是自由的原则在那里却丝毫没有进展。相反，力求占支配地位的却是权威的原则，官方通过一般的固定的规章来控制知识分子的原则。知识分子的自由虽然仍然相当强盛，但已开始衰微；权威的原则正迅速地在取代它。这个时期著作的每一页都证明这一事实。实际上，这是基督教改革的本性的几乎不可避免的结果；它给自己提出来作为自己的主要目的的是制定一项道德的法律而不是科学的法律来支配人的意志；因此，权威是它所要的一切东西中至高无上的东西；权威在现行习俗中是最可靠、最有效的行动手段。

先生们，特别受到蛮族入侵和罗马帝国覆亡的阻抑甚至破坏的是知识分子的运动。第五世纪留下来的科学、哲学和思想自由在它们的打击之下消失了。但是道德运动、基督教的实事求是的改革和基督教控制各国的正式的权力机构却丝毫没有受到影响；也许它们不但没有损失却反而得到了好处。这一点，我想，至少是我们进一步研究时，我们的文明史会容许我们猜测的。

因此，蛮族的入侵无论如何并没有扼杀具有生命的事物；实际上，知识分子的活动和自由都在衰落；一切事情使我们相信，它们可能是自行停止的；蛮族仅仅是使它们更粗野更迅速地停止而已。我认为，人们所能归罪于它们的仅此而已。

先生们，现在我们已经到了必须约束我们自己而专门来谈谈罗马帝国衰亡时高卢的罗马社会的时候了：我们是熟悉它的，如果不是全面的话，至少对它的基本面貌是熟悉的。为了使我们自己能够了解随后的这个社会，我们现在必须研究和它混在一起的新因素，即蛮族。我们下一讲的主题将是蛮族在入侵之前的状况、蛮族在终于推翻罗马社会以及在它的影响下发生变化之前的状况。

第 七 讲

本讲的目的——关于近代文明中日耳曼的成分——关于日耳曼人古代社会状况的不朽的著作:1.关于罗马和希腊的史学家;2.关于蛮族的法律;3.关于民族传统——它们涉及一些非常不同的时代——它们往往被不加区别地利用——因此而造成的错误——塔西佗关于日耳曼人风俗的著作——近代德国作家关于古代日耳曼人状况的意见——那边流行的是哪一种生活?——关于各种制度设施——关于精神状态——日耳曼部落和其他游牧部落生活的对比——关于蛮族生活的大多数观点的谬误——日耳曼人对近代文明的真实影响的主要特征

先生们,我们一个接一个地研究我们文明的各个不同的来源。一方面,我们已研究了我们称之为罗马成分的世俗的罗马社会;另一方面,我们已研究了基督教成分,即宗教社会。今天我们来研究蛮族成分,研究日耳曼社会。关于这个成分的重要性、关于日耳曼人在近代文明中所占份额,有各种非常不同的意见。对民族、对局势、对阶级的各种偏见,已改变了由它形成的各种思想。

德国史学家们、封建的国际法学家们,例如布兰维里耶,一般都把太大的影响归功于蛮族;与此相反,自由市的市民国际法学家,例如杜博神父则把蛮族的影响说得太小了,其目的是要把最大的影响归功于罗马社会;按照基督教教士们的意见,最有功于近代文明的是教会。有时候,单单一些政治学说就决定了著作人的意见;全心全意致力于人民的事业的马布利神父,虽然很厌恶封建制度,却坚持一切来源于日耳曼的看法,因为他想在那里找到比任何其他地方都多的自由机构和自由原则。先生们,我不希望现在就来处理这个问题,我们将会讨论它,当我们逐步深入研究法国文明史时,就会解决这个问题。我们将看到,从一个时代到另一个时代,它的早期的各个成分在那里起了什么作用,在它们的结合中,每个成分投入的是什么,得到的又是什么。我首先将只陈述我认为这个研究将引导我们达到的两种结果:第一,蛮族在近代文明中所处的地位被说得太过重要了。第二,它应享的真正的份额反而没有给予它:人们把对我们社会太大的影响归诸日耳曼人,归诸他们的制度设施,归诸他们的风俗习惯;而他们真正发挥的作用却没有归功于他们;我们并没有把所有用他们的名义完成的事归功于他们;我们却确实把那

166 些看来并不从他们那里产生的事儿归功于他们。

在这双重的结果从我们眼下的种种因素的不断发展中产生出来以前,为了正确评价日耳曼成分在我们的文化中所占的份额,第一个条件是正确了解日耳曼人开始时的实际情况,即他们自己在其形成中共同起了什么作用,也就是说,在他们入侵和在罗马领土上定居之前,他们在三四世纪还居住在德国的时候的实际情况。只有到了这个时候,我们才能对他们对共同事业的贡献有一个确切的概念,才能区别哪些事实是真正属于日耳曼血统的。

这项研究很困难。有三种可供我们研究入侵前蛮族情况的不朽著作及其著者。第一种,希腊或罗马的著者,他们知道并叙述了蛮族从其在历史上最初出现直到现在这个时代的情况,也就是说

从纪元前约 150 年的波利比奥斯起直到其著作于纪元 378 年问世的阿米阿努斯·马尔切利努斯。在这两个年代之间，有李维、凯撒、斯特拉博、蓬波尼乌斯·梅拉、普林尼、塔西佗、托勒密、普卢塔克、弗洛鲁斯、保萨尼阿斯等一群史学家，留给我们相当详尽的关于日耳曼民族的知识。第二种，日耳曼人入侵以后写的但叙述或揭示先前的事实的著作和文献，例如许多编年史，尤其是诸蛮族的法律，萨利克法、西哥特法、勃艮第法等。第三种，日耳曼人自己的一些民族传说和关于他们入侵前回溯到其最古老的各个历史时期的命运和生活状况的回忆。

一提到这些文献，我们就明白，其中包含着各个非常不同的时期和状况。例如，罗马和希腊的作家掌握和熟悉五百年长的一段时期，但他们对这段时期内日耳曼及其诸民族是有非常不同的看法的。他们开始是从人们的口头传闻，从旅游者的故事、从一些遥远的偶然的联系中知道的。接着来了游牧的日耳曼人的头几次远征，特别是条顿人和辛布里人的远征。稍后，从凯撒和奥古斯都时代起，罗马人也侵入了日耳曼；他们的军队越过了莱茵河和多瑙河，并看到了日耳曼人新的面貌和新的状况。最后，从三世纪起，日耳曼人进攻罗马帝国，而后者在经历了交替的击退和容纳他们之后，终于远为直接地认识了他们，知道他们处境已完全不同于往昔。谁没有看出，在这段间隔时间里，通过这么多的世纪和事件，蛮族和描述他们的作家们，对象和图景，必已大大地不同？

第二类中的那些文献，其情况也是如此：蛮族诸法典是在入侵后相当长的时期里制定的。西哥特人的法律的最古老的部分属于五世纪后半叶；萨利克法最初可能是在国王克洛维治下写成的，可

是我们现在掌握的该法规汇编属于一个晚得多的时期，勃艮第人的法律则是从 517 年开始的。

因此，它们都是比我们所要研究的蛮族社会晚得多的以它们现在的形式出现的。但毫无疑问，它们都包含着许多事实，它们往往描绘出入侵前的某一社会情况；但毫无疑问，日耳曼人在进入高卢之后仍然保留着许多他们古老的习俗和关系。但这里也毫无疑问，入侵以后，日耳曼社会也发生了深刻的变化，这些变化都已融入了法律；西哥特人和勃艮第人的法律中罗马的色彩比蛮族的色彩多得多；有四分之三的条文所涉及的是这些民族在罗马的土地上定居之后才能发生的事实。萨利克法是比较原始、比较富于蛮族色彩的法律，但我相信，人们仍然可以证明，在许多方面，特别是在关于财产的那部分中，它是较近时期的产物。也像罗马史学家那样，日耳曼人的法律能给各个不同的时期和不同的社会状况作证。

按照第三类文献，即日耳曼人的民族传统，则证据更为惊人：这些传统的主题几乎都是那些古老得与这些民族在三四世纪时的状况几乎完全不相干的事实；这些事实曾凑在一起产生了这种状况，并可以用以说明这种状况，但已不再是它的构成因素。假如，为了研究五十年前苏格兰高地人的状况，有人收集一些他们的至今还存在的和普遍流行的传统，并把他们表现的一些事实看作八世纪时苏格兰社会的真实的组成部分，那么，这肯定是一个大错觉，并能造成大量的错误。对于古代日耳曼传统也是如此，并有更大得多的理由。这些古代日耳曼传统是与日耳曼人的原始历史，与他们的血统、他们的宗教起源以及他们与亚洲的、黑海边上的和波罗的海的各民族的关系相符合的；一言以蔽之，也是与那些无疑曾有力地促成三世纪日耳曼各部落的社会状况的大事件相符合的，这些事件我们必须仔细加以考察，但它们在当时已不再是事实，而仅仅是一些原因。

先生们，你们知道，所有这些留给我们的关于入侵前蛮族状况的有永久价值的著作，不论它们的来源和性质如何，是罗马的还是日耳曼的，是传统、编年史还是法典，它们所涉及的各个时代和各种事实都是彼此相隔很远的，并很难从中区分哪些是真正属于三四世纪的。我认为，许多德国作家，有时还有最著名的作家，其基本错误是不够注意这一情况：为了描绘这一时期日耳曼社会和习俗，他们乱七八糟地从我上面指出的三个文献来源(即罗马作家、蛮族法典和民族传统)搜集材料而不愿费力去注意各个时代和各种局势的不同，没有注意到任何时代的时代精神。因此，产生了有些图像不连贯的情况，成为神话、原始风尚、初期文明和寓言般的史诗的和半政治的时代的奇怪的混合物，在比较严肃的批评家看来既不正确也无秩序，在有想象力的人看来则缺乏真实性。

先生们，我将尽力避免这种错误；我希望你们注意的是入侵前不久的日耳曼人的状况。知道他们的状况，对我们极为重要，因为它在诸民族合并时期是强大而有实力的，它对近代文明起着真实的作用。我绝不想去考察日耳曼人的血统及其古代风俗习惯；我也绝不想去发现日耳曼人与亚洲各民族及其宗教之间到底是什么关系；他们的野蛮状态究竟是不是一种古代文明的残骸；也不去研究，在野蛮的外衣下，这个有独创的社会隐藏着什么样的面貌。这问题是个重要问题；但并不是属于我们的问题，我不想在它面前停留下来。我也希望不要把属于定居在高卢土地上的日耳曼人的种种事实转移到处在莱茵河和多瑙河彼岸的日耳曼人的生活状况中去,那是属于在高卢土地上定居下来的日耳曼人的事。困难是很大的。蛮族远在越过多瑙河或莱茵河之前就已与罗马有联系;他们的生活状况、风俗习惯和思想、法律可能早就受到罗马的影响。在十分不完整和十分混乱的评论和介绍文字中,如何来区分这些外国输入品的最初成果?如何精确地来决定何者真正是日耳曼的,何者已打上了罗马的印记?我要试着去做这件工作;历史的真实绝对需要做这件工作。

我们所拥有的关于日耳曼人从开始在罗马世界为人所知到他们征服罗马世界为止的这段时间里,他们的状况的最重要的文献,无可争辩地是塔西佗的著作。在这里,有两种东西必须仔细加以区别:一方面,是塔西佗所搜集和叙述的种种事实;另一方面,是他掺混在这些事实中的一些见解,他介绍这些事实时所带的色彩,以及他给予它的判断。种种事实都是正确的:有许多令人相信的理由,塔西佗的父亲,也可能是他自己,曾担任过比利时的地方财政长官兼管行政;因此他能搜集关于日耳曼的详细资料;他做这件工作时非常仔细;后来的一些文献几乎全都证明他的叙述极为正确。关于日耳曼人的道德色彩,塔西佗像野蛮人蒙田和卢梭一样,是在对自己的国家怀着恶劣情绪时描绘日耳曼人的形象的:他的书是对罗马习俗的一部讽刺作品,是一个旷达的爱国者的意味深长的俏皮话,这位爱国者在他偶尔找不到旧社会的一个不光彩的弱点和学术上的腐败行为的地方他都决心要看到美德。可是,不要猜想一切事情都是假的,从道义上说,在这部怒气冲冲的著作中,塔西佗的想象力基本上是生气勃勃而真实的。当他仅仅想叙述一下日耳曼人的习俗，而不提到罗马世界，也不作对比，不从中推断出任何一般性的结论时，他是令人钦佩的，而且我们不仅对这幅画的设计而且对它的着色都可以给予完全的信任。蛮族的生活从来没有被人用更多的精力、更多的诗的真实性描绘过。只有当塔西佗想到罗马的时候，只有当他怀着羞辱其同胞的目的谈到蛮族时，他的想象力才会丧失其独立性和天生的真挚，同时他的画幅上就会到处都是假的色彩。

毫无疑问，在一世纪末（即塔西佗写书的时代）与临近入侵的时代之间，日耳曼人的状况发生了很大的变化。与罗马的频繁往来，对他们不可能不发生巨大的影响。但这种情况往往被人所忽视。然而塔西佗这本书的社会基础在四世纪末时仍然像一世纪时一样可靠。对此，最有决定性的证据莫过于阿米阿努斯·马尔切利努斯的报告了。阿米阿努斯是一个没有想象力的、未受过多少教育的、参加反日耳曼人战争的单纯的军人，他的短而简单的描述几乎处处都和塔西佗的生动而博学多采的文章相一致。因此，就我们研究的时代而论，我们几乎可以完全相信《日耳曼尼亚志》一书所描绘的图景。

先生们，如果我们把这一图景与最近能干的德国作家们对古代日耳曼人社会状况所作的描述加以对比，就会对两者的相似深感惊异。毫无疑义，激励他们的感情是不一样的，塔西佗是怀着对腐败的罗马的义愤和忧伤的感情描述蛮族的淳朴而富有朝气的风俗习惯的，而近代德国人则是以骄傲和殷勤的态度看它的；但从这些不同的原因中却产生出了一种单纯而完全相同的事实。大部分德国人，像塔西佗一样，甚至远甚于塔西佗，他们以最鲜艳的色彩来描绘古代德国以及它的制度和习俗。即使他们并没有夸张得把它们说成是理想社会，他们至少捍卫它们使它们不致被斥为野蛮状态。按照他们的意见，第一，至少在入侵之前，那边一般人过的也是农耕和定居的生活，而过游牧生活的是少数。创立土地财产的那些规章制度和思想意识早已有长足的进展；第二，对个人自由甚至对安全的保障都是有效的；第三，习俗确是狂暴而粗鲁的，但实际上是在纯朴而庄严地发挥人的天生的品德；对亲属的爱是强烈的，人的品质是高尚的，感情是深厚的，宗教教义是崇高而有权威的，它比人们在更优美的形式下，在更为广泛的智力发展中心，看到的具有更多的活力和道德纯洁性。

当平常人都维护这种理由时，它就充满了奇怪的设想和可笑的主张。一部相当受人尊敬的《德国史》的著者亨利希不愿意说古代日耳曼人是酷爱狂热的；[①]梅内尔斯在其《女性的历史》中说，妇女从来没有像德国的妇女那样幸福而善良的，而在法兰克人到来之前，高卢人是不懂得如何尊敬妇女和爱护妇女的。[②]

我不详谈这些关于学术上的爱国主义的幼稚言行了；如果它们不是一些非常著名的人士所说的某种制度的结果，或者可以说是其赘疣的话，我甚至提都不会提到它们，在我看来，这些结果破坏了形成古代日耳曼人的历史观念和诗的观念。考虑到整个情况，并仅就外表而论，我觉得错误是很明显的。

---

① *Reichsgeschichte*（《德国史》），第一卷，第69页。

② *Geschichte des Weiblichen Geschlechts*（《女性的历史》），卷一，第198页。

例如，当存在着移民、入侵以及把日耳曼各族吸引到自己领土之外去的持续不断的迁徙等铁的事实时，怎能说日耳曼社会是相当稳定的呢？而当人们不断地放弃土地到其他地方去找出路时，我们又怎能相信大庄园所有制以及与此有关的种种思想支配着人们呢？还要注意，这种迁移不仅边境上有，而且在德国腹地也有这种波动。诸部族持续不断地一个接着一个地被逐出、被代替、被继承。有几段摘自塔西佗的文字很能证明这一点：

他说，“巴塔维人从前是凯蒂人的一个部落；内部的分裂迫使他们退到莱茵河的几个岛上去，他们在那里与罗马人结了盟。”(塔西佗，《日耳曼尼亚志》，XXIX)

“居住在坦克特人附近的原来是勃罗克特人；可是据说，现在查马符人和安格里瓦人占有了这个地区，并与各相邻部落协商一致后驱逐并完全消灭了原居民。”(同上书，XXXIII)

“马科曼尼亚人尤其以其强盛与武功著称于世；他们现在占据的土地就是他们的勇猛的报酬，他们已经把这块土地的原来的所有者博伊人整个儿清除掉了。”(同上书，XLII)

“即使在和平时期，凯蒂人也保持着这种凶恶的面貌，从来没有显出过一点点温和的人性。他们没有房屋居住，没有土地耕种，也没有令人烦恼的家务事使他们去忙碌。在他们碰巧到达的任何一块地方，他们都靠他们找到的产品来生活，并滥用其邻人的财物，直到老年使他们无力再从事这种连绵不断的斗争。”(同上书，XXXI)

“这些部落都把使自己的边境地区荒芜，让四周都围有无垠的荒漠，看作一种可敬的荣誉。他们视此为英勇的最高证据，证明他们的邻居是由于害怕停留在他们周围而放弃自己的土地的。此外，他们还认为这样更安全因为他不必怕突然袭击了。”（凯撒，《高卢战记》，第VI卷，第23页）

毫无疑义，自塔西佗那时起，日耳曼各部落中至少有好几个已有些进步；虽然波动和不断的取代肯定没有停止过，因为入侵已日益普遍、日益紧迫了。

因此，如果我没有弄错的话，正是德国人的观点与我们的观点之间的差异部分地是由此产生的。事实上，四世纪时，在许多日耳曼部落或部落联盟中间，特别是法兰克人和萨克森人那里，已经开始了定居的农业生活；整个民族已不醉心于游牧生活了。它的构成成分并不简单；它并不是一个独特的人种，一个单一的社会状况。我们可以在那里辨认出三类人：第一类，自由人，体面的人或贵族，业主；第二类，利迪（lidi）、利蒂（liti）拉西（lasi）等，或劳动者，为主人种地而依附于土地的人；第三类，真正的奴隶。前两类人的存在明显地表明是一种征服；自由人这一类是征服者民族，他们强迫原居民为他们耕种土地。这种事像后来在罗马帝国领土上那样，孕育了封建制度。这个事实是在各不同地区和不同时期里在德国内部完成的。有时，业主和劳动者——征服者和被征服者——属于不同的种族；有时，领土征服发生在同一种族内部的诸不同部落之间。我们看到高卢人或比利时人的聚居地屈服于日耳曼人的聚居地，日耳曼人的聚居地屈服于斯拉沃尼亚人的聚居地，斯拉沃尼亚人的聚居地屈服于日耳曼人的聚居地，日耳曼人的聚居地屈服于日耳曼人的聚居地。征服一般是小规模地进行的，而且还有许多盛衰和变迁；但这种事实本身是无可争辩的。塔西佗书

中的许多段落明确地说明了这一点，他说：

> “奴隶们一般并不像罗马的做法那样被安排在家庭事务的几种工作中。他们每个人都有单独的住处或家……。主人把他看作一个必须通过地租的方式提供一定数量谷物、牲畜或衣服的土地依附者……。用鞭子处罚奴隶、给他戴上铁链，或罚他做苦工，这些都是不常有的事；他们有时也杀死奴隶，那不是由于他们的严厉或由于触犯纪律，而是由于强暴和原始的行动，像他们杀死‘一个敌人’一样。”(同上书，第25章)

谁在这段描述中辨认不出这块土地上屈服于征服者的那些原居民呵。[①]

征服者至少在最初时期都不耕种土地。他们都享受征服的果实——有时沉湎于逸乐，有时则狂热地跳起来要去打仗、打猎或干冒险的事儿。有些人则有某种远征引诱着他们；所有的人都不是属于同一种爱好的——他们都走不到一块去；一部分人跟着某个著名的领袖出发；其他人则宁愿留下来守卫他们最初的胜利果实，继续靠原居民的劳动过日子。有冒险精神的人有时满载战利品而归，有时继续进行他们的事业，到远处去征服帝国的某一个地方，也许建立某个王国。汪达尔人、斯维比人、法兰克人、萨克森人就是这样分散开来的；就这样，我们看到这些部族横行于高卢、西班牙、非洲，不列颠，并在那里立定脚跟、创立国家，而同时在德国也老是遇到这同样的一些名字——事实上，这同样的一些人仍在德国生活着、活跃着。他们分成几部分：一部分沉湎于游牧生活；另

① 也可参看第36章和43章。

一部分爱好定居生活,也许仅仅是等着机会或吸引人的事儿让他们也轮流出去干一番事业。

先生们,因此在德国作家的观点与我们的观点之间产生了分歧。他们特别熟悉留在本土并日益醉心于农业定居生活的那部分日耳曼部落;而我们呢,恰恰相反,自然地想到的主要是过游牧生活的侵入西欧的那部分日耳曼部落。像渊博的德国人一样,我们也谈到法兰克人、萨克森人、斯维比人,但谈的并不是同一部分的斯维比人、同一部分的萨克森人、同一部分的法兰克人。我们的研究,我们的话语,几乎总是指越过了莱茵河的那些人,同时我们看到他们在高卢、在西班牙、在不列颠等地出现时都处在游牧帮的状态。德国人的这些断言主要是暗指那些留在德国的萨克森人、斯维比人、法兰克人。诚然,几乎所有古代地方史的有永久价值的著作都表明他们处于征服者民族的地位,但已在某块地方定居下来或快要定居下来,并开始过业主的生活了。这些学者的错误,如果我没有弄错的话,在于把这些著作的典据推到过于遥远的昔日——推到远远早于四世纪——而把定居生活和德国社会生活的稳定归诸一个过早的日期;但是这个错误比起如果是我们犯的来,那要犯得自然得多,而且也不那么重要。

关于古代德国人的规章制度,我将在专门探讨蛮族法律,尤其是萨利克法时详细谈及。目前我只能用少数几句话来描述他们在我们正研究的那个时代里的状况。在那个时候,我们看到在德国人中间已有在罗马帝国覆亡后争夺欧洲的三种制度的三种主要方式的萌芽。我们在那边看到:第一,自由人的议会,他们在那里就公共利益、公众事业和国家的一切重要事务进行辩论;第二,国王们，有的有世袭的称号，有时被授予宗教的身份，另一些则拥有选举的头衔，特别是军事头衔；最后第三，贵族的庇护人的身份，不论是军事领袖对其僚属的庇护人身份，还是业主对其家属和劳动者的庇护人身份，这三种制度，这三种社会组织和统治的方式几乎在入侵前的一切日耳曼部落中都可以看到；但其中没有一个是实在的、有效的。严格说来，并没有什么自由制度、君主制度或贵族制度，而只有与它们有关的原则，它们所由此产生的萌芽。一切事情都听凭个人意志任意摆布。任何时候，国家的议会，或是国王，或是领主要一个人服从，这个人就得同意，否则目无法纪的横暴势力就会强迫他。这就是自由发展，就是个人存在与自由之间的争夺；根本没有公众的权力，没有政府，没有国家。

关于这个时期日耳曼人的精神状态，那是很难估计的。人们一直把这个题目理解为各色各样的饰词。这些饰词对野蛮生活、对原始的独立状态、对发达社会、对天生的纯朴、对科学的启蒙，有的表示钦佩，有的表示反对；但我们没有文献使我们能够估计这些概括的真正本质。可是有大量事实虽确是在我们谈到的那个时代之后发生的，但都十分忠实地显示了那个时代的面貌。其中提供给我们的最能说明蛮族的精神状态资料的无疑是图尔的格列高利所著的《法兰克人史》，这并非因为这位著者把这书作为他的计划的一部分，而是因为他在通常的记叙中详述了大量私人的轶事和家庭生活的琐事，而这些比我们所拥有的任何其他著作都更清楚地给我们展示了他那个时代的习俗、社会部署、精神状态，总之，他那个时代的人。

在这里，我们可以细察并理解这种暴力与欺骗、毫无远见与深思熟虑、忍耐与暴躁的绝妙的混合物，理解这种与某种责任观念、某种淡漠感情的不可摧毁的支配势力混杂在一起的利欲与情欲的利己主义：一言以蔽之，理解那构成野蛮状态的我们精神本质的混沌状态。这样一种事态是很难精确地说明的，因为它既无一般的固定的特征，也没有一个明确的原则，没有一个我们提出后不致一下子就需修改或完全被丢在一边的命题。这是人性，坚强而活跃的人性，但是听任它的不顾一切的倾向的冲动的摆布，听任它的非常不完善的知识、它的支离破碎的思想、它的生活中种种情况和偶然事件的摆布，听任它的时刻变动着的难以捉摸的幻想的摆布的人性。

仅仅借助于少数几部枯燥而残缺不全的编年史，古老诗歌的少数片断和古老法规的少数不相连接的段落是不可能深入研究到这样一个地步，并把它的形象描绘出来的。

先生们，对日耳曼各部落的社会状况和精神状态要得到一个正确概念的话，我知道只有一种方法。那就是把它们与那些现今在地球的不同部分，在北美、在非洲腹地、在亚洲北部、在阿拉伯，几乎仍处于同一文明程度并过着几乎完全相同的生活的那些部落相比。后者已被较仔细地考察和详尽地描述。我们每天可以看到关于他们的新的描述。我们有千百种便利条件来调整和完善我们对它们的想法；我们的想象力经常受到旅行家的叙事文章的冲击，同时也得到纠正。由于细致而批判地看了这些描述，由于比较和分析了各种不同的情况，它们对我们说来好像成了一面镜子，我们可从中看到古代日耳曼人的形象并把它描绘出来。我已进行了这件工作；我已一步步地仿效塔西佗的工作，在我的整个进程中，在航行和旅游中，在历史中，在民诗歌中，在我们所拥有的关于世界各地蛮族部落的一切文献中，寻找类似他所作所描写的那些事实。我要把这个对照的一些主要特色放在你们面前，你们看到了日耳曼人习俗与现代蛮族习俗之间的相似，定会非常吃惊——这种相似有时竟深入到我们想都没有想到去寻找的那些细节里。

1

“退却，如果你后来又回过头来反攻的话，在日耳曼人看来是审慎而不是胆怯。”——《日耳曼尼亚志》，第7节。

1

“我们的战士勿以在前线攻击处于警戒状态的敌人自夸；为此，他们必须以十对百。”——《书信选、美洲的使命》第七卷49页。

“蛮族不以在前线以公开的兵力攻击敌人自夸。……不管 179
他们多么小心谨慎，不管他们多么灵巧熟练，一旦他们的行动被发现，他们认为最聪明的办法就是撤退。”——罗伯逊①，《美洲史》，第二卷，371页；法译本1778年12开版本。

荷马笔下的英雄们，一旦发现自己处于劣势地位，则一有机会便逃跑。

① 我引述罗伯逊是为了使我免于引证他已查证并逐一指出的原文。我是几乎完全相信他的正确性的。

2

“他们的妻子和母亲陪他们到战场，当她们的亲人受伤时，她们就点数每一个伤口，并吮吸伤口里流出的血。她们甚至敢于混在战士队伍里，拿给他们点心和饮料，鼓舞他们的斗志。

据说已溃退的军队由投身到逃兵前面哀求的妇女重新引回去作战。”——同上书，第7、8节。

3

“他们认为，妇女们具有某种神圣的性质，甚至还有预见未来事件的力量；因此常常征求妇女们的意见，而妇女们的意见也常常受到尊重。”——同上书

2

“西伯利亚的通古斯妇女也像他们的丈夫一样出征。她们的待遇同样粗劣。”——梅内尔斯的《女性的历史》，德文本，第一卷，第18、19页。

在636年叙利亚的叶尔穆克战役中，最后一道防线有迪扎的姐姐和惯于使用弓和长矛的阿拉伯妇女们参加……。阿拉伯人曾三次溃不成军，但三次都由于受到妇女们的谴责和拳击而回过头来反攻。”——吉本，《罗马帝国衰亡史》，第十卷，240页。法译本1812年版。

3

“爆发民族战争时，他们总是去请教僧侣和占卜者；有时甚至采用妇女们的意见。”——罗伯逊，《美洲史》，第二卷，第369页。

“尤其是，休伦人特别尊重妇女。”——沙勒沃伊，《加拿大史》，第267、269—287页。

4

“他们对占卜的重视,以及占卜的做法,其实施时所显示的迷信程度是同世界上其他民族一样……人们把一棵果树的树枝砍成许多小段,每一小段上都画出了不同的符号,随意把它们丢在一件白衣服上。如果问题是一个公众关心的悬而未决的问题,那么由高僧来履行仪式;如果只是一件私事,则由族长来主持仪式。他虔诚地两眼朝天,向诸神祈求之后,三次拿起小段树枝,当这些符号接连出现时,他就解释命运的天意。

他们也采用向鸟的鸣声和

“高卢人遇到重大的事总与妇女们商量;他们赞同汉尼拔的意见,即如果迦太基人一定要抱怨高卢人的话,那他们该到高卢妇女面前去抱怨,高卢妇女会给他们当裁判员的。”——Mem. de l’Académ. des Inscrip. XXIV. 374, Memoire de l’Abbé Fenel.

4

“这种用树枝来占卜的占卜方式与东方各地通用的用箭来占卜的占卜方式有某种联系。当突厥人在打败伽色尼人(公元前 1038 年)后在波斯定居下来时,他们在箭上写上各部落和各部落中的各个家族的名字(抽签决定)以及家族中各个成员的名字,以此来选择国王。”——吉本,《罗马帝国衰亡史》,第 XI 卷,第 224 页。

“罗马人、希腊人、大部分美洲蛮族、纳奇兹人、莫克斯人、切奎特人等都知道从鸟的鸣声和飞翔中取得预兆。”——《书信

181

飞翔姿态占卜的办法。"——同上书。第10节。

5

"在德国,国王们是由于出身高贵而被选任国王的;将军们则以其英勇而当选。前者的权力并不是专断的或无限的;后者取得指挥权多半靠战时以身作则,而不是单纯靠他的命令;在作战时有果断而勇敢的精神,身先士卒,就能保证士兵们的服从,因为士兵们都是英勇气概的赞美者。全国人民都对国家重要事务负有责任。君主们和酋长们要赢得人们的重视,与其说是靠什么权威,毋宁说是靠他们的说服力。如果战士们不满意他们的意见,大会就会通过大众的一片喧哗声加以否决。如果这个主张合他们意,他们就挥舞他们的长矛。"——同上书,第7、11节。

6

"他的尊贵就在这里;经常被一大群优秀的青年战士所环

选》,第VII卷,第255页,第VIII卷,第141和264页。

5

"蛮族们在他们自己中间既不知道君主,也不知道国王。据说他们在欧洲有共和国;但这些共和国还没有通达稳定的法律的门路。每个氏族都认为自己是绝对自由的;每个印第安人都相信自己是独立的。但他们知道必须在他们中间形成一个社会,并选出一个他们称为cacique(部落长)的领袖,也就是司令员。要被抬举到这一尊贵地位,就得拿出惊人英勇的证据。"——《书信选》,第VII卷,第133页。

6

"易洛魁人中权力最大的等级是军事首领这个等级……他

绕，这就是他的权力的来源，在和平时期，这就是他的最高的荣耀，在战时，这就是他的最坚强的堡垒。他的名誉也不局限于自己的部落，它还扩展到邻近的部落，而如果他在其追随者的人数和勇敢方面超过了他的对手，那他就成为首要人物。如果在长期和平过程中，一个部落由于懒惰而变弱了，青年人往往会到正在进行战争的另一个部落里去寻找更有生气的生活。新的首领必须显示自己的慷慨；他必须给一个人一匹马，给另一个人一面盾牌，给另一个人一支沾着血的胜利者的长矛；给所有人以丰富的食物和酒。这些是他们唯一的报酬。”——同上书，第13节

7

“当他们手头没有仗要打时，男子们把时光一部分消磨在狩猎上，一部分消磨在懒散和大吃大喝中。在战场上敢冒任何危险的

们首先必须经常打胜仗；经常不忘记追随他们的那些人；他们必须慷慨，必须为他们士兵的利益放弃自己心爱的任何东西。”——关于易洛魁人的回忆录，载于《文学杂录》，第1卷443页。

“军事首领对青年人的影响力的大小决定于他给予他们的多少，决定于他招待的食客的多少。”——《德·蒲庚维尔在加拿大的战役日记》，载于《文学杂录》，第一卷，第488页。

7

“除了一些不足道的小规模的狩猎之外，伊利诺伊人过的是十足的懒散生活。他们在吸烟和谈天中消磨时间，如此而已

183

无畏战士，在和平时往往变成无精打采的懒汉。他把房屋和田地留给妇女们，留给老人和家里其他较弱的人来管理。”——同上书，第15节。

8

“大家知道，日耳曼人是没有正规的城市的，他们甚至不喜欢让他们的房屋彼此毗连。他们居住在高高低低散落在一片小树林、水泉或是一片草地上的
184 一些各自独立的住所里。他们有村庄，但不像我们那样房屋都是互相连着的。他们的每座住宅都是独立的。”——同上书，第16节。

9

“他们几乎是唯一的实行一夫一妻制的蛮族。实际上，他们中间也有几例是多配偶的，可是这并非由于放荡而是由于所处的社会地位。”——同上书，第18

……他们安静地躺在席上，并用睡觉和制造弓弩来消磨时间。至于妇女们，则从早到晚像奴隶似地从事劳动。”——《书信选》，第VII卷，第82—86页，也可参看罗伯逊的《美洲史》，第二卷，第561—570页，注II。

8

“美洲蛮族和科西加山地人的村庄是按照同样方式建造的。他们把房屋造得很分散而且相隔很远，因此，一个五十户人家的村庄有时占地竟达四分之一平方里格。”——沃尔内，《美利坚合众国图册》，第484—486页。

9

“在北美洲蛮族中间，在那些生活资料很缺乏，赡养人口众多的家庭有困难的地区，男子都只有一个妻子。”——罗伯逊《美洲史》，第二卷，第293页。

节。

“虽然莫克斯人(在秘鲁)允许多配偶,但他们有一个以上妻子的人是很少的;他们的贫困不允许他们有一个以上的妻子。”——《书信选》,第 VIII 卷,第 71 页。

“在瓜拉尼人(在巴拉圭)中间,对一般人是不允许有一个以上的配偶的,但酋长可以有两三个妻子”——同上书,261 页。

10

“并不是妻子应给丈夫一份嫁妆,而是丈夫应给新娘一份彩礼;所给的并不是适合于妇女虚荣心的礼物,而是几头牛,一匹饰有华丽的鞍辔的马,一面盾牌、一支长矛和一把刀剑。”——同上书。[①]

10

凡是丈夫购买妻子、妻子成为她丈夫的财产和奴隶的地方,都发生这种事情。“在圭亚那的印第安人中,妇女出嫁时是没有嫁妆的……一个想娶一个印第安妇女的印第安人必须赠送大量礼物给他老丈人,——一只独

① 毫无疑问,日耳曼人是买妻子的:勃艮第人的一条法律说——“任何人如果没有适当的理由要遣散他的妻子,他就得给她一笔相当于他娶她时所付出的钱。”——Tit. XXXIV。东哥特人的国王狄奥多里克在把他的侄女嫁给图林根人的国王赫尔曼弗里德时,通过卡西奥多鲁斯的手,写信给他说:“我们通知你,你的使者们到达时,应准时交给我们套上了配得上王家结婚用的银制马饰的马匹,这是你按照异教徒的风俗娶我们的侄女所应付给我们的代价。”——卡西奥多鲁斯,集注本,第 IV 卷,第 1 页。

直到最近时期,在下萨克森,订婚还被称为 bruakop,也就是 brautkauf(购买未婚妻费)。——阿德隆:《古代日耳曼人史》,第 301 页,注 2。

186

11

这个地区人口虽然稠密，但通奸是难得听到的，一旦被发觉，立刻就会受到丈夫的惩罚。他铰掉他妻子的头发，并把她的亲属集合起来，然后剥掉她的衣服把她逐出家门，穿行整个村子，当着她的父母一边追她一边用鞭子抽打她。——同上书，第19节。

木舟，一些弓和箭，是不够的；他必须为他的未来岳父劳动一年，为他煮饭，为他打猎，为他打鱼等等。妇女在圭亚那人中是真正的财产。”——M.德·玛尔波阿，《寓居圭亚那日记手稿》

“在纳切斯人中，在秘鲁的明格列尔的许多鞑靼部落中，在非洲的许多黑人部落中，都是这样。”——《书信选》，第VII卷，第221页；凯梅爵士的《人类史纲》，第一卷，第184—186页。1774年4开本版。

11

据说，在欧洲移民在群岛定居之前，那边的加勒比人中间从来没有听说过有通奸的事。——凯梅爵士，同上书，第一卷，第207页。

“在北美洲蛮族中间，通奸一般是听凭丈夫处罚的，没有仪式或手续，有时，丈夫狠狠地打自己的妻子，有时，咬掉她的鼻子。”——兰：《在北美洲诸不同蛮族中旅行记》,第177页。亦可参看詹姆斯·阿戴尔的《美洲印第安人史》(英文本1775年),第144页;《文学杂录》,第一卷,第458页。

12

他们的青年人一般是很晚才享受爱的悦乐的,因此,他们在青年时期精力都是充沛的。女孩子们结婚也是不太早的。——同上书,第20节。

12

游牧的蛮族在恋爱问题上的淡漠,经常被谈论。布鲁斯对于阿比西尼亚边境加拉人和上加拉人中间存在的这种情况,印象很深。勒维兰对霍屯督人中存在的这种情况也有很深的印象。"易洛魁人知道并说,利用妇女往往会削弱他们的勇气和力量,如果希望成为雄赳赳的战士,他们就得避免利用妇女,或有节制地利用妇女。"——《关于易洛魁人的研究报告》,载《文学杂录》1,第455页;亦可参看沃尔内《美利坚合众国图册》,第448页;马尔萨斯的《论人口原理》,第一卷,第50页;罗伯逊《美洲史》,第二卷,第237页。

在格陵兰,姑娘要到二十岁才出嫁;北方大多数蛮族也是如

13

母方的舅舅对他的外甥的爱，毫不逊色于外甥的父亲对外甥的爱。有些人认为，这种关系是最密切的和最神圣的亲属关系，因此在需要人质时，人们宁愿要这种亲属关系的人去作人质，因为这是最亲近的对象，也是最可靠的人质。——同上书。

188

14

“人们认为继承自己父母和亲属的宿仇和旧好是一种不可推卸的责任。”——同上书，第21节。

此。——梅内尔斯的《女性的历史》，第一卷，第29页。

13

在纳切斯人中间，“继承当权的酋长的不是酋长的儿子，而是酋长的姊妹的儿子……这种大政方针的根据是他们知道自己的妻子都是行为不检的；他们说，他们深信，大酋长的姊妹的儿子是王族血统，至少是他母亲这边的王族血统。”——《书信选》，第VII，第217页。

在易洛魁人和休伦人中间，酋长这个宝座总是传给他的姑母的、即他的姊妹的儿子，或是他的母方的侄子的。——拉斐多神父的《蛮族的风俗》，第一卷，第73、471页。

14

“每个人都知道，这种特色是一切文明处于幼年期的民族都有的，因为那里公众还没有公开的受保护和惩罚的权力。关于蛮族在复仇方面的这种顽固性，我将只引录一个例子：我觉得它是很惊人的，而且很像图尔的格列高利和其他编年史作者所描述的日耳曼人的情况。

“一个定居在马罗尼河上的部落的横暴而残忍的印第安人刺杀了他同村的一个邻居；为了躲避被害人家属的怒气，他逃到离我们那片沙漠有四里格路的锡马坡定居下来。死者的哥哥毫不停留地追索凶手。他一到锡马坡，头人就问他到这里来干什么。他说，‘我来杀死阿凡拉尼，他杀了我的兄弟。’头人对他说，‘我不能阻挡你。但夜里阿凡拉尼得到了预报，他就带着几个孩子逃了。被害人家属听说他已经离开那里而到靠近阿普罗格河的内地去了，就决定去追他。他说，‘我要杀死他，虽然他逃到葡萄牙人那里去了。’他立刻出发。我们不知他是否已达到了他的目的。”——德·玛尔波阿，《寓居圭亚那日记手稿》。

15

“没有哪儿比他们更慷慨好客的了。闭门拒客被认为是一种罪恶。”——同上书。

15

“一切野蛮民族的殷勤好客是众所周知的。”——参看 Histoire de l'Académie des Inscriptions, III, 41, 摘自 M.西蒙回忆录和许多旅行家的描述。

16

“一个日耳曼人对他收到的礼物感到高兴;但在送礼物时,他从没有施恩望报之心,也没有受施必报之念。”——同上书。

16

“在美洲蛮族那里,也是如此;他们送礼和收到礼物时都是很高兴的,但他们从不想到说声谢谢,也绝不会接受任何谢意。加利比人说,‘如果你给我这件东西,这是因为你不需要它。’”——沃勃雷:《法属圭亚那植物史》,第二卷,第110页。

17

“日日夜夜地酗酒,对谁都不是一种不光彩的事。”——同上书,第22节。

17

“野蛮民族对酒和烈性饮料的爱好是众所周知的;圭亚那的印第安人为了得到酒,往往不惜跋涉长途;德·玛尔波阿先生问其中一个住在锡马坡聚居区的印第安人,他们到哪里去,那人回答说:去喝酒,就像我们农民说:收葡萄去,赶集

18

“他们只有一种公开表演的场面；年轻人在刀和标枪指着他们的胸部的情况下赤身裸体地跳着舞。”——同上书，第 24 节。

19

“他们嗜赌到这样狂热的程度，当一切东西都输光时，他们就把自己的自由作为最后的赌注。”——同上书。

20

他们打扮自己，这并不是为了要在恋爱方面取得成功，或是取悦于人，而是为了使自己有一个庞大而可怕的形象去迎击敌人。——同上书，第 38 节。

去。”——德·玛尔波阿，《寓居圭亚那日记手稿》。

18

“北美蛮族的舞蹈中丝毫没有爱情的东西；他们的舞蹈仅仅是好战的舞蹈。”——罗伯逊，《美洲史》，第二卷，459—461 页。

19

“这些美洲人用他们的皮裘、家具、衣服、武器作赌注来赌，当所有的东西都输光时，我们常常看到他们拿自己的自由来作孤注之一掷。——罗伯逊，《美洲史》，第二卷，463 页。

20

“易洛魁人喜欢用油漆等涂料涂抹自己的脸，这是为了使自己有一种可怕的神气，他们希望以此来威吓他们的敌人；他们出征时把自己全身涂黑，也是为了这个原因。”——《文学杂录》，第一卷，第 472 页。

21

“他们男子一到成年期，就把发须蓄起来，直到他们杀死了一个敌人。”——同上书，第31节。

21

印第安人一到二十周岁就把头发蓄起来。——《书信选》，第VII卷，第261页。

在美洲人中间十分普通的剥下敌人的头皮盖或去掉其头发的风俗，在日耳曼人中间也实行着：这是西哥特人法律中提到的剥头皮；按照富尔达的编年史，这也就是法兰克人在879年前后仍在使用的capillos et cutem detrahere；也就是盎格鲁萨克森人的hettinan等等。——阿德隆，《古代日耳曼人史》，第303页。

先生们，这里就有这么多的引文；我还可以大大地扩大它们的数量，我几乎总可以在塔西佗的关于日耳曼人的最不重要的断言旁边放上某一现代旅行家或史学家所作的关于目前分布在地球表面的某一蛮族部落的类似的断言。

你们知道，符合古代日耳曼社会状况的是怎样一种社会状况，那么，我们必须把那些常被引述的华丽的描写看作什么呢？我们恰恰应该把库珀写的那些传奇看作是反映北美蛮族生活状况和风俗习惯的图画。毫无疑问，在这些传奇中，在德国人想在其描述其野蛮祖先的某些著作中，有着对某些地方、某些时期蛮族社会与生活的十分生动而真切的理解——例如，关于它的独立性；关于它兼有的活跃与懒惰；关于人们用以克服物质的自然界所加予他的困难与危险的灵巧的能力；关于他的情欲的单调的横暴等等。但是描绘的图景是非常不完全的——甚至它所要描绘的真相往往因此而被大大地歪曲。因此，库珀在写到莫希干人或特拉华人，德国作家在描述古代日耳曼人时，竟会把他们笔下的一切事物都蒙上一层诗的外衣——在他们的笔下，蛮族生活中的感情和环境都被提高到理想的状态——而这一切都是非常自然的，而且我欣然承认，这是非常合理的：理想是诗的精髓——历史本身就偏袒它的；也许它就是人们所能用以描述远去的时代的唯一的方式。但理想也必须是真实的、完全的和和谐的；它不在于任意地、异想天开地隐瞒它所符合的大部分真实情况。毫无疑义，佩有荷马的名字的诗歌成为希腊社会的一幅理想的图画；虽然如此，其中的社会被描述得很完整，既有其风俗的质朴和凶残，又有其感情的粗鲁直率，以及它的善的感情和恶的情欲，丝毫没有想要特别引出或歌颂它的如此这般的功绩和优点，或是隐瞒它的缺点和弊病。

这种善与恶、强与弱相混合的情况，这种诸多决然相反的思想感情的共存的情况——人类无情和人类命运的这种千变万化、这种支离破碎，这种不平等的发展——恰恰是诗歌中最多的情况，因为通过它我们可以看到一切事物的底蕴，它是关于人类和世界的真理；而在诗歌、传奇甚至历史所形成的这些理想的图画中，应能找到这个如此千变万化但又和谐的整体，因为如果没有它，那就会没有真正的理想，也没有真实。我所谈到的这些作家所常犯的正

是这种错误；他们所描绘的关于蛮人和蛮人生活的图画，基本上是不完全的、拘泥于形式的、做作的，且又缺乏纯朴与和谐。人们往往设想自己了解这些具有情节剧特点的未开化的蛮族，他们出现在观众的眼前，显示他们的独立性、他们的能力、他们的技巧以及他们性格和命运中的某一部分；而观众呢，虽然一上来很要看，但终因兴奋而精疲力竭，他们感到有兴趣的仍然是那些完全不同于他们所过的生活和他们所处的社会的那些品质和惊险的奇遇。先生们，我不知道你们是不是像我一样，对我们时代想象力的这些缺点感到吃惊。整个说来，我觉得它缺乏天然、灵巧、方便和宽广；它对于一切还处于原始的真实状态的事物，不能采取一种既有宏观又有微观的看法；它演戏似地安排它们，同时借口使他们理想化而把它们弄成多面型的。诚然，在这些现代人对古日耳曼人风俗习惯的描述中，我看到了原始风尚的一些分散的特征；但我从中丝毫也看不到整个蛮族社会的面貌。

先生们，如果我必须把我对入侵前日耳曼人的状况所说过的话加以总结的话，我承认，我是感到有些为难的。我们在那里看不到任何可以分离出来明白地展示给人们看的作了精确说明的民族特性；看不到任何已达到了发达的程度或已能以决定的形式展示出来的事实、思想概念和感情；这就是一切事物的摇篮时代，社会和道德状况的摇篮时代，一切制度设施、各种关系和人类本身的摇篮时代；任何事物都是粗糙而纷乱的。可是，有两点我想是应该引起你们注意的：

第一，在现代文明开始的时候，日耳曼人通过其从德国带来的典章制度对现代文明发生的影响，远远小于通过其在罗马世界中所处的地位对现代文明发生的影响。他们已征服罗马世界：他们至少是在他们已经站稳脚跟的地方的全体居民的主人。征服后出现的社会，与其说是从古代日耳曼习俗中产生出来的，倒不如说是从这一处境，即从征服者与被征服者相处的新生活中产生出来的。

第二，日耳曼人带入罗马世界的主要是个人自由的精神、对独立和个性的需要和热爱。严格地说，在古代德国，不存在任何国家权力和宗教权力；在这个社会里唯一实在的权力、唯一坚强而活跃的权力是人的意志，每个人做他愿意做的事，由他自己承担一切风险。

关于势力的制度，即关于个人自由的制度，归根到底是关于日耳曼人社会地位的制度。通过这种制度，他们的势力在现代世界上变得十分强大。有些非常普通的措辞往往十分近于不正确，因此我不喜欢冒险去使用它。虽然如此，如果有绝对必要用少数几句话来说明我们文化的各种因素中最主要的特色的话，那我要说，讲究合法的精神、讲究正常的联系的精神都是从罗马世界、从罗马各自治城市和法典中来到我们这里的。我们应把崇尚道德、崇尚感情、让法规处于绝对统治地位、制订道德法规、规定人与人的相互责任的精神，归功于基督教和宗教社会。日耳曼人把自由的精神，把我们想象中的自由的精神赋予我们，并在今天把它了解为每个个人的权利和财产，而每个个人则都是他的自身、自己的行动和自己的命运的主人，只要他不损害其他个人。先生们，这是一个具有普遍重要性的事实，因为它是一切过去的文化所不知道的：在古代各共和国里，国家权力处理一切事物；个人都为平民百姓牺牲。在宗教原则占统治地位的各社会中，信教者属于他的上帝，不属于

他本人。因此,直到现在,人总是被同化于教会和国家。只有在现代的欧洲,人才为自己并按照自己的方式活着并谋求自己的发展,当然毫无疑义也不断地担负着越来越重的辛劳和责任,但他看到自己的目标和权利就在自己身上。我们必须把我们文化的这个显著的特征归溯到日耳曼人的风俗习惯上去。在现代的欧洲,自由的基本概念是从它的征服者那里得来的。

第　八　讲

本讲的目的——六世纪后半世纪高卢状况的描述——日耳曼人入侵的真正的性质——在这个问题上犯错误的原因——罗马社会的解体：1.在乡村地区；2.在城镇里，虽然程度较低——日耳曼社会的解体：1.移民聚居地或部落的解体；2.作战队伍的解散——新的社会阶层的诸成分：1.开始时的特权阶层的诸成分；2.开始时的封建制度的诸成分；3.入侵后教会的诸成分——总结

先生们，我们现在已掌握了法国文明的两个原始的、基本因素；我们已研究了一方面罗马文明、另一方面日耳曼社会，它们本身以及它们并存之前的情况。让我们设法弄明白，当它们碰在一起时发生了什么事和它们是怎样互相混杂的；这就是说，来叙述一下日耳曼人大举入侵和定居之后高卢的情况。

我想给这一叙述指定一个相当精确的日期，并预先告诉你们，它专属于哪一个时期和哪一个地区。做这项工作困难是很大的。在这一时期，各种事物和思想都很混乱，以致大部分事实都是毫无秩序、也无日期地留传给我们的，特别是那些与典章制度、与各不同阶级的关系，一句话，与社会状况有关的那些一般性的事实。这些事实，本质上都是极不明白、极不精确。它们在当代的一些不朽巨著中不是被删略了便是被奇特地混淆了。我们每一步都必须猜

测并恢复它们的年代。幸而，在这一时代，这种年代的正确性，比起任何其他年代来，不很重要。毫无疑问。在六世纪与八世纪之间，高卢的情况一定已经发生变化；人与人的关系、典章制度和风俗习惯一定已有变化；可是，要比我们可能会相信的少一些。这种混乱是极度的混乱，而且基本上是停滞的。当一切事物都被搞得杂乱无章并被混淆到这个地步时，要把它解开来并重新整理好，就需要花费许多时间；使每一个成分恢复到它自己的地位，重新进入正确的道路，重新处于支配其发展的特殊原则的指导之下，都需要许多时间。当蛮族在罗马土地上定居下来之后，一些事件和一些人有好长一段时间都在这同一个圈子里转来转去，成为比渐进更猛烈的运动的一种牺牲品。因此，从六世纪到八世纪，高卢的情况变化不大，一般事实的精确的年代，比起我们根据间隔时间的长短可能会自然地作出的假定就不那么重要了。虽然如此，我们还是要在某种范围内努力去确定我们现在正在探索的这图景的年代。

确实占领高卢的日耳曼人是勃艮第人、西哥特人和法兰克人。其他许多种人，其他许多汪达尔人的、阿兰人的、斯维比人的、萨克森人的单独的部队在整个高卢土地上游荡；但其中有些只是过境，其余的都很快就被高卢所同化；这些都是在历史上毫不重要的部分入侵。算得上是我们的祖先的只有勃艮第人、西哥特人和法兰克人。勃艮第人在406年至413年之间才终于明确地在高卢定居下来；他们占据了汝拉山脉、索恩河和迪朗斯河之间的地区；里昂是他们的统治中心。西哥特人在412至450年之间，把自己的势力扩展到罗纳河一带，甚至越过了罗纳河的左岸，到了迪朗斯河以南、卢瓦河和比利牛斯山一带：他们的国王驻跸在图卢兹。法兰克人在481至500年之间进军高卢北部，而在莱茵河、埃斯考河和卢瓦河之间（不包括布列塔尼和诺曼底西部）定居下来；克洛维把苏瓦松和巴黎作为他的首都。这样，到五世纪末叶日耳曼的三大部族占领高卢领土已成定局。

高卢的各个地区在这三个民族的统治之下的情况并不是完全一样的。它们之间有显著的差别。法兰克人比勃艮第人和哥特人更有外来的质性，更富于日耳曼素质，也更野蛮些。后面这两个民族，在侵入高卢以前，早已和罗马人有种关系；他们都居住在东罗马帝国，在意大利；他们很熟悉罗马的生活方式和居民情况。勃艮第人也可以这样说。此外，这两个民族早已成为基督教信徒。与此相反，法兰克人从德国来到这里时，还处于异教徒和敌人的状况。他们所占领的那部分高卢，深深地感觉到这种差异，这在奥古斯丁·梯耶里先生的《法国史信札》的第七部中已有真实而生动的描述[①]。可是，我却认为这还没有一般所说的那么重要。如果我没有弄错的话，罗马的各个部分之间的差别还比征服它们的各个民族之间差别大些。你们已经看到，高卢南部远比高卢北部文明，人口、城镇、纪念物和道路等也远为稠密。如果西哥特人到达时处于与法兰克人同样的野蛮状态，那么，纳尔榜南西斯高卢和阿基坦尼亚，他们的原始风尚远难被人看到，而且也远为无力；罗马文明将更快地同化它们，改变它们。我相信，这就是所发生的事。三个征服所带来的不同的结果，与其说是征服者的不同所造成的，毋宁说是被征服者的不同所造成的。

① 第二版，第81—114页。

此外，这种只要我们对事物仅有一种非常普通的看法就能感觉到的差别，当我们更深入研究社会时，就会变得黯然失色，或者至少很难看出。人们可能会说，法兰克人比西哥特人更野蛮。但是，既然有人这样说，我们就必须停下来研究。这两个民族之间明确的差异在哪里呢，在典章制度上、在思想上、还是在各阶级的关系上呢？任何精确的记载都没有对此问题作出回答。

最后，高卢各行省情况之差异，至少那种可诿诸其主人的差异，不久就消失了，或是大大地减少了。534 年前后，勃艮第人所占的地区沦于法兰克人控制之下；507 年至 542 年间，西哥特人所占的地区也几乎落入了同样的命运。六世纪中叶，法兰克人在整个高卢扩展势力，并取得了统治权。西哥特人仍然保有朗格多克的一部分地区，并仍阻止别人占有比利牛斯山脚下的某些城镇；但正确地说来，除布列塔尼之外，整个高卢如果没有被法兰克人所控制，至少也已受到它的蹂躏。

我想让你们熟悉的正是这个时期的高卢。我现在尽力去叙述的正是六世纪下半叶前后的高卢情况，首先是法兰克人高卢的情况。想给这段叙述指定一个比较精确的日期的任何企图都是徒然的，并能产生许多错误。毫无疑义，在这个时期里，高卢各行省的情况仍有许多不同之处，但我不想作进一步的估计，而仅满足于告诉你们存在着这种差异。

先生们，我觉得人们在关于蛮族入侵与其影响的广度和迅速程度上给自己形成了一个非常错误的概念。你们在阅读有关这个问题的书时，往往遇到“洪水泛滥”、“地震”、“大火灾”等字样。这些都是人们用来塑造这场革命的形象的词儿，我认为它们是骗人的，靠不住的，因为它们丝毫不能体现所发生的这一入侵的风度，也不能反映其直接结果。夸张是人类语言的天性。这种词儿表达人们从各种事实得到的印象而不表达事实本身。各种事实都是人们通过自己的头脑并根据他们得到的印象而描述和命名的。但印象绝不是事实的完全而忠实的肖像。首先，它是有个性的，而事实则否；大事件，如外国人的入侵，都是由那些亲身受到其影响的人叙述的，他们有的以受害者的身份，有的以行动者的身份，有的以旁观者的身份来叙述：他们按照看到的来叙述这个大事件；他们根据他已经知道或经受过的来刻画它。看见过自己的屋子或自己村庄被焚毁的人大概会把入侵叫作一场大火灾；另一些人的思想里又把它看作一场大水灾或是一场大地震。这些映象都是真实的，但它是这样一种真实，如果我可以这样来表达自己的意思的话，这种真实是充满着偏见和私心的真实；它们复制了某些少数人的印象；它们既不表明事实的整个面貌，也不表明使整个地区的人得到深刻印象的那种模样。

此外，这就是人类心灵天生的诗意，它从各种事实得到的印象都比这些事实本身更有生气、更为伟大；扩大它们、抬高它们是它的癖好；它们赞成它的仅仅是它所塑造和形成的事物，一个它能在其身上发挥自己并从中汲取营养，或可以在上面展开实际上不存在的美和印象的话题。因此，一个双重的相反的原因使语言充满了错觉；根据唯物的观点，事实大于人，而人看到和描述的事实也仅仅是他亲身目击的那些事实；根据道德的观点，人大于事实，而人在描写它们时，他往往把自己的某些伟大之处赋予它们。

先生们，这是我们在研究历史，特别是阅读现代文献时绝不可忘记的。它们往往既不完全,又多夸张;它们有的地方略而不谈,有的地方又引申详述:我们必须经常怀疑它们给予我们的印象,因为这些印象不是过于狭隘,便是过多诗意;我们必须加以取舍。这种双重的错误没有哪儿比在关于日耳曼入侵的记事文中表现得更厉害的了。叙述日耳曼入侵时所用的字句丝毫不能反映入侵的真相。

先生们,入侵,或更确切地说,各次入侵,基本上都是一些局部的、限于一个地方的、时间很短暂的事件。到达的一支队伍,其人数通常都远不是很多的。那些创立王国的最强大的部队,例如克洛维率领的这一支队伍,仅有五千至六千人。整个勃艮第民族不超过六万人。它迅速地蹂躏了一块面积不大的地方;劫掠了某一地区;进攻了某一城市,有时携带着战利品而撤退,有时在某处定居下来,总是小心翼翼地不使自己分散过甚。先生们,我们知道,这种事件都是十分轻易地完成,又是十分迅速地消失的。房屋被烧了,田地被搞得荒芜了,农作物被拿走了,人被杀了或是被带去作为俘虏:所有这一切祸害都过去了,几天之后,海浪停止澎湃,漪涟也平静下来,个人的苦难也被忘却,社会至少在表面上恢复它原来的状态。这就是四世纪时在高卢发生的事情的实际情况。

但我们也知道,人类社会,即我们称之为民族的那个社会,并不是一些孤立而瞬息即逝的事实的简单的并列:如果它仅仅是这样的话,则蛮族的入侵绝不会产生那个时代的文献所描述的印象。在很长的一段时间里,被入侵的地区和受害的人数远远少于幸免于难的人数。但每个人的社会生活绝不是集中在作为其活动场所的有形的空间的,也不是集中在瞬息即逝的一个短时期内的;它扩展到他的世上各不同地点所缔结的一切关系上,不仅扩展到已经缔结的那些关系上，而且也扩展到他可能缔结的那些关系上，或能够设想有这种缔结的可能性的那些关系上；它不仅包括现在，而且也包括未来；人生活在他并未住过的千万块地方，生活在现在尚未到来的千万个时刻里；如果他生活的这种发展被人从他那里切断了，如果他不得不把自己局限于自己的有形的实际存在的狭隘的范围之内，在空间和时间方面把自己孤立起来，那么社会生活就会弄得残缺不全，社会也不再存在了。

这是入侵的结果，那些野蛮的游牧部落的出现所造成的结果，诚然，这在时间上是短暂的，在地域上是有限的，但它无休止地在任何可能的地方老是急迫地再生出来：它们首先破坏了各不同地区之间的一切有秩序的、日常和通畅的通信联系；第二，它破坏了一切安全感，一切未来的可靠的前景；它们打断了使同一块地区的居民团结在一起、使过着这同一种生活的各种要素结合在一起的纽带。在许多地方，在好多年里，国家的外貌可能仍无变化；但社会组织已受到了冲击，其成员已不再紧紧团结在一起，筋肉已不再伸缩自如，血液已不再在血管里自由或稳当地循环：疾病有时在这一地方出现，有时在另一个地方出现：一座桥被毁坏了，一条路弄得不能通行了，一个城市被抢劫了，某一种交通联系被阻断了；某一地区的土地不可能耕种了；总之，有机的和谐和社会躯体的一般的活动，每天都受到束缚和困扰；解体和瘫痪的现象每天都有某种新的进展。

罗马社会就这样在高卢被摧毁了，真正被摧毁了；并不像一块谷地被洪流所淹没，而是像最坚实的躯体被某种外来物质的不断渗入所瓦解。在国家的一切成员之间，在每个人生活的一切要素

之间，蛮族人都不断地挤进去。我最近想描绘给你们看，罗马帝国是如何解体的，它的主人们如何发现自己已不可能把各不同地区结合在一起，而帝国的行政机关又如何由于不能抵抗那庞大躯体的解体而不得不自动地从不列颠、从高卢撤退。在帝国里发生的事也同样在各行省发生；当帝国瓦解时，各行省也都解散了；各行政区、各市镇都各自解散并恢复到某种局部的孤立的存在状态。入侵在任何地方都以同样的方式起着作用，并在任何地方产生同样的结果。罗马费了好大力量建立起来的、使它能把世界各不同地区结合在一起的一切纽带，那行政的、税收的、征募的、公共工程的、道路的庞大体系都不能支撑自己。它除了能以某种孤立的、局部的状态继续存在的一些机构即自治市机构的残骸以外，一切都荡然无存了。居民们都把自己禁闭在市镇里，在那里，他们几乎像他们过去所做的那样，由同样的那些机构，以同样的权力管理着他们自己。千百种情况证实这种城镇是一浓缩的社会；这里是一个不大为人注意的一个浓缩的社会。在罗马行政体制下，在政治舞台上担任各种职务的是各行省的总督、执政官、惩治者、州长等，他们在各种法规和历史中不断地一再出现；但在六世纪时，他们的名字就很少看见了；诚然，我们仍能遇到一些被委以治理各行省的重任的公爵和伯爵们；蛮族国君们力图继承罗马的行政体制，保存同样的一些官员，让他们循着同样的渠道行使职权；但他们只是很不完全地取得了一些成就，并且还带来了很大的混乱；他们的公爵们与其说是行政长官，还不如说是军事领袖；十分明显，各行省的总督已不再具有同样的重要性，也不再起同样的作用；各城镇的行政长官现在在历史中并不罕见。这些伯爵中的大多数，如国王希尔

佩里克、贡特朗和提奥德贝尔特的伯爵们(图尔的格列高利叙述过他们的强征勒索的行径),都是一些管理城镇的伯爵,他们都定居在所辖城镇的城墙之内,在他们的主教的旁边。如果我说,行省已经消失,那是我夸张了,但行省确已日渐瓦解,毫不坚实,几乎完全没有一些现实性。市镇,罗马世界的这种原始细胞,几乎都孤单单地残存于其废墟中。乡村地区已成为蛮族的战利品,他们把他们自己的人都安置在那里,他们还准备在那里逐步实施全新的规章制度和新的组织,但直到那时,乡村地区在社会中几乎不占什么地位,它们仅仅是一些游览、抢劫和产生种种苦难的场所。

甚至在城镇里,古老的社会也远不能保持其强大和完整。在入侵部队调动时,城镇首先被看作堡垒,居民们把自己关在城镇里,以躲避劫掠乡村的游牧部落。当蛮族的移民稍稍减少、而新的人民已在这块土地上安顿下来时,城镇仍然是堡垒,他们虽已无须防御游牧部落,但他们还须防御他们的邻人,防御周围地区贪婪而凶暴的占有者。因此,在这些脆弱的壁垒后面几乎没有什么安全可言。城镇无疑是居民和劳动的中心,但要有某些条件,这些条件就是,一方面要有乡村居民为他们耕种土地,另一方面要有通达四方而活跃的商业来消费城镇劳动力所生产的产品。如果农业和商业都衰落,城镇必然会衰落;它们的繁荣和它们的实力绝不是彼此孤立的。现在你们已经知道,高卢的各乡村地区在六世纪时已沦于怎样一个境地。各个城镇果然能逃避一时,但日复一日祸害好像就要征服它们。最后,它果真征服了它们,而且很快帝国的这最后一块残骸似乎便由于这种弱点而被击破,并成为这种解体过程的牺牲品。

在六世纪时,这些就是蛮族入侵和蛮族定居对罗马社会的一般影响;这就是他们给它造成的状况。现在我们要问,考虑到近代文明的第二个要素,即德国社会本身,这些事实的后果是什么呢?

在对此问题所进行的大多数研究中,存在着一个很大的错误。已在德国被人研究过的日耳曼人的各种规章制度,这时被原封不动地装在日耳曼人的列车里运入了高卢。有人认为日耳曼社会的状况在征服之后与征服之前几乎完全一样;也有人在论证征服的影响及其在近代文明的发展中所起的作用时,根据这个假设进行推理。再也没有比这更错误更有欺骗性的了。日耳曼社会由于入侵而发生的变化、所受到的损伤以及被融化的程度都不亚于罗马社会。在这场大动乱中,留给双方的都仅仅是一堆残骸;征服者的社会组织也像被征服者的社会组织一样被消灭了。

在德国,存在着两个社会——它们实际上也许是相似的,而不
206 是像一般认为的那样截然不同。第一个社会是侨居地或部族的社会,它倾向于定居生活,在一块有限的土地上靠劳工和奴隶耕种土地来生活。第二个社会是偶然集合在某一著名领袖的周围过着游牧生活的战斗的游牧部落的社会。这显然是我已叙述过的那些事实所造成的。

那些我已说过的由现代德国人作的关于古代日耳曼人状况的描述,在某种程度上适用于这两种社会中的第一种,即部族社会。事实上,当一个部落(其人数也像一切部落一样的少)占据了一块不大的领土,同时,每一个氏族的族长都已在自己的领地上安顿下来时,这些作家所描述的社会组织很可能就已在其人民中间存在了,即使不是完全地有效地,至少已大致上存在着。各领主、各氏族族长的议会决定一切事务；各个游牧部落都有自己的议会，并由自由人在老年人的指导之下执行公正的赏罚；某种公共政治组织可能已在诸联合的游牧部落中间产生出来；当时各种自由的机构和制度还处于各民族婴幼时期的状态。

战斗队的组织是截然不同的；在其中起主要作用的是另一种原则，即酋长庇护原则、贵族庇护原则和军事服从原则。我利用最后这些词儿时深感抱歉，它们不太适合于蛮族游牧部落；然而，不管是何等样野蛮的人，在酋长与其战士之间必然已产生了某种纪律；而在这种情况下，肯定比那些不是以战争为目的的团体存在着更多专断的权力、更多强制的服从。因此，日耳曼的战斗队里含有部落里所没有的某种政治因素。可是同时，它的自由是很大的：没有一个人是违反自己意志而在其中从事各种工作的。日耳曼人是天生在自己部落之内的，因此他所属的工作职位并不是他自己选择的；而战士可选择自己的首领和自己的同伴，并只承担他自己愿意干的工作。此外，在战斗队内部，首领与其部属之间的不平等并不是很大的，除了体力、技能和勇气等天生的不平等之外，没有其他的不平等；这样一种天生的不平等后来渐渐结出大量果实，但这些后果在社会初始时期仅在很狭隘的范围内显示自己的力量。虽然首领得到战利品中最大的份额，虽然他拥有更多的马匹和更多的武器，但他在财产方面并不比他的同伴拥有更高的权力，以致能不经同伴的同意而自由处置这些财富；每个战士都是以自己的力量和勇气参加战斗队的，相互之间很少差别，而愿意时可以自由离开队伍。

两个原始的日耳曼社会的情况就是如此：通过入侵这个事实，

它们发生了什么变化？它必然使它们发生了什么变化？仅仅弄明白了这个问题，我们就能知道日耳曼社会移植到罗马土地上之后的实际情况。

先生们，日耳曼人入侵的有代表性的事实和重大的成果是他们改变到领主的生活状况，终止游牧生活并最后确立了农耕生活。

这一事实是逐渐地、缓慢地、不均衡地完成的；游牧生活在高卢继续了好长一段时间，至少对多数日耳曼人说来是如此。然而当我们估量了所有这些延迟和混乱后，我们看到，到头来征服者成了领主并依附于土地上，土地财产成了新的社会地位的基本要素。

单单这一事实对战斗队和部落的整顿管理有什么重大关系呢？

关于部落，先生们，请回忆一下我讲过的关于它在德国安置领土的方式以及建设和处置乡村的方式。那时，人口并没有减少；每个氏族、每个居民区都是孤立的，四周围着一片耕地。只有这样的文化程度的那些民族就是这样安排自己的生活的，即使他们过上定居生活时也是如此。

当部落迁移到高卢土地上时，各居民区更加分散了；各氏族的族长们的住宅相隔的距离更大得多；他们都占有很大一片领地；他们的宅邸后来都成为城堡。城堡四周的乡村里所居住的已不再是与他们平等的自由民，而是依附于他们的土地上的劳工，因此，就其物质关系而论，部落已由于其新的设施这一实际情况而渐渐融化掉了。

你们可以很容易地猜测到这一变化将对它的种种制度产生什么影响。一切问题都可以在里面进行辩论的自由人的议会，现在召集起来比以前困难得多了。当他们都住得相隔很近时，无须任何伟大的艺术或聪明的结合办法，就可以使他们共同来讨论他们的事务；但当居民们都住得很分散的时候，要使自由组织制度的原则和形式仍然适用，那就需要社会有很大的发展，需要有种种财富、智慧，总之，需要有千百种事物，而这正是突然转移到一块比它以前所占据的广阔得多的土地上来的日耳曼游牧部落所缺乏的东西。因此过去在德国安排其生活的那种制度现在应该消亡了。我们在翻阅大多数古代日耳曼法律——阿勒曼人的、博伊人的和法兰克人的法律——时看到，各个地区的自由人的集会原来是十分频繁地举行的，起初是每星期，后来是每月举行一次。一切问题都拿到大会上来讨论；一切判决都在那里作出，不仅有刑事判决，也有民事判决：几乎关于国民生活的一切法令条例都是在大会上制定的，例如销售条例、捐赠条例等等。可是一旦部落在高卢地方定居下来，会议就很少举行而且也难以举行，困难得甚至必须使用武力来使自由人出席会议：这是许多法令的目的。如果你突然从六世纪翻到八世纪中叶时，你会看到，在这最后一个时期里，每个郡县一年只举行三次自由人大会：而且，像查理曼的某些法律所证明的那样，这些会议都不是定期举行的。[1]

如果还需要其他证据的话，这里就有一个值得注意的证据。当大会频繁地举行时，自由人都用 rachimburgi，arhimanni，boni-homines 的名义，并以各种形式对各种事务作出决定。如果他们不再出席会议，那遇到紧急情况时就得设法填补他们的位子；因此

① 参阅我所著的《法国史论文集》，第 258、266、271 页。

我们看到，在八世纪末，自由人在司法职能方面已被常设的法官所代替。scabini 或查理曼的地方行政长官是正规的法官。在每个郡里，由伯爵或其他地方行政长官指定五个、七个或九个自由人负责出席郡的会议，对各种诉讼案件进行裁决。各种原始的设施制度往往渐渐会变成行不通的，审判权就从人民手中转入行政长官之手。

这就是日耳曼社会的第一要素，即移民队或部落，在入侵后并在其影响下所陷入的状况。从政治上来说，这就是瓦解，正像罗马社会所发生过的那样。至于战斗队，各种事情都是循着另一途径并以一种不同的形式完成自己的使命的，但其结果也完全一样。

如果一个战斗队到达任何一处地方，并占据了这块土地或其一部分，我们切不可认为这一占领是有计划地进行的，或是这块土地被分成许多小块，每个战士按其重要程度和地位高低取得一份。实际上战斗队的首领或合并进战斗队里的各个首领，都把大片领土拨给自己。追随他们的大部分战士继续住在他们周围，和他们在一起，并吃他们的饭过日子，可是并不拥有任何专属于自己的财产。战斗队并不融解成为许多独立的个体各自成为一个业主；最重要的战士几乎都是单独进入这种新的处境的。如果他们分散开来，每个人都在一小块土地上安家落户，那在原居民的包围中他们的安全很快就会受到威胁；所以他们仍然必须成群地团结在一起。此外，野蛮人的种种乐趣，如赌博、狩猎、饮宴等，只有依靠共同生活才能存在。他们怎么能让自己孤独地生活呢？孤独只有处于工作的条件下才是可以忍受的；人不能无所事事而又单独地活着。野蛮人既然基本上是闲着的，因此他们需要生活在一起，许多伙伴都耽在他们的首领的身边，在他的领地上过着几乎与他们以往跟着他跑时完全一样的生活。但从这里产生了新的情况，即他们的相对地位完全改变了。不久，他们之间产生出了异常的不平等：他们的不平等已不复在于某种个人体力或勇气上的不同，或是分享到的牛羊、奴隶或珍贵物品数量的不同。首领已成为一个大领主，控制着许多行使权力的手段；其他的人则依然是单纯的战士；财产观念在人们的心中越是根深蒂固、越是发展，不平等与其结果也越是发展。在这个时期里，我们看到大量自由人逐渐沦于非常卑微的地位。各种法律经常谈到自由人、经常谈到生活在别人的土地上并几乎降低到劳工地位的法兰克人。[①] 被视为一种特殊社会的战斗队原来基于两个事实上——1.战士们为了共同过游牧生活而自愿结合在一起，2.他们之间的平等关系。作为入侵的结果，这两个事实都消失了。一方面，游牧生活终止了，另一方面，在过着定居生活的战士中间产生出了不平等，并日益增长。

入侵后三个世纪中土地之逐渐被分割成小块也并没有改变这种结果。你们中没有一个人没有听到过关于封地的事吧，就是国王或是据有大片土地的大首领把一部分土地分配给他手下的人，为的是把他们牢牢地束缚在他们的劳役上，或是酬答他们的辛劳。这种做法，一天一天发展，就在战斗队的残存的东西上产生出了那些类似我已给你们指出的结果。一方面，得到首领赐予的封地的战士离开战斗队，住到封地上去——这是造成孤立和个性的一个新的原因；另一方面，这个战士通常都有一定数量的人跟着他；或

① 《法国史论文集》，第109—111页。

是他找到了一些愿意和他一起住在他的领地上的人；这是不平等的一个新的原因。这些就是入侵对两个古代日耳曼社会，即对部落和战斗队的一般影响。它们两者同样都已日渐解体，并开始进入完全不同的处境、完全新的关系。为了重新把它们结合在一起，为了重新组成社会，并从那个社会中推演出一个政府，那就得求助于其他原则、其他制度。像罗马社会一样解体了的日耳曼社会，也同样只能对随后出现的社会提供一些残骸。

先生们，我希望，“解体了的社会”、“正在消亡的社会”等措辞没有使你们误解，而你们都能够在正确的意义上理解它们。一个社会绝不会自行解体，而是因为一个新社会正在其内部酝酿和形成，隐蔽的工作正在那里进行，这就有助于使它的各个成分分裂开来，以便按照新的组合方式安排它们。这样一种解体说明各种实际情况都已发生变化，人们的关系和性情已不复与过去相同；其他原则和其他方式即将居于统治地位。因此，我们肯定地说，在六世纪时，罗马和日耳曼古代社会都是由于入侵而在高卢解体的，同时我们还要说，近代社会就由于这同一个原因，在同一个时期，在同一个地方诞生了。

先生们，我们无法说明或明确地设想这项最初的工作；一些原始资料、原始创作都深深地被隐蔽着，直到这项工作已有了重大的进展才向外显露出来。虽然如此，它仍然是可以预料到的；重要的是，你必须知道，在近代社会的两个成分的这种普遍的解体的情况下，正在酝酿和形成的是什么东西；我要设法用少数几句话来使你们对此有一个概念。

我们在这一个时期里看到的第一个事实是，王权有某种发展的趋势。人们往往牺牲近代的王权的利益来赞美蛮族的王权，我认为这是十分错误的：在四世纪和十七世纪，王权这个词所表示的是彼此截然不同的两种制度，两种十分不同的势力。诚然，在蛮族中，存在着世袭王权的某种萌芽，还存在着某种迹象，把各民族初期首领的后代的氏族里天生的某个宗教人物由英雄变为神。然而，毫无疑义，只有群众的爱戴和选择是王权的主要来源，同时，蛮族的国君大多数是英勇善战的首领那样人物。

当他们被移植到罗马领土上来时，他们的地位变了。他们在那里看到一个空位，即皇位。那里存在着权力、称号和蛮族所熟悉并赞美其宏伟、欣赏其效率的一套政权机构。当然，他们强烈地企图利用这些有利条件。实际上，这些正是他们一切努力的目的。这种事实到处出现：克洛维、希尔德贝尔特、贡特朗、希尔佩里克、克洛泰尔等都不断地努力要取得皇帝的称号，行使皇帝的权力；他们希望像皇帝分配其执政官、惩治者、州长那样分配自己的公爵和伯爵；他们试图重建一切已经崩溃了的税收、征募和行政的制度。总之，蛮族的君王们虽然目光短浅而又粗野，却力图发展，并在某种程度上充实堂堂王权的庞大机构。

在很长一段时间里，事态的发展对它不利，它的最初的几次尝试都没有取得什么成就；虽然如此，我们一开始就可以看到，帝国王族的某些东西将会留给它，而新的王族将渐渐取得它开始时就想占用的全部帝国遗产中的一部分；入侵后不久，它变得没有过去那么好战了，多了些宗教的色彩，更前所未有地讲究一些策略，也就是说更多地装出一些帝国王族的派头来。如果我没有弄错的话，这就是孕育新社会这件工作的第一件大事；这一件事尚未明白

地显示出来，但人们已能隐约地看到它的微光。

第二件大事是贵族的诞生。在蛮族定居后好长一段时间里，财产所有权似乎是不确定的、波动的、混乱的，以惊人的迅速从一个人手里转到另一个人手里。虽然如此，但十分明显，已准备让它固定于同一人手里并自己去安排。封地有渐渐变成世袭的趋势；虽然还有许多反对它的障碍，但继承的原则在那里已越来越流行。同时，在封地所有人之间产生出了后来成为封建制度的那种等级制的组织。我们切不可把十三世纪时的封建制度转移到六和七世纪去；像那样的东西那时是不存在的；财产权和个人关系的混乱远甚于封建制度之下；虽然如此，但一切事情凑在一起，一方面促使财产权成为固定的，另一方面，按照某种等级制度组成了业主的社会。我们同样看到，王权是六世纪末开始诞生的，同样，我们可以看到，从那个时期起产生了封建制度。

最后，第三个事实也在这个时期发展壮大起来。我曾要你们注意教会的情况；你们也已经看到它握有何等样的权力，以及为何它可以说是罗马社会的唯一的幸存的残余。让我们看看，当蛮族定居下来时，教会处在怎样一个境地，或者至少它的处境不久又变得怎样了。你们知道，主教们是城镇里的天然首脑；他们管理每个城市里的人民，他们在蛮族面前代表人民，他们在城里是人民的行政长官，在外面又是人民的保护人。因此，教士都是深深地扎根于地方自治制度的，就是说扎根于罗马社会的一切残余物中的。但不久，他们又把根伸展到其他方面；主教们都变成了蛮族君王的顾问，他们向后者建议，对被征服的人民应如何行事，为了成为罗马皇帝的继承人又应采取什么方针。他们远比刚从日耳曼来的蛮族经验丰富,政治上也远为聪明。他们酷爱权力,他们已习惯于靠权力来办事、来获利。因此,他们既是新生的君王的顾问,同时又是仍然残存着的城市的行政长官和保护人。

看哪,他们一方面和人民结合在一起,另一方面又和君王们保持着联系。但这还不是全部;现在,第三种地位正向他们敞开着大门;他们变成了大业主;他们进入了那个目前虽尚未建成但已有此趋势的庄园性质的等级制组织;他们竭力争取并不久成功地在其中占据了一个很重要的地位;因此,在这个时期里,新社会虽尚处于其萌芽状态;教会却早已和它的各个方面都有联系,到处都获得好的名声,也很有权力;这是一个可靠的迹象,表明它将最先取得统治权;事实果真如此。

先生们,这就是新的社会阶层在六世纪末和七世纪初用以宣告自己的到来的三大事实——这些事实当时虽尚不明显,但已可以到处看得见,并凭它们来预告新的社会秩序。我认为,把它们弄错是不可能的,但在辨认它们时,我们必须记住它们暂时都尚未取得它们要去取得的地位和形式。一切事物都仍然是混杂在一起,而且混乱到如此地步,以致目光最敏锐的人都不能辨认出任何未来的特征。我曾经说过,而且你们在学习中也深信,在我们社会开始的时候,没有一种近代制度、没有一种取得权力的借口还没有找到其合法性的根据。君王们认为自己是罗马帝国唯一的继承人。封建贵族则坚持说,那时它拥有整个国家、人民和土地;各城镇肯定地说,它们继承了罗马各自治市的一切权利;教士们则说,他们那时分享着一切权力。这个异常的时期有助于各方面人的一切需要,有助于科学的一切假设;它给各民族、各君王、各显贵、各教士提供论据和武器；它既给自由也给贵族政治，既给贵族政治也给王权提供论据和武器。

先生们，事实是，它把一切事物，神权政治、君权政治、寡头政治、共和政体、各种混杂的政体都带进了自己的内部；一切事物都处于一种混乱状态，这种状态使每一事物都能看到它愿意在其中看到的一切。昔日社会（罗马的和日耳曼的）的残骸的这种模糊而不规则的酝酿，以及把它们变成新社会的各种成分的这些最初的努力，乃是六七世纪时高卢的真实情况，而这也就是我们所能给它指定的唯一的特性。

第　九　讲

本讲的目的——萨利克法的错误观念——此法形成的历史——对这个问题的两种假设——十八本手稿——萨利克法的两种版本——维阿达先生关于萨利克法的历史和评注的著作——手稿上的前言——关于萨利克法的起源和编辑的民族传说的价值——关于它的各种倾向——它基本上是一部刑事法典——第一，关于萨利克法中各种犯法行为的细目和解说；第二，关于各种惩罚；第三，关于刑事诉讼——这种立法的暂时性

先生们，现在我们就要去研究蛮族的各种法律，特别是萨利克法，对此，我必须告诉你们一些详细的细节，这些细节都是了解此法的真实性质及其表明的社会情况所不可缺少的。在很长一段时间里，人们在这个问题上都深深地受骗了。萨利克法的重要性被大大地夸大了。你们应了解这个错误的原因；你们知道，在菲利普·勒·朗即位时，在菲利普·德·瓦卢瓦和爱德华三世争夺法国王位时，萨利克法都曾被援引来防止妇女获得继承权，而且从那时起它被许多作家歌颂为我们公法的第一个来源，歌颂为一部永远有活力的法律和君主政治的根本法，那些最不为这种幻觉所左右的人，如孟德斯鸠，也都已在某种程度上体验到它的影响，并以某种尊敬的态度谈到萨利克法，如果我们仅仅以它在我们历史上真正享有的地位归属于它的话，那就肯定对它难以感到这种尊敬

之情了。我们可能会认为,大多数谈及这个法律的作者既没有研究过它的历史,也没有研究过它的意图,他们毫不了解它的来源,也不了解它的性质。先生们,有两个问题我们现在必须加以解决:一方面,萨利克法是怎样编制的,在什么时候、什么地方、由谁和为谁编制的,另一方面,它的部署的目标和计划是什么。

至于它的历史,先生们,我请你们回忆一下我早已向你们讲过的关于蛮族诸法律的双重来源及其支离破碎、缺乏条理的情况;它们既是入侵以前的、也是入侵以后的,既是日耳曼的、也是日耳曼罗马的:它们属于两种不同的社会情况。这一性质已对以萨利克法为目标的一切争论发生了影响;它已引起了两种假设:依照一种假设,这个法律是在德国,在莱茵河右岸,在征服以前很久,用法兰克语编纂的。按照这个假设,这个法律的条款中,不适合于那个时期、不适合于古代日耳曼社会的所有条款都是后来在入侵后进行

218 的几次修订中增补的。依照另一种假设,与此相反,萨利克法是在征服后,在莱茵河左岸,在比利时或高卢,大概在七世纪用拉丁文编纂的。

这两种假设之发生冲突是再也自然不过的事了;它们必然是从萨利克本身产生出来的。一种特殊的情况激发起人们作出这两种假设。

先生们,在留给我们的手稿中,有这个法典的两种版本:一种纯粹是拉丁文的;另一种也是拉丁文的,但杂有大量的德文字,还有许多用古代法兰克语写成的注释和说明穿插在各个条款的行文中。这种添加进去的文字共有二百五十三处。第二种版本是由法律顾问约翰·埃罗尔德根据藏于富尔达大教堂里的手稿于1557

年在巴西尔印刷的。纯粹拉丁文的版本，第一次是在巴黎印刷的，既无出版日期，也无编者的姓名；第二次是由约翰·达特勒于1573年在巴黎印刷的。这两种版本此后都再版了好多次。

这两种版本共有十八本手稿[①]，其中十五本是纯粹的拉丁文本，三本是杂有德文字的。这些手稿中，十五本是在莱茵河左岸、在法国发现的；只有三本是在德国发现的。你们可能会认为，在德国发现的三本手稿是包含有德文注释的：但实际情况并非如此；在带有评注的三本手稿中，只有两本是来自德国的，第三本是在巴黎发现的；而在其他十五本中，十四本是在法国发现的，一本是在德国发现的。十五本纯粹拉丁文的手稿几乎完全是一样的。诚然，在前言和后记中有些不同的异文，在条款的编排上也有些不一致，但这些都是无关宏旨的。含有德文评注的三本手稿则相互之间有更大的不同。它们在标题和条款的数量上和安排上，甚至在内容上都有不同，文字风格之不同则更大了。在这些手稿中，有两本是用最不规范的拉丁文写的。

因此，这里有萨利克法的两种版本支持对这个问题的两种解答；一种似乎多半是来源于罗马，另一种比较纯粹是日耳曼的；于是问题就以这种方式出现：在两个版本中，哪一个是最古的？我们应把优先权归属于其中的哪一个。

一般的意见，特别在德国，都认为有德文注释的那个版本最古。的确，有些论据初看起来似乎能证实这一看法。这个版本的

① 假如我没有搞错，彼尔茨先生最近发现了另外的两本；但关于这问题还没有发表过任何消息。

三本手稿里有这样的字样：Lex Salica antiqua，antiquissima，vetustior；[①]而在用纯粹拉丁文写的手稿里，我们通常看到这样的字样：Lex Salica recentior，emendata，reformata。[②] 如果我们把这个问题向这些引语请教，问题就可以得到解决。

另一种情况似乎可以使我们达到这同一结果。有几本手稿有序言，其中叙述了萨利克法的历史。下列摘录包含这方面内容最多的。你们立刻会看出，我们可以从中推断出何种关于萨利克法古老程度的结论：

> "法兰克人的民族，是卓越的，以上帝为缔造者，有强大的武备，坚守和平条约，深谋远虑，躯体高大健壮，非常白皙而美丽、勇敢、活跃而猛于战斗；最近摆脱了异教、改信了天主教；当它尚处在一种野蛮信仰下时，依靠上帝的启示去寻找打开知识宝库的钥匙；渴求正义，并按照它天生的各种品质奉行虔敬的行为：萨利克法是由他们当时处于统帅地位的民族领袖们口授的。
>
> "在叫作 Salagheve，Bodogheve，Windogheve 的三处地方，从许多人中选出了四个人——即 Wisogast，Bodogast，Salogast 和 Windogast[③]。这些人在三个 mâls[④] 上细心商讨一切诉讼案件，逐一处理，并以下列方式颁布他们的判决。后

① 意即最古老的古代萨利克法。——译者

② 意即经审订、修订、改革过的萨利克法。——译者

③ Gast 意即客人；ghave 或 gau 意即县、区；salogast 就是居住在 Sale 县的客人；Bodogast 即居住在 Bode 县的客人，等等。

④ Mallum 意即自由人的议会。

来，在上帝的帮助下，法兰克人的美好而杰出的国王、长发的乔尔德维格首先接受了天主教的洗礼后，在这个契约中被认为不合适的一切事情都由杰出的国王乔尔德维格、希尔德贝尔格和克洛塔尔明白地加以改正了；并以这种方式颁布了下列政令：

“光荣归于热爱法兰克人的基督！祝愿他维护他们的王国，并使他们的领袖们充溢着他的荣光！祝愿他保护他们的军队；愿他对他们画十字以证明他们的宗教信仰，赐予他们和平的悦乐和整个的幸福！愿我主耶稣基督把那些统治者引入虔敬的道路！因为它是这样一个民族，人数虽少，但英勇而强盛，终于摆脱了罗马的羁绊，而在认清了洗礼的神圣之后，便用金子和宝石把那些被罗马人烧死、屠杀、砍残肢体，或投给野兽撕成碎块的圣洁的殉道者的躯体豪华地装饰起来。

“关于法典的创制者及其阶层，”摩西是首先用神圣的文字向希伯来民族阐述神圣法典的人。国王福洛纽斯是首先在希腊人中制定法律和审判制度的人；墨丘利·特里斯麦杰斯都斯给埃及人创立了第一部法典；梭伦给雅典人制定了最初的一些法规；利库尔戈斯得到阿波罗许可后给拉西台摩尼亚人制定了初期的法律；罗穆路斯的继承人努马·庞皮利乌斯给罗马人制定了最初的一些法规。后来，因为有宗派情绪的人们不能容忍他们的行政官员，推举十个执政官来编纂法典，将已译成拉丁文的梭伦的各种法规置于十二铜表上。这十个执政官是：阿皮乌斯·克劳狄乌斯·萨比努斯、T.L.杰努提乌斯、P.塞斯提乌斯·瓦提卡努斯、T.维图里乌斯·西库里努斯、C.尤利乌斯·图利乌斯、A.马尼利乌斯、P.苏尔比西乌斯·卡梅里努斯、Sp.波斯图米乌斯·阿尔巴斯、P.霍拉提乌斯·普尔维勒斯、T.罗米利乌斯·瓦提卡努斯。这十个执政官被提名来编写法规。执政官庞培首先想把法规写成书，但他由于慑于诽谤者而未能彻底实现其理想。后来，凯撒着手进行这项工作，但他没有完成此事就被刺死。这些古代的法规由于年代久远被人忽视而逐渐废弃；但是它们虽已不复为人所用，我们仍有必要了解他们。这些新的法规从君士但丁及其后继者起开始算得上数；但它们都是混杂而没有条理的。后来，可敬的狄奥多西二世仿照格列高利和赫莫杰尼斯的法典，把君士但丁以后制订的一切法规收集起来，安排在各个皇帝的名下，并把这整套法规按着自己的名字称为狄奥多西法典。后来，每个民族都按照自己的习惯，把那些适合于自己的法律选出来；因为一种长期的习惯往往被当作一条法律：法律是成文的法规；习俗是扎根于古老的风俗或不成文法的惯例；loi(法律)这个词是从 legere(传说)这个词衍生出来的，因为它是成文的；习俗是一种完全扎根于生活方式的长期的习惯；习惯是由于生活方式而得以确立的某种权利，它往往被看作法律；法律是一切由于合于理性而早已确立的适合于良好的风纪并有利于灵魂的拯救的事物；但我们把它称为习惯，这是一种通常的用法。

“法兰克人的国王狄奥多里克，当他在沙隆时，选取国内贤明人士和那些熟悉古代法律的人，亲自向他们口授，让他们根据各民族的习俗，写出法兰克人的、阿勒曼人的、博伊人的

和在他控制下的一切民族的法律。他再在上面加上了必要的、删去了不合适的东西，并根据基督教徒的法律，改正了那些与古代异教习俗相一致的东西。至于国王狄奥多克由于异教习俗非常古老而未能变更的那些法律条文，则由国王希尔德贝尔特开始来校正，并由国王克洛塔尔完成这一工作。光荣的国王达戈贝尔特依靠克劳狄乌斯、查多因、多马纳和亚基洛夫等著名人士刷新了所有这些法律条文；他让人把这些古代法律用各该民族的文字改写并加以改进，并以书面的形式发给每个民族。制订这些法律的目的是要使人类的恶行由于恐惧而有所敛迹，使无辜者免受恶人的危害；使恶人慑于刑罚而控制自己害人的欲念。

“此件已由国王、诸首领以及居住在墨洛温王朝国土上的一切信奉基督教的人民颁布。 223

* * *

“以基督的名义：

“这里开始了萨利克法的约文。

“参加萨利克法的编写工作的有住在博德乡、萨尔乡和威德乡的威索加斯特、阿里加斯特、沙洛加斯特、温德加斯特……”

根据这段序言，根据插在文中的 antiqua、vetustion 等词，以及某些其他类似的迹象，可以断言——第一，萨利克法是在入侵之前，在莱茵河以东，用法兰克语文写的。第二，杂有德文词的手稿是最古老的手稿，其中还留有原始文本的残余。

先生们，对这个争论的问题重新作了扼要的叙述的最渊博的是1808年在不来梅出版的题名为《萨利克法的历史与解释》的威阿达的著作。我无意详细叙述他对其著作中所包含的各不同问题所作的错综复杂的讨论；但指出其主要成果。它们一般都已被充分的证据所证实，对它们的评论都是非常谨慎的。

威阿达先生认为，杂有德文字的那个版本——至少就我们所有的那些抄本而论——并不比其他版本更古老；实际上，人们可以认为它的年代倒还更晚一些。特别有两条似乎表明实际情况确实如此：——第一，论述财产之让予的题名为 De Chrenecruda① 的第六十一章的文字，两个版本是一样的；但纯粹是拉丁文的那个版本照例说它是仍然有效的，可是带有德文评注的那个版本却加上了："现在，此条已不再适用。"第二，在第五十八章第一节下，带有评注的那个版本这样说："按照古代法律，任何人，凡是把已经埋葬的尸体掘出或剥光其衣服者，一律处以流放的刑罚等等。"在这里被说成是古代法律的这条法律，在纯粹拉丁文的那个版本里却对它没有表示任何意见。

不能否认，带有评注的那个版本的这两段文字似乎表明其出版日期较晚。

威阿达先生对这些版本作了比较之后，接着就来考察序言，并轻易地从中发现了一些不大可能的事和互相矛盾的事。有许多手稿没有序言，而那些有序言的手稿，则有很大的差异。甚至我刚才念给你们听的也是由一些不相连贯的部分编织起来的；第二部分，

① 这就是说，"关于绿色牧草"，在古代德文里，"grün"这个字就是现代的"绿"字，"kraut"这个字就是现代的"牧草"或"植物"。

从法典的创制者等几个词起，是从一个十二世纪作家塞维利亚的伊西多尔的《论辞源和血统》中逐字逐句抄下来的；第三，从法兰克人的国王狄奥多里克这几个词起，也可以在一本关于巴伐利亚人的法律的手稿的卷首部分看到。萨利族法兰克人的法律的最初几个编写者的名字，在序言里写的和在正文里写的是不相同的。根据这些和其他许多情况，威阿达先生断言，这些序言纯粹是那些各按自己的方式搜集民间传说的抄写者抄来放在正文之前的，因此没有什么权威。

此外，没有一种古代文献，没有一个详细叙述法兰克人史的最早的编年史家，例如格列高利（图尔的）或弗雷德加留斯，曾谈到过法兰克人法律的任何编辑工作。我们必须推移到八世纪去寻找一段提到这种编辑工作的文章，于是我们读到了当时最混乱、最难以置信的编年史之一《法兰克人编年史》中的一段文字：

> “在与罗马皇帝瓦伦提尼安进行的某次战役中，法兰克人的首领普里阿摩阵亡，于是法兰克人离开了西坎勃里亚，来到莱茵河的尽头日耳曼人的地区定居下来……在那里，他们推举马科米尔的儿子法拉蒙德为国王，用盾把他高高举起并宣布他为长发国王；接着开始采用一种法律，这种法律是他们古代部落评议员威索加斯特、温德加斯特、阿里加斯特和沙洛加斯特在日耳曼村庄 Bodecheim、Salecheim 和 Windecheim 拟订的。”（《法兰克人编年史》，第三章）

所有放在手稿前面的序言、题词或记述都是在这一段文字中找到的。它们并无其他证明，因此不值得更多的信任。

这样抛弃了这些提出来证明这个法典极为古老并纯属源自日

耳曼的间接文献之后，威阿达先生直接谈到这个问题并抱有这样的想法：第一，萨利克法最初是在莱茵河左岸，在比利时，在阿登森林、默兹河、利斯河和斯海尔德河之间的这一地区写成的。这个地区在很长一段时间里是萨利族法兰克人占据的，这部法典特别对法兰克人有影响，并因此而得名。第二，在现存的诸版本中，这个法典出现的年代没有一个是在七世纪以前的；第三，这个法典，除了拉丁文以外，从未用其他文字来写过。对于其他所有蛮族法律，里普利安法、巴伐里亚法和阿勒曼尼法等，都是被公认的；没有任何迹象表明萨利克法是例外。此外，在查理曼统治时期之前，人们都不用日耳曼语的各种方言来书写；福音书的译者魏森堡的奥特弗里德甚至在九世纪就把法兰克语称为难以驾驭的语言。

威阿达先生渊博的研究总的结论是如此；整个说来，我认为它们都是合理的。他甚至对某种证据也很不重视，这种证据我认为比他十分精细地考察过的那些证据中的大部分（我指的是萨利克法内容本身以及可以明白地从中推断出来的一些事实）更有说服力。我觉得十分明显，它是属于法兰克人在很长一段时间里生活在罗马人民中间的那个时期的，从性情、思想及其法律的语调上看确是如此。它经常提到罗马人，可并不把他看作是稀疏地散布在这块领土上的居民，而是作为人数众多的、勤劳的、从事农业的，而且至少大部分已变成工人的人民。我们从这个法典中也可以看出，基督教在法兰克人中间并不是新近才有的，它在社会上和人的头脑中早已据有一个重要的地位。教会、主教、副主祭、教堂执事常被论及，我们可以从好多条款中看出宗教对道德观念的影响及其使蛮族的生活方式发生的变化。总之，我觉得，可以从这个法典本身推断出来的内在证据，最后是有利于威阿达先生所持有的那个假设的。

可是，我相信，通过了这么多自相矛盾的说法和无稽之谈而出现在这个法典的序言和后记中那些传说，要比他所赋予它们的有更大的重要性，更值得加以考虑。它们表明，从八世纪起，人们相信并普遍传说，萨利族法兰克人的习俗是古代就已收集的——他们先前就是基督教徒，生活在一块比他们现在居住的有更多日耳曼风格的土地上。不管这些传说的可靠性是多么小，不管保存着这些传说的文献有多少缺点，它们至少证明这些传说是存在的。我们并非一定要相信，像我们现有的那种萨利克法是一种很古老的法典，也不一定要相信它是像人们所描绘的那样编纂起来的，甚至也不一定要相信它原是用日耳曼语文写的；但它是与法兰克人生活在莱茵河口时一代一代收集并传下来的那些习俗联系在一起的，从那时起直到八世纪末，这些习俗在各个时代里经过修改、扩充、解释而变成了法律。我想，这是这个讨论所应导致的合理的结果。

先生们，在停止谈论威阿达著作以前，请容许我提请你们注意他著作中展示着的，我认为含有大量真理的两种概念。按照他的意见，萨利克法严格说来根本不是法典，它并不是由一个正式的立法权力机构（不论是国王的，还是人民议会的或大人物的）编纂和公布的。他倾向于把它看作纯粹是各种习俗和法院判决的一份目录——由某一个有学问的人、某一个蛮族教士辑成的集子——一种类似《萨克森人殷鉴》和《士瓦本人殷鉴》以及其他许多显然仅有此种性质的古日耳曼立法巨著的集子。威阿达先生提出这个假设是以处于同等文明程度的许多其他民族的实例和一些有独创性的论点为根据的。有一件东西没有被他看到——也许是最有结论性的;这就是萨利克法本身的正文。我们在那里看到:

> “任何人如果在一个死者埋葬之前剥去其衣服,就要判他罚款一千八百但尼尔,合二十五个苏;按照另一个判决(in alia sententia),是二千五百但尼尔,合六十二个半苏。”①

这显然不是一种法规的文体,因为它包含着对同一种罪行的两种不同的刑罚;而且“按照另一种判决”等字样恰恰是那种可以在法学语言、在某一法令汇编中找到的文字。

此外,威阿达先生认为(而这将加强前面的意见),萨利克法并不包含萨利族法兰克人的一切立法、一切法律。事实上,我们看到,在九世纪、十世纪和十一世纪的有永久价值的一些巨著中,有一些判例被称为 secundum legem Salicam② 条例,而那条法律的原文却没有提到它。某些结婚形式,某些订婚规则,被明白地称为 secundum legem salicam,可是在那里却根本没有这样的话。因此我们可以断定,萨利族法兰克人的风俗习惯有好大一部分都没有写成书面,所以我拥有的版本中哪儿也找不到它们。

先生们,这里已有这么多的细节,还有许多我都没有提到。我给你们讲的仅仅是以萨利克的历史为目标的争论的结果。人们在关于它的性质的问题上之所以会陷入如此奇特的错误,完全是由于对它没有给予足够的注意,由于没有仔细研究这个法典的起源

---

① Pact, Leg, Sal, ed. Herold, tit. XVII. de Expoliationibus, § 1.

② 意即按照萨利克法。——译者

及其变迁。现在让我们深入考察一下这个法典的本身，并加以相当确切的评论，因为在这里人们也已奇特地陷入了暧昧和饰辩之中。

两个版本的篇幅是不相等的：杂有德文字的版本含有八十个题目和四百二十个条款；纯粹是拉丁文的那个版本按不同的手稿只有七十、七十一、七十二个题目和四百零六、四百零七、四百零八个条款。有一部沃尔芬比特尔写的手稿，排列很混乱，包含的数量更大。

初初一看，人们对这部法典的明显而彻底的混乱不能不感到吃惊。它涉及一切问题，既涉及政法、民法、刑法，也涉及民事诉讼、刑事诉讼和农村裁判权，全都不加区别地混在一起。如果我们把各不同法典的各不同条款写出来，每一条款单独写在一张纸上，把它们一起投在一只缸里，当每条条款出现时就把它们拉出来，那么，机遇给它们安排的秩序和混乱情况同它们在萨利克法中混乱的情况，其差别是很小的。

当我们更仔细地察看这部法典时，我们就看出，它基本是一部刑事法规，其中刑法占首要地位，而且实际上几乎占了整个篇幅。政治法规是极难得出现的，而且只是在涉及一些机构设施和一些被认为既定的事实时才间接地出现，而这些事实的根据，甚至其宣布，法律本身却认为是与己无关的事。至于民法，它包含某些比较精确而独特的法规，对于这些法规的制定，人们似乎是很重视的。关于民事诉讼，情况也是如此。至于刑事诉讼，萨利克法似乎考虑了几乎一切问题，明确规定的和不讲自明的一切问题；在这一项下它所作的就是提出少数明显的缺点，并在某些案子中规定审判官和证人等的责任等。刑罚在这里完全处于主要地位;宏大的目标是抑制罪行和施加刑罚。这是一部刑事法典。它含有三百四十三条刑事条款,而对所有其他问题却只有六十五条。

实际上,处在摇篮时期的一切立法的性质就是如此。各民族都是依靠刑法才从(如果我可以使用这个词语的话)野蛮状态中迈出最初几步可以看得见的有历史记载的步子的。它们无意于编写政治法规。控制它们的各种权力和行使这些权力时所采取的方式都是一些明白的、确定的、不讲自明的事实。各民族讨论、制定法规都不是在它们生存的这一个时期。民法的情况,实际上也是如此;人与人之间的相互关系,他们的契约、协定都委诸天公地道这一规律,按照某种既定原则、某种普遍公认的方式办理。这部分法律直到社会状况有了更充分的发展之后才以法律的形式固定下来。不论是以宗教的形式还是以纯粹世俗的形式,刑法在各民族的立法历程中都是首先出现的。它们在完善国民生活方面所起的作用在于防止,首先是在于宣布要对个人自由的过度行为进行惩罚。萨利克法属于我们社会历史的这一时期。

为了获得关于这个法典的真实知识,除了一些暧昧的主张和以此为目标的讨论之外,让我们从下列三方面来加以考虑:第一,在列举并给各种罪行下定义方面;第二,在其对刑罚的应用方面;第三,在其刑事诉讼方面。这些是一切刑法立法的三个基本要素。

I.几乎所有属于萨利克法审理范围内的罪行都归属于两类:抢劫和人身的暴行。在刑法的三百四十三条条款中有一百五十条与抢劫案有关,而其中有七十四条是涉及对偷窃动物罪行判刑的——二十条涉及猪的偷窃;十六条涉及马的偷窃;十三条涉及牛犊、母牛和公牛的偷窃；七条涉及绵羊和山羊的偷窃；四条涉及狗的偷窃；七条涉及鸟的偷窃；七条涉及蜜蜂的偷窃。在这两大类之下，法律又分成许多极细的细节；罪名和刑罚随着窃贼的年龄和性别、所窃动物的数量、偷窃的地点和时间等的不同而不同。

涉及对人身的侵袭的案件者有一百十三条，其中与伤残肢体有关者有三十条，与强奸妇女有关者有二十四条，等等。

我不需要继续列举这些罪行了。它们明白地告诉我们这个法典有两个显著的特点。第一，它属于一个发展水平很低的并不复杂的社会。如果打开另一个时期的刑法，你们就会看到它们对罪行的分类远为繁复，而在每一类中，各种案例的规格却少得多。我们既认识了更多的形形色色的事实，同时也认识了更多的一般的思想。这里所阐述的罪行绝大部分只是人类处于更加团结的情况下我们所能预期的那些罪行，不管那个时候人类相互之间的关系是那么简单，人类的生活又是多么单调。第二，它也显然是一个非常粗鲁而野蛮的社会，在这种社会里，个人意志和个人势力所造成的混乱达于极点，没有任何一种公众的力量可以来防止他们的过度行为，人身和财产的安全随时随刻处于危险之中。这种缺乏概括能力，缺乏对各种罪行赋予一个简单的共性的这种打算，既证明了智力发展的缺乏，也证明了立法机构的鲁莽草率。它没有把任何东西合并起来；它处于某种迫切需要的影响之下；它可以说是把每一个行动、每一件抢劫案、暴力案都置于事实之中，以便对它们直接施加刑罚。它本身原是粗鲁的，而它又必须与粗鲁的人打交道，因此除了有人犯了一种新的罪行时就去增加一条新的法律条文之外，它什么也无意去做，不管这条新的法律条文与原存的那些

条文之间的差异是多么微小。

II. 让我们从罪行转过话题来谈谈刑罚，并看看萨利克法在这新的关系方面的特点是什么。

初初一看，我们将会对它的温和感到惊讶。这部法典，虽然它把一些横暴而野蛮的习俗展示为罪行，可是它里面并不含有任何酷刑，不仅刑罚毫不苛酷，而且对人的身体和人的自由似乎还很尊重：这里所说的人指的是自由人；因为如果犯罪的是奴隶或者甚至是劳工，那残酷的面貌就会再现出来——法律条文里有许多对他们严刑拷打和种种体罚的条文；但对自由人，即法兰克人或者甚至罗马人，法律是极其温和的。判死刑的只有少数几个案例，而且罪犯们往往还可以把自身赎回来；法律条文里没有体罚，也没有监禁。萨利克法中以书面形式提出来的唯一惩罚是交纳和解费 Wehrgeld，Widrigeld[①]——即犯罪的人必须付给被侵犯的人或其家属一笔款子。在大量案件中，被附加于 Wehrgeld 上的是日耳曼法律中称为 fred[②] 的一笔钱，即为了赔偿对公共和平的破坏而付给国王或地方行政长官的一笔钱。该法的刑罚制度使它自己降低到这种地步。

先生们，交纳和解费是刑法立法从人身报复制度中跨出来的第一步。隐藏在这一惩罚之下的权利，存在于萨利克法和一切蛮族法典基础上的这种权利，就是每个人使自己得到公平待遇的权利，通过武力为自己复仇的权利；侵犯者与被侵犯者之间的战争。

① 犯禁罚金(来自 Wheren，Wharen，bewahren)，保证金，参看我的《法国史论文集》，第 197 页。

② 来自 frieden，和平。

设置和解费的目的是企图用一种法律制度来代替这种战争。这是侵犯者通过支付一笔钱来保护自己、使自己免受被侵犯者的报复；它使被侵犯者不得不放弃使用武力。

可是要注意，不要认为它一开始就能办到这一点；在很长一段时间里，被侵犯者保留着在和解费和战争中进行选择的权利，拒绝和解费而诉诸复仇的权利。编年史和各种文献对此问题都毫不怀疑。我倾向于认为，在八世纪时，和解费是强制缴纳的，而拒绝以此为满足则被视为一种暴行而不是一种权利；但它肯定并不是永远都是这样的，开始时，和解费只是试图终止妨碍治安的个人武力的争夺的一种收效甚微的办法——一种由侵犯者向被侵犯者交纳的法定的供奉。

在德国，尤其在后期，它被人们加上了一层远为崇高的思想。使博学的人和罕见的才智之士深为感动的不仅是这种惩罚中所显示出来的对人的权利和自由的尊重，而且还有他们认为应从中看出的其他许多特点。我要引起你们注意的只有一点。从我们根据崇高的道德观点考虑一切事物的时候起，近代刑事立法的根本弊病是什么？这种刑事立法只管打击和惩罚犯罪者而不肯费心去了解犯罪者是否接受这种惩罚，他是否承认自己的错误，他的意志是否与法律的意志相一致。这种立法只靠强制力行事，法官不考虑自己如果不根据暴力原则而根据其他原则来定罪在犯罪者看来又如何。

和解费可以说是刑法上一种完全不同的新形式。它意味着必须由违法者公开承认错误；就其本身来说，它是一项关于自由的法令；他可以拒绝缴纳和解费，而去冒被害者复仇的危险。如果他屈从它，他就要自己承认犯罪并为罪行缴纳赔偿费。被害者方面则在接受赔偿费的同时应与侵害者和解；他应庄严地约许忘却怨仇，放弃报复。因此，作为一种惩罚办法，缴纳和解费比之于更渊博的立法机构所制定的惩罚办法具有更合于道义的特点；表明它对道德和自由有深厚的感情。

先生们，我在这里要把某些近代德国作家的思想再概述一下，把它们以更加精确的措辞表达出来；特别是使科学界深为哀悼的最近逝世的一位青年罗格先生在其《论日耳曼人的司法制度》(1820 年发表于哈勒)一文中提出的一些思想。在许多关于古代日耳曼社会情况的有独创性的观点和某些极有可能的解释中，我认为，在司法制度方面，有一个普遍的错误，即对蛮族人和社会很不理解。

如果我没有弄错的话，错误的根源是人们对各民族最早年代似乎存在的自由所抱的非常错误的观念。但毫无疑义，在那个时代，个人自由事实上是非常广泛的。一方面，在人与人之间存在着不平等，但没有太大的差异，而且也不是很强有力的；那些起因于财富、起因于民族的古老程度和种种复杂原因的不平等，还不可能发展或产生出除极短暂的影响以外的任何事物。另一方面，已不再有任何，或几乎不再有任何能抑制个人意志的公众的权力。那时，人既不由其他人也不由社会牢牢地控制住：他们的自由是真正的自由；他们每个人都可以进行几乎所有他根据自己的权力所希望做的事，由他自己担当一切风险。我说的是根据他自己的权力；各个个人的自由的这种并存，事实上在那个时代，纯粹是一种权力的争夺；也就是个人与个人之间、氏族与民族之间的战争，这种战争是连绵不断、变幻莫测、狂暴而又像进行战争的人一样野蛮的。

这并不是社会；不久他们找到了出路；在各方面做出了种种努力以摆脱这种状况，着手建立社会秩序。可是恶鬼到处寻求救治自己的良方。于是就由这神秘的生命作出了这样的安排，这秘密的权力主宰了人类的命运。

出现了两种救治的良方：第一种，人与人之间的不平等公开化：某些人成为富人，其他人成为穷人；某些人是高贵的，某些人是微贱的；某些人是庇护者，其他人是受庇护者；某些人是主人，其他人是奴隶。第二种，公众的权力渐渐强大起来；一种集体的势力产生出来，它以社会的名义并为了社会的利益宣布并执行某些法律。

就这样，一方面产生出了贵族政治，另一方面产生出了政府——也就是说，两种约束个人意志的方法，两种使许多人屈服于一种不同于自己的意志的方法。

这两种救治良方渐渐变成了祸害；贵族统治横行霸道，公众的权力也横行霸道；这种压制导致一种动乱，它不同于先前的动乱，而是深刻而难以忍受的动乱。但在社会生活内部，由于其绵绵持续的作用，由于许多的影响同时发生，各个个人，这些唯一真实的存在，仍在发展着、进步着，使自己臻于完善；他们的理性受到的约束减少了，他们的意志不像过去那样不正常了；他们开始看出他们可以在没有那么多的不平等或公众权力的情况下平平安安地过好日子——也就是说，那个社会可以无须对自由付出如此宝贵的代价而生活得非常美好。这时，正像过去努力建立公众的权力和人与人之间的不平等那样，又开始了另一种倾向于达到一个相反的目的的努力，即削弱贵族政治和政府的努力；也就是说，向往于这样一种状况，这种状况至少在外表上，而且仅从那个观点判断起来很像最早时期的那个社会的状况，那时，个人意志都能自由发展，每个人都能为所欲为，由他自己承担一切风险。

先生们，如果我已把自己的意思说清楚，你们就知道那些颂扬野蛮状态的人的主要错误在哪里：他们一方面被公众权力或不平等状态的微小发展所感动，另一方面又吃惊于他们所看到的个人自由的范围之广，因而断定那个社会，虽其形式很粗野，但本质上处于正常状态，即在其正统原则的绝对统治之下，犹如，实际上，在其最宏伟的进展之后，它显然又会变成那种样子。他们只忘记了一件事；他没有耗费精力去把处于社会生活的这两个时期中的人的本身加以比较。他们忘记了在最初时期，人们很粗野、无知、横暴、常受制于激情、老是准备诉诸武力，所以他们不可能按照理性和正义而平平安安过日子——也就是说，他们不可能生活于一个
236 没有外力强迫他们的社会中。社会的进步主要在于人本身的改变，在于人变得能够享受自由——也就是说，能够按照理性控制自己。如果自由在社会发展进程开始时就死亡了，这是因为人不能在保持自由的同时在自由中前进；人的重新获得自由和越来越多地运用自由乃是社会的目的和登峰造极的境界，但它绝不是原始状态，野蛮生活状态。在野蛮生活中，自由不是别的而仅仅是武力的绝对统治——也就是说，社会的破产，或者毋宁说，是社会的不存在。因此，有那么多的有才能的人在关于蛮族立法、特别是关于现在使我们忙着研究的问题上，想错了。他们在那里看到了自由的一些主要的外部条件，他们把另一个时代的感情、思想和人置于这些条件之中。我刚才讲的缴纳和解费的理论没有任何其他来

源:显然它是支离破碎而没有条理的;对这种惩罚,我们不宜赋予太多的道德价值,而应把它只看作是摆脱战争状态和野蛮的武力斗争的第一步。

III. 关于刑事诉讼、检举和判罪的方式,萨利克法是非常不完备的,甚至几乎没有谈到。它把司法方面的各种机构和制度看作一种事实,而且既不谈到法庭、法官,也不谈到各种仪式。人们可以在各处看到关于传唤、出庭、证人和法官的责任、用沸水考验等少数特殊处置;但要使它们成为完整的一套,设想出整套机构及其办事方式,那就得远离书本进行深入的研究,甚至研究制定法律的目的。在他们在刑事诉讼方面所有的知识特点中,我将只请你们注意两点,即事实与法律的区别和证实被告人无罪之人。

当罪犯在传唤受害人的情况下来到自由人大会出庭受审时,不管负责审判的法官是谁,是伯爵还是 rachimburgs,还是 ahrimans 等等,提交给他们的问题是,法律对于所说的事实掌握到什么程度:人们并不是到他们面前来讨论事实的真与假的,而是来向他们提供据以决定这第一个问题的种种情况的。其次,要求他们根据涉及罪犯和被害人双方的法律,裁定和解费的比率和惩罚的一切细节。

至于事实本身是否真实,这要用种种方法在法官面前加以判定。有时采取诉诸上帝的判决,沸水的考验、以一敌一的决斗等等,有时采取证人的口供,最通常的是采取证实被告人无罪之人的誓言。被告来时有若干人陪伴着,他们是他的亲属、邻居或朋友,人数有六个、八个、九个、十二个、五十个、七十二个,在某些案例中甚至有一百人,他们前来发誓,说他并没有做人家归罪于他的事。

在某些案例中，受害人也有证实他无罪的人。那里既没有质询，也没有对证据的讨论，严格说来，也没有对事实的调查；证实被告无罪的人只是用发誓来证明受害人的陈述是真实的，或证明对罪犯的反驳是真实的。在发现事实方面，这是各种蛮族法律中极重要的手段和普遍采取的一套办法。证明被告无罪的人，固然在萨利族法兰克人的法律中没有像在其他蛮族法律——例如里普利安族法兰克人的法律——中那样频繁地被提到，但毫无疑问，他们是到处被同样地在使用的，而且是刑事诉讼的基础。

这一制度像和解费制一样，一向是许多博学之士所极为赞美的；他们认为它有两个罕见的优点：使家族间、朋友间、邻里间关系融洽的凝聚力和法律对人的诚实的信任。罗格说，"日耳曼人从未感到有必要建立一种正规的证明制度。任何人，如果像我一样，深信我们祖先品格的高贵，首先是他们的无限的诚实的话，那么觉得这种说法有些奇怪的感觉就会消失。"①

先生们，这是很有趣的，从这句话转而谈到图尔的格列高利，谈到尼伯龙根的诗篇和关于古代日耳曼习俗的一切诗的和历史的不朽巨著，谈到那里在每一个阶段上有时以最巧妙的精炼，有时以最粗鲁的放肆话表示出来的诡计、欺诈和背信弃义。你能相信日耳曼人在法庭上跟他在日常生活中有什么不同吗？你能相信他们的诉讼登记册（如果当时存在着像登记册那样的东西的话）竟能拆穿他们历史的虚伪性吗？

我并不为这些罪行而特别谴责他们。这是在一切野蛮民族、

① Ueber das gerichtwesen der Germanen, Preface, p. 6.

一切时代和一切地区都有的恶行;美国的传说可以证明它,欧洲的传说以及伊利亚特和尼伯龙根都能证明它。我也毫不否认人的天生的德行在任何社会时代或任何社会状况中都不会离开他,而把自己与无知或情欲的最残忍的绝对统治结合在一起。但你们会很容易地了解,在这些习俗中,证明被告无罪的人的誓言往往必然是什么东西。

关于部族或民族精神,的确,它在日耳曼人中间是很强的。关于这一点,除了其他许多证据而外,证明被告无罪的人就是证据之一;但它并没有一切能归属于它的原因,它也并不产生一切能归属于它的道德的后果:一个被控告的人就是一个被抨击的人;他的邻居们跟着他走并在法庭上围住他,好像在战斗中那样。在各民族之间,在原始风尚的核心中存在着战争状态。在这种形式下,当战争威胁他们时,他们便团结起来投入行动,对此,难道我们能感到惊奇吗?

先生们,产生证明被告无罪的人的真正根源是一切证实事实的其他办法几乎都行不通。请想一想,解决这样一个问题需要什么,为了对证各种各样证据,为了收集和争夺证据,为了把证人带到法官面前,并为了在原告和被告面前从证人那里取得真实情况,需要智力发展和公众权力达到何等程度。在萨利克法所控制的社会里,任何这样的事都是不可能办到的。他们当时之所以诉诸上帝的判断和亲属的誓言,既不是由于选择,也不是由于道义上的结合,而是由于他们既不能做也不能更好地理解任何事情。

先生们,这些就是萨利克法中我认为值得你们注意的一些要点。我丝毫没有谈到关于政治法、民法或民事诉讼的片断(那是散见于全书中的),甚至也没有谈到那条著名的条款,它规定“萨利克的土地不得落入妇女之手;继承权只可以移交给男子。”现在已没有人不知道它的真正的意义了。某些安排,涉及一个男子可据以与其家属脱离关系的各种礼仪,例如如何解除对亲属的一切责任和如何开始过完全独立的生活等,这些安排都是非常奇特的,能使人洞悉其社会生活;但它们在该法典中只占一个很不重要的地位,并不能判定其目的。我再说一遍,这基本上是一部刑法,你们现在可以按照这种观点来理解它。从其整体来看,不能不认为它是一部复杂的、不确定的暂时性的法规。人们随时随刻都感觉到这种从一个国家到另一个国家、从一种社会状况到另一种社会状况,从一个宗教到另一个宗教,从一种语言到另一种语言的推移。几乎每一种能在一个民族的生活中发生的变化都在它身上打有烙印。因此,它的存在也是不稳定而短暂的;大概从十世纪起,它就被许许多多地方习俗所取代了,当然,它对这些地方习俗是大有贡献的,但这些地方习俗也吸收其他来源,如罗马法,教会法规和种种情况的需要等。除了在回忆时和在某种重大场合而外,萨利克法在一个很长的时期里都没有被人谈到过,直到十四世纪,人们为了规定王位的继承才乞灵于它。

三种其他蛮族法典统治着在高卢定居的各民族,即里普利安人法典、勃艮第人法典和西哥特人法典;这些将成为我们下一讲的主题。

第　十　讲

本讲的目的——在里普利安人、勃艮第人和西哥特人的法律中，有没有萨利克法的这种暂时性？——第一，里普利安人的法律——里普利安族法兰克人——他们法律的编纂史——它的内容——它与萨利克法的差异 ——第二，勃艮第人的法律——它的编纂史——它的内容——它的特色 ——第三，西哥特人的法律——它与西班牙的历史的关系比它与法国的历史的关系更为密切——它的一般的性质——罗马文明对各蛮族的影响

先生们，在上一讲中，总的说来，我们认为萨利克法中主要和基本的特点在于它是一部暂时性的法规，毫无疑义基本上是日耳曼的法规，但显然打有罗马的烙印；它是没有前途的；它一方面表明了从日耳曼社会状况变成罗马社会状况这一过程，另一方面表明这两种成分的衰微和熔合对新社会是有益的，在两者的共同作用下，新社会开始在它们残骸中出现了。

对萨利克法的这一研究结果将受到人们异常的确认，如果对其他蛮族法律的研究也使我们达到这种结果的话；尤其是如果我们在这些不同的法律中看到的不同的转变时期、不同的转变阶段都可以在其他法律中发现；如果我们承认，例如里普利安人的法律、勃艮第人的法律和西哥特人的法律在某种程度上其经历是与萨利克法相同的（虽其经历时间长短不一），而且它们在日耳曼和

罗马社会的结合和新国家的形成方面留给我们(如果可以这样表达的话)以相当进步的成果。

我相信,对三种法律的研究,事实上必将引导我们达到这一点,这就是说,对所有那些在高卢范围内发挥了真正作用的蛮族法律的研究都将达到这个结果。

I. 里普利安族法兰克人和萨利族法兰克人之间的区别你们是知道的。它们是法兰克人大同盟中两个主要的部族,或毋宁说是两个主要的部族集团。萨利族法兰克人大概是以伊萨尔河(Ysala)的名字给自己命名的,他们是在那场驱使他们进入巴伐利亚平原的民族大迁徙之后在伊萨尔河畔定居的;因此,他们的名字来源于日耳曼,同时我们可以相信这是他们自己取的名字。相反,里普利安族法兰克人显然是从罗马人那里得到自己的名字的。他们定居在莱茵河边。当萨利族法兰克人向西南方进展、进入比利时和高卢时,里普利安族法兰克人也向西伸展,并占领了莱茵河与默兹河之间的地区,直到阿登森林。前者成为,或几乎成为纽斯特里亚的法兰克人;后者成为奥斯特拉西亚的法兰克人。这两个名字,虽不十分符合原来的区别,却把它们描绘得够忠实的。

在我们历史的初期,这两个部族曾在一个时期里重新联合为一个民族,并在一个帝国统治之下。在这个联合问题上,我要把图尔的格列高利所写的报告念给你们听,他的报告,虽然他不知道,往往是这个时期的习俗和事件的最真实的图画。你们将从那里看到,在那个时候,"诸民族的联合"和"征服"这些词的意义是什么。

"当克洛维与哥特人的国王阿拉里克作战时,他要同西吉伯特·克劳德(里普利安族法兰克人的国王,驻跸于科隆)的儿子克洛德里克结盟。这位西吉伯特是个跛子,因为他在反抗日耳曼人的托尔比亚克战役中膝盖受了伤……国王克洛维,在他逗留巴黎时,派人秘密到西吉伯特的儿子那里,对他说:'你父亲老了,还瘸了腿:如果他死了,他的王国理应归属于你,我们的友谊也是如此。'被这种野心所诱惑,克劳德里克制订了杀死自己父亲的计划。

"西吉伯特已经离开科隆城,并已渡过了莱茵河,正走在布科尼亚森林里;中午,他在自己篷帐里睡觉;他的儿子想占有他的王国,派人向他行刺,并终于把他杀死。但是由于上帝的最后审判,他落入了他恶毒地给自己的父亲掘的坟墓里。他派几个使者到国王克洛维那里宣布他父亲的死讯,并对他说:'我的父亲死了,我已控制了他的金银财宝和他的王国。请派人到我那里去,我将欣然给你你所喜欢的任何财宝。'克洛维回答说:'我谢谢你的好意,并请你把你的财宝拿给我的代表们看,看过后,你就可以全部占有它们。'于是,克劳德里克就把他父亲的财宝拿给代表们看。当他们检查这些财宝时,王子说:'这是我父亲惯常积蓄金币的保险箱。'他们便对他说,'把你的手伸到箱底去,把全部金币都拿出来。'当他弯下身去这样做时,一个代表举起斧头打破了他的脑袋。这个卑鄙的儿子就这样像他加害于他父亲那样被人杀死了。克洛维知道西吉伯特和他的儿子都已死后就来到这个城市,召集全体人民,对他们说:'请听听发生了的事吧。我航行在斯海尔德河上时,我堂兄的儿子克劳德里克警告他父亲说我要杀死他。可是当西吉伯特逃出去、通过布科尼亚森林时,克劳德

里克却派凶手跟牢他，并结果了他的性命。后来，正当他打开他父亲的财库时他自己也被人暗杀了，我不知道是被谁暗杀的。这些事情我都没有参与。我绝不能使我的亲属流血，因为这是上天所不容的；但这些事既然已经发生，我倒要给你们一个忠告。如果你们听得进的话，就照着办。有事情可向我求助；把你们自己置于我的保护之下。’人们用拍手和喝彩来回答这些话，把他抬起来放在盾上，推举他为他们的国王。于是克洛维便接受了西吉伯特的王国和金银财物，增加了他的领土。上帝每天使他的敌人落入他的手掌之中，并扩大他的王国的版图，因为他总是怀着一颗正直的心走在上帝面前，并做着使上帝看了高兴的事。”①

两个民族的这种联合（如果这样一件事称得上这个名称的话）为时不久。克洛维死后，他的儿子狄奥多里克成为东部法兰克人、亦即里普利安族法兰克人的国王；他驻跸于梅斯。里普利安族法兰克人的法律的编纂工作一般都归功于他。实际上，这在萨利克法的序言中已有说明，这篇序言我读过，在巴伐里亚法的开头部分也可以看到②。因此，按照这个传说，里普利安人的法典应编成于511年与534年之间。这就不能像萨利克法那样说是可以追溯到古代日耳曼并成书于莱茵河右岸。它的年代仍然太古。我是想把它至少按照它现在的形式缩短一百年左右。这篇序言把它说成是编纂于狄奥多里克治下，并把日耳曼人的法律也归诸这位首领。

① 图尔的格列高利，在我的《法国历史回忆录汇集》第一卷，第104—107页。

② 见上一讲，第220页。

现在几乎可以肯定，这个法典直到克洛泰尔二世在位时，即613至628年之间才编成；这是一些最好的手稿使我们有理由这样说的。因此，关于里普利安法典，这篇序言说的话是否有确实的根据极为可疑；我仔细地把证据加以比较后，倾向于认为，只是在达戈贝尔特一世治下，即628至638年之间它才具有我们已看到的这种确定的形式。

现在我们要从它的历史转到关于它的内容。我已对它作了像对萨利克法作的同样的分析。它包含八十九或九十一个篇名和（根据各种不同的分类）二百二十四或二百二十七条款，即一百六十四条刑法条款和一百一十三条关于政治法或民法的条款和民事诉讼或刑事诉讼的条款。在一百六十四条刑法条文中，我们计算一下有九十四条是用于对人身的冒犯行为的，十六条是用于偷盗行为的，还有六十四条是对各种犯罪行为的。

初看来，按照这个简单的分析，里普利安法很像萨利克法，它基本上也是一种刑事法规，几乎具有同样的这种习俗状况的迹象。但更仔细地看时，我们仍能发现重要的差异。我们上次会面时，我曾对你们讲过关于保证被告无罪的人的事，这种人严格说来，无须作证就可以凭他们的誓言来证明被害人或罪犯所说的事实是真实的或是虚伪的。保证被告无罪者在里普利安法典中据有特别重要的地位。在这个法典中有五十八条条文都提到他们，并在每一个场合都规定保证被告无罪者的人数，以及他们出场的礼仪等等。萨利克法讲到他们的次数要少得多——少得甚至有人怀疑，在萨利法兰克人中间究竟是否实行这种“保证被告无罪者”的制度。这种怀疑我看并没有很好的根据。如果萨利克法很少提到它，那是由于它把这种制度看作一种既定的和不言而喻的事实，没有必要把它写出来。此外，一切事情都表明这一事实是真实而有力的。那么，它经常插入里普利安人的法典里是什么原因呢？没有人知道；一会儿，我将提出我能隐隐约约看到的唯一的解释。

另一种习俗在里普利安法典中提到的次数也比萨利克法典中提到的多得多；我说的是法院里的斗争。在萨利克法中有许多关于它的痕迹；但里普利安法，在六条不同的条文里都正式对它作出了规定。这种规定（如果这样一件事值得称为规定的话）在中世纪时代起着十分重要的作用，因此当它第一次在法律中出现时我们必须努力去了解它。

我曾力图指出，缴纳和解费——严格说来它是萨利克法中唯一的惩罚——如何是第一次试图用一种法律制度来代替作战的权利、代替复仇和靠体力进行争夺的一种尝试。法院里的斗争也是这种性质的一种尝试，它的目的是使战争本身和个人复仇降低为某种仪式和规矩。缴纳和解费和进行法院里的斗争是密切地联系在一起的，而且是同时展开的。一件罪行已经犯下了，一个人已被冒犯了；一般认为他有权为自己复仇，用武力去补救他所受的冤屈。但是一种初期的法律、一种影影绰绰的国家权力干预其事，准许犯罪者拿出一笔钱来挽救他的罪行。但原先是，被冒犯的一方是有权拒绝和解费，有权说“我要行使我的复仇权，我愿意打仗”的。于是立法者，或毋宁说习俗，因为我们如用立法者这个名称就把长时期没有法律权力的习俗人格化了，于是习俗出来干预说：“如果你要为自己复仇并向你的仇敌宣战，那你必须按照某种条件并在某些见证人面前这样做。”

这样一来，法院里的战斗就被引进了法规之中，作为对战争权力的一种调节，一种可以公开进行复仇的有限的场所。这就是它的最初的、真实的来源；至于诉诸上帝的审判呀，由上帝自己来对引起战斗的争端宣布真理何在呀，这些与它有联系的思想是后来的事，那时宗教教义和基督教牧师已在蛮族的思想和生活中起着重要的作用。原来，法院里的战斗仅仅是最强者的权利的一种法律形式，这一形式在里普利安法中得到了比萨利克法中明确得多的承认。

从这两个差异来判断，人们可能暂时倾向于认为这两种法典中的第一种是最古老的。事实上，毫无疑问，“保证被告无罪者”与“法院里的战斗”这两种制度是属于日耳曼原始社会的。因此，里普利安人看来是它们最忠实的形象。绝不是这么一回事。第一，这两个差异似乎能使这个法典具有更野蛮的外貌，可是它们本身就表明是一种努力，是从野蛮状态中走出来的第一步，因为它们证明了人们企图即使不是要消灭野蛮状态，无论如何也要控制野蛮状态。对这个问题保持沉默会使一切事物都处于习俗的绝对统治之下，也就是处于暴力和机遇的绝对统治之下。里普利安法企图以书面形式通过限定习俗的意义使习俗转变为法律——也就是说使它成为固定的、普遍的。这是一个比较新的年代、一个比较进步的社会即将出现的一种征兆。

此外，在这两种法典之间还有另一些差异也无可争辩地证明了这一结论。

第一，通过法律条文的简单的列举，你们已经看到，民法在里普利安法中比在萨利克法中占着更大的地位，而在萨利克法中总是刑法占着主要地位。还有，这个法典比较起来并不完全是一部刑法；诉讼程序、作证规则，关于人身、财产和它的各种传送方式——总之，法规的各部分都不是刑法的法典，这一点至少在其中已被明确地而且往往是非常精确地指出。

第二，更有进者，而且这是一个很重要的事实，即王权在里普利安法典中比在其他法典中出现的次数更多些。它在政治关系方面出现得不多：它不是一个国王权力的问题，也不是行使王权的方式方法问题，而是一个涉及国王、涉及作为一个在各方面比较重要而且法律必须与他打交道的个人的问题。法律首先把他看作一个业主或保护人，他有大片大片的领地，而在这些领地上耕作的农奴为他服役或被置于他的保护之下；而由于有这个资格，他们赋予他，赋予他本人或那些从属于他的人以无数重要的特权。我要举出几个例子来。

"1. 任何人如果用暴力抢走国王的任何一个下属人员或依附于教会的人的东西，就得付出一笔和解费，其金额要比抢走其他里普利安人东西时付出的和解费大三倍。"——第 XI 篇，第 4 节。

"2. 如果罪行是一个依附于教会或依附于国王的一块领地的人犯的，那么这个人将付出的和解费其金额为其他法兰克人应付的一半。如果他否认犯罪，他必须带着三十六个保证被告无罪者一起出庭。"——第 XXIII 篇，第 5 节。

"3. 一个依附于国王的领地的人，不管他是罗马人还是自由人，不能成为判处死罪的对象。"——第 LX 篇，第 22 节。

"4. 如果他被传唤出庭，他须用一篇证言来公布自己的情况，这篇证言他应在祭台上宣誓确认。此后，对他的诉讼程序将不同于对其他里普利安人的。”——同上，第23节。

“5. 国主或教会属下的奴隶不由辩护人来辩护，而由他们自己辩护，并允许他们用誓言来为自己辩护，也可以不回答可能对他们提出的传票。”——同上，第24节。

“6. 任何人如果想推翻一种皇家特许状而未能产生另一种能废除第一种特许状的特许状，他就得以其生命来抵偿此未遂的行为。”——第LVII篇，第7节。

“7. 任何背叛国王者将丧失其生命，其一切财产悉被没收。”——第LXXI篇，第1节。

萨利克法没有谈到过这种事情；在这里，王权显然已有重大的进展。

第三，这两个法典在对教会的关系上也存在着这种差异。我刚才念的那些条文完全证明了这一点；教会在任何地方都是与王权相同的；它在土地和劳工方面都被赋予同样的这种特权。

第四，人们也发现，在里普利安法典中有着更明显的罗马法的影响。它提到罗马法时，并非仅仅为了说明罗马人都在它的绝对统治之下生活；它也接受了它的某些条文。因此，在规定赋予公民权的准则时，它说：

“我们希望每一个为了安抚自己的灵魂或为了一笔钱而愿意按照罗马法所指定的方式释放自己的奴隶的里普利安法兰克人或自由人都来到教堂、站到牧师、教堂执事和一切教士和人民面前来……”（赋予公民权的准则录在后面。）——第IX篇，第1节。

这是一个比较进步的社会的一个真正的迹象，虽然只是一个微小的迹象。

第五，最后，当我们仔细地读完整部里普利安法典时，我们深深地感觉到它具有一种不像萨利克法那样野蛮的性质。条文都订得精确而广泛；我们发现条文有更多的意图，这些意图都是比较成熟而更有政治性，而且都是受到更普遍的观点的启发的。它们并不总是它们所消化的单纯的习俗；立法者常常说，“我们制定法律，我们指导人民。”[①]事实上，一切事实都表明，这部法典，如果不是在它的形式上，至少在作为其基础的思想和风格上，是属于一个较晚的时代、属于一个不太野蛮的国家的，并表明它是从日耳曼社会转变到罗马社会的过程中的新的一步，也是从这两个社会过渡到从它们的合并中产生出来的一个新社会的过程中的新的一步。

II. 让我们从里普利安人的法典转到勃艮第人的法典，让我们看看我们是否也能在那里找到这种事实。

勃艮第人的法典是在 467 或 468 年（即冈多巴德第二次在位时）和 534 年（即该王国在法兰克人武力下覆亡时）之间编纂的。它由大概属于不同时期的三个部分组成。包括最初四十一篇的第一部分显然是在国王冈多巴德治下编成，且在 501 年以前似已出版。从第四十二篇起，立法的性质改变了。新法典对旧法典几乎没有什么改动；它把旧法典加以说明、改进、完善并明确地公布出来。考虑到许多事实（我在这里不准备详述其细节），人们倾向于认为这第二部分是由冈多巴德的继承者西吉斯蒙德于 517 年前后

① 第 LXXVI 篇，第 1 节。

整理出版的。最后，第三部分由两个补篇构成，大概也是由西吉斯蒙德以“Additamenta”〔增补、附录〕这个明确的名称加到这部法典上去的。西吉斯蒙德死于523年。

置于正文之前的这篇序言证实了这种猜测；它显然是由属于不同时代的两篇序言组成的；一篇系国王冈多巴德所作，另一篇系国王西吉斯蒙德所作。有些手稿把后面一篇序言也归属于冈多巴德；但是把它归属于西吉斯蒙德的那些手稿肯定是更可取的。

先生们，这篇序言阐明了比这法典的编纂日期重要得多的一些问题，并且一开始就把它和我们正注意的两个法典清晰地区别开来。我必须把它从头到尾念给你们听。

“勃艮第人的最光荣的国王冈多巴德，在为了我们人民的利益和安宁，仔细考虑了我们和我们祖先的各种制度，考虑了在各种事业方面有利于诚实、整齐、理性和正义的事物之后，我们已在我们的一些大集会中权衡了所有这一切；按照我们和他们的忠告，我们已经下达命令把下列法规写下来，以便这些法规永久长存：

“由于上帝的恩惠，在最光荣的国王西吉斯蒙德在位的第二年，这部可以比得上过去和现在的一些不朽的法典的法令汇编在四月四日出版于里昂。

“由于对正义的爱（我们赞美上帝也是由于这一点，同时我们也是由于这一点而获得了控制世界的权力的），我们初次和我们的伯爵和贵族们商议后已尽力把一切事情安排得使审判的正直和公正可以驱逐一切腐败行为。从今天起，一切掌权的人必须按照我们根据共同的协议创制和修正的法律要旨，在勃艮第人和罗马人之间进行审判，这样，就没有人希望或胆敢在审判或诉讼中收受任何一方面的礼物或好处；但正义的一方将得到好处，而达到了这个目的，审判就公正了。我们认为我们应把这个责任放在我们自己身上，以便达到这样一个目的，即在任何情况下，没有一个人会通过诱惑或礼物来考验我们的诚实，因此，出于对正义的爱，我们自己也坚决不做我们在我们整个王国里禁止一切法官做的任何事情。我们的财政部将不再借口罚款而超过法律规定的范围进行勒索。让贵族们、伯爵们、地方议员们、家仆们和我们的家臣们，勃艮第和罗马的各城市各地区的大臣们和伯爵们，以及代理法官们，甚至在战时也知道，他们不应为了他们审理的案件而收受任何财物，也不应向原、被告双方要求任何东西作为约定或酬

252 报。也不应迫使原、被告双方与法官妥协而使法官得到任何财物。如果所说的法官们中任何一个法官让自己被腐蚀而触犯了我们的法律，被判犯了在诉讼或审判中收受了报酬的罪，不管审判得多么公正，如所犯罪行被验证，犯者应判处死刑，然而在这种情况下，被判犯了贪污罪的本人已被惩处之后，就不应从他的孩子们或法定继承人手中取走他的财产。至于副法官的书记官，我们认为，在超过十个索利多斯[①]的案件中应允许他们收取三分之一小银币的办案费，低于十个索利多斯者，就得少要一些。这种惩罚办法所禁止的贪污罪行，我们规定，对于罗马人，应像我们祖先所做的那样，按照罗马法律加

① 古罗马的一种金币。——译者

以审判，并让这些罗马人知道，他们将会收到书面的据以审判他们的法律的种类和大意；其目的是使任何人都不能以不知道为理由来为自己辩解。至于以前可能审判得不恰当的案件，则必须保存古代法律的真意。我们加上这一句，即如果一个被控贪污的法官我们用任何方法都不能证明他有罪，则控告者应受到我们原来安排施加到一个渎职法官身上的惩罚。

“如果某个问题在我们的法律中没有对它作出规定，我们规定，可以仅就那个问题向我们的审判机关请教。如果任何一个法官，不管他是蛮族法官还是罗马法官，由于愚蠢或懈怠，不审理一件我们的法律已经作出判定的案件，同时如果他没有贪污行为，那就通知他付出三十个罗马索利多斯，还要审问原、被告，重新审判这个案件。我们又加上，如果传唤了三次之后，法官们没有作出决定，如果负责审理这一案件的这个法官认为这事应该问我们，又如果他证明他已经传唤了他的法官们三次而没有被听到，则该法官应被判罚款十二个索利多斯。但是如果任何人，不论在何种情况下，已忽怠了职务、没有按照我们的规定传唤法官们三次、还胆敢向我们讲话，那他就得交纳我们给怠职法官规定的罚款。但为了使一个案件不致因副法官们的缺席而被耽搁下来，也不应让罗马伯爵或勃艮第伯爵在负责审理此案的法官没有出庭的情况下擅自审理案件，其目的是使那些诉诸法律的人不致对裁判权之归属感到难以确定。我们喜欢用伯爵们的签字来证实我们这一系列的法令，使通过我们和大家的意志写下来的这些法规能被后世所保存，并具有永恒契约的牢固性。”（下面接着是三十二

位伯爵的签字)。

先生们,无须走得更远,仅从这篇序言,这三种法典的区别就显然可见。这后面一种并非仅仅是关于习俗的一种单纯的集子,我们不知道是谁汇编的,也不知道在什么时代用什么观点汇编的。它是一部发源于一个正规的权力、着眼于建立公共秩序的立法著作,它呈现出某种真正的政治特征,具有一个政府或至少一个政府的雏形的迹象。

现在让我深入考察法典本身;它绝不会与序言不相一致。

它包含一百一十篇,三百五十四条,即:一百四十二条民法,三十条民事或刑事诉讼法,和一百八十二条刑法。刑法中有七十二条是涉及侵犯人身罪的,六十二条是涉及侵犯财产罪的,其余四十四条涉及其他各种罪行。

下面是我们对如此分类的条文加以考察后所得出的主要结果:

一、勃艮第人和罗马人的生活状况是一样的;一切法律上的差异已经消失。在民事或刑事问题上,不论是作为被害人还是作为犯罪者,他们都处于平等的地位上。正文中有许多这方面的证据。我选一些最惊人的:

1.“让勃艮第人和罗马人从属于同样的条件。”——第X篇,第1节。

2.“如果一个罗马少女未经其父母同意或知悉而与勃艮第人结婚者,则让她知道,她将丝毫也得不到她父母的财产。”——第XII篇,第5节。

3.“如果任何一个自由勃艮第人闯入一所住宅去争吵,

就让他付给这所住宅的主人六个索利多斯，并缴纳罚款十二个索利多斯。我们希望在这方面，罗马人和勃艮第人受到这种同样条件的约束。”——第 XV 篇，第 1 节。

4.“如果任何一个人为自己的私事旅行时走到一个勃艮第人住宅前面要求招待他住宿，如果这个勃艮第人把一个罗马人的住宅指给他看而这事可被证明的话，那就让这个勃艮第人付给他所指的那所住宅的主人三个索利多斯，另外付三个索利多斯的罚金。”——第 XXXVIII 篇，第 6 节。

这些法规明确地显示出人们愿意使两个民族处于同等地位。我们因此在格列高利（图尔的）的书里读到：“国王冈多巴德在现今称为勃艮第的国家里制定了最温和的法律，以使罗马人不致受到压制。”①

二、勃艮第人的刑法跟法兰克人的刑法不一样。其中，和解费是经常有的，但它已不复是唯一的惩罚；还出现了体罚；我们还看到某种精神上的惩罚；立法者试图利用痛苦、利用羞恶之心。②它甚至已经发明了中世纪立法中常常可以看到的那种奇特的惩罚。例如，一只猎鹰被偷，就判处盗窃者让猎鹰从他身上吃掉六盎司肉，否则就付给六个索利多斯。这仅仅是异想天开的野蛮做法之一；但它说明了他们试图实行一些非常不同于古代日耳曼习俗的惩罚。其他征兆也表明了这种差异；罪行的种类多得多，其中少数是侵犯人身罪，我们看到有些罪行的产生很能说明比较正常而

① 我的《法国历史回忆录汇集》，第一卷，第 96 页。

② 参看补编一，第 X 篇。

复杂的社会关系。

三、公民权和诉讼程序在勃艮第人的法律中也比在前面两个法典中据有重要得多的地位。它们几乎成为半数条文的主题。在里普利安人的法规中,它们只占五分之二,而在萨利克法中只占六分之一。人们只要打开冈多巴德和西吉斯蒙德的法规就可以看出,那里有许许多多条款是涉及继承、遗嘱、遗赠、婚姻、契约等的。

四、人们甚至在那里可以看到罗马法的某些明确的标志。我们在里普利安法中很难发现这种事情的任何迹象,而在这里却是显然可见的,特别是在涉及民法的问题上。再也没有更简单的事了;在各蛮族法典中,民法是很少的,而且也很薄弱;可以这样说,从民间关系的发展提出了这个问题的时候起,它们才不得不模仿罗马立法的体制。

在下面两条条文里,这种模拟是确凿无疑的:

1

“如果一个勃艮第妇女在她丈夫死后,再结第二次婚或第三次婚,如果她每次结婚都生有儿子,则她生活着的时候可以根据用益权占有婚姻的赠与;但她死后,她的每个儿子都可以继承他的父亲给与他的母亲的财产;因此,这位妇女无权把她作为一种婚姻的赠与得到的任何财物给与、出卖或转让给他人。”——第

1

“让每个都知道,如果一个妇女过了法定时间之后,结第二次婚,而在第一次婚姻中已有孩子,则她在活着的时候可以对她在结婚时得到的财物保有用益权,但全部财产应由她们的孩子们继承,因为最神圣的法律已给这些孩子们保留了在其父母死后继承全部财产的权利。”——狄奥多西法典,第III卷,第VIII篇,

XXIV 篇,第 1 节。

2

“我们人民中间所作的遗赠和遗嘱,如有五个或七个证人尽其最大努力在那上面盖了章或签了字的,才能生效。”——第 XLIII 篇,第 1 节。

1.3.,同上书,1.2.

2

“在遗嘱的附属书中,凡是前面没有加上一篇像在遗嘱中那样的关于处分遗产的遗言的,决不能没有五个或七个证人作中人。”——狄奥多西二世法典,第 IV 卷,第 IV 篇,1.1.

我还可以指出另一些明显的相似之处。

五、最后,勃艮第人的法典清楚地表明,王权在那个民族中已有很大的发展。并不是因为它在这里比在别处更有争论;就政治观点而论,它根本没有争论;勃艮第法典是诸蛮族法典中最少政治性的一个法典,它的内容几乎完全局限于刑法和民法,极少谈到一般政治;但是这整部法典,它的序言,它的编纂的调子和精神,使人 257
时刻想到国王已不再是一个单纯的军事首领或单纯的大业主,而王权已脱离了它的野蛮状态,以便成为一种公众的权力。

先生们,你们知道,所有这一切具有一个比较发达的、管理得较好的社会的迹象;罗马的成分越来越胜过蛮族的成分;我们显然是在从一种成分到另一种成分的转变中向前进展,或者毋宁说是在使它们合并起来的融合工作中向前进展。看来,勃艮第人从罗马帝国那里学来的东西,除了民法的某些特色之外,主要是关于公众秩序、关于严格意义上的政权的思想;我们几乎看不到古代日耳曼人议会的任何迹象。教士的影响似乎不占主导地位;占优势的并力图复制帝国权力的是王权。

勃艮第诸国王似乎完全模仿罗马帝国的皇帝,并仿效他们的统治。其原因可能应在他们最早建立的王国的年代里去寻找,那时帝国的组织依然存在,或几乎如此;也可能是他们的法制、制度(其规模较西哥特人或法兰克人的为小)已迅速地使它具有一种比较正规的形式。无论如何,事实是确实的,它描绘出了这个民族及其立法的特点。

在勃艮第人已在法兰克人控制下消失后,它仍是生气勃勃的;马尔克夫的准则和查理曼的法规证明了这一点。我们甚至看到九世纪时阿戈巴尔德和辛克马尔两位主教还正式提到它;他们说,但现在已几乎没有什么人生活在这种法律之下了。

III. 西哥特人的法典的命运更为重要,延续的时间更长。它成为一部名为《司法论坛》的庞大的集子,并不断地汇编,从466年,即国王尤里克在图卢兹即位的那一年起至701年,即驻在托莱多的埃吉卡或埃吉萨死的时候为止,都有所增订。仅仅这一说法就说明了在这一段间隔的时间里,西哥特人的情况一定发生了重大的变化。西哥特人最初定居于高卢的南部:克洛维于507年从这里驱逐他们,并从他们手里取走了整个阿其坦地区,他们仅仅保留了比利牛斯山之北的一块名为塞蒂马尼亚的地区。因此,西哥特人的立法在这个时期以前的我们的文明史上是毫不重要的;后来,西班牙却对它非常感兴趣。

尤里克在图卢兹称王时,让人把哥特人的风俗习惯写下来;他的继位者,即被克洛维杀死的阿拉里克,则以《简编》(*Breviarium*)这个书名收辑和出版了他的罗马子民的法律。因此,在六世纪初,西哥特人的处境是跟勃艮第人和法兰克人相同的;蛮族法和罗马法是截然不同的；各民族都保持自己的法律。

西哥特人被逐入西班牙后，这一情况发生了变化；西哥特人的国王钦达苏英特(642—652)把两种法典融合为一，并正式取消了罗马法；从那时起便只有一种法典和一个民族。这样一来，在西哥特人间，一套实际的或以地区为依据的法律代替了人身的或以血统或种族为依据的法律。这后面一种法律曾在各野蛮民族中盛行，而且当钦达苏英特在西哥特人中废止它时，它在各蛮族中仍然很流行。但这项革命在西班牙是完成了的；在那里，从钦达苏英特到埃吉卡(643—701)，发展并完成了《司法论坛》(*Forum judicum*)，并采取了我们今天看到它的那种形式。在西哥特人占领高卢南部的整个时期内，在这块地区据以裁判案件的只有他们古代习俗的汇编和简编。因此，对法国来说，《司法论坛》只有间接的利害关系。在高卢南部的一块狭小的地区里，它在一段时间里仍然很有生气；它在诸蛮族法典的通史中占有重要的地位，成为历史上非常值得注意的一个现象。因此，我要让你们知道它的性质和它的整个情况。不这样的话，蛮族立法的图像是不完全的，而我们对它的意见也会是不正确的。

西哥特人的法典比我们刚才研讨的任何一种蛮族法典都要广泛得多。它由作为序言的一篇和十二卷组成，这十二卷又分成五十四篇，共包括五百九十五条各种不同来源和时期的不同的法律条文。从尤里克到埃吉卡的西哥特诸国王颁布或改革的一切法律都包括在这个集子里。

一切立法问题都可以在集子里看到；它并不是古代习俗的一本集子，也不是世俗改革的最初的尝试；它是一部广泛的法典，一部政治的、民事的和刑事的法典:一部为满足社会各方面需要而系统地汇编的法典。它不仅是一部法典,一部法律条款的总汇,而且也是一种哲学体系,一种学说。它的序言里和全书各处都杂有关于社会起源、权力性质、民间组织和法律的编写和公布的论述。它不仅是一种体系,而且也是道德箴规、恫吓和忠告的一本集子。总之《司法论坛》同时兼有立法的、哲学的和宗教的性质;它分担着法律、科学和布道等几种性能。

这原因是十分简单的;西哥特人的法律是教士的作品,它发源于托莱多主教会议。托莱多主教会议是西班牙君主国的国民议会。西班牙有这样一个特点,即从它的历史的最初时期起,教士在西班牙比在其他地方起着大得多的作用。西班牙的西哥特人眼中的托莱多主教会议,犹如法兰克人眼中的三月或五月广场,也犹如盎格鲁撒克森人眼中的贤人会议,也犹如伦巴第人眼中的帕维亚大会。法典就在那里编纂,一切重大的国事也在那里讨论。因此,教士可以说是一个中心,其四周聚集着王族、世俗的贵族、平民和整个社会。西哥特法典显然是教士们的作品;它具有他们精神的优点和缺点。它比任何其他蛮族法典远为合理、公正、温和而精确;它深刻理解人的权利、政府的责任和社会的利益,并力图达到比一切其他蛮属立法崇高得多的目的。但同时它在政治方面则使社会更加缺乏保证;它一方面把社会委诸教士,另一方面又把它委诸王族。法兰克的、萨克森的、伦巴第的,甚至勃艮第的法典都能尊重来自古代习俗的对个人独立、对每个业主在其领地上的权利、对自由人的相当经常相当广泛地参与国事、参与审判和参与世俗生活的权利的保证。在《司法论坛》中,所有这一切日耳曼原始社

会的痕迹几乎都消失了;凌驾于社会之上的是一个半教会半皇家的庞大的行政机构。

当然我无须说了,因为你们的思想可能比我的话跑得更远,这是我们在行进的道路上新的巨大的一步。既然我们已研究了诸蛮族的法典,我们就越来越向着这同一的结果行进,两个社会的融合也就变得越来越普遍而深刻了:而在这个融合中,随着融合之逐步实现,罗马的成分,不管是民间的还是教会的,也越来越占主导地位。里普利安法比起萨利克法的日耳曼色彩较少,勃艮第人法的日耳曼色彩又比里普利安法为少;西哥特法的比勃艮第法的更少些。在这一方面,河水显然总是向着事态发展的这一目标流去的。

先生们,真是奇观!我们刚才还处在罗马文明的末期,看到它已经完全没落,毫无力量,毫不肥沃,毫无光彩,可以说是已不能继续存在下去,已被蛮族所征服、所蹂躏;现在突然一下子它再度出现了,强大而又富饶;它对那些和它联系着的规章制度和风俗习惯发挥了巨大的影响;它渐渐在它们身上打上了自己性格的烙印;它主宰了它的征服者并使其变了形态。

产生这种结果的许多原因中的两个主要原因是:强大而紧密结合着的文明立法的力量,以及文明对于野蛮处于天然的优势。

在安顿自己和成为业主的过程中,蛮族在自己人中间和同罗马人之间缔结了一些远比过去多样而持久的关系;他们的世俗生活变得比过去广泛得多、稳定得多。只有罗马法才能调节他们的生活;只有罗马法能满足如此众多的关系的需要。蛮族们甚至在保存自己的习俗方面,甚至当他们仍然是国家的主人时,就已发觉自己可以说是已经陷入了这种博学的法制的罗网，发觉自己在很大范围内，无疑地不是在政治观点上而是在一般问题上，已不得不服从新的社会秩序。

此外，仅仅罗马文明的壮观就对蛮族的想象力产生了巨大的影响。现在使我们自己感动的，同时我们热切地在历史、诗歌、游记、小说中寻找的正是与我们自己的有规律有秩序的社会毫无关系的一个社会的表现，这就是野蛮人的生活、它的独立不羁、新奇和冒险精神。蛮族得到的印象是非常不同的。使他们吃惊的是文明，在他们看来它是伟大和美妙的；那些罗马活动的残余、城市、道路、沟渠和圆形剧场，那个社会的一切那么有规律，那么深谋远虑，那么坚定而又变化多端——这些都是使他们惊讶和赞美的东西。虽然他们是征服者，可他们自己觉得处处比被征服者差。拿个别人来说，蛮族可能轻视罗马人；但整个罗马帝国在他们看来是某种高明的事物，而征服年代出现的一切伟大人物，阿拉里克们、阿陶尔夫们、狄奥多里克们和其他许多人，虽然蹂躏了罗马帝国并把它掀翻在地，可还是竭尽全力来仿效它。

先生们，这些是在我们刚才回顾的年代，尤其是编纂和不断修订诸蛮族法典时出现的主要事实。在下一讲中，我们将探索，当日耳曼人致力于编写他们自己的法典时，在罗马法中还留下哪些东西可用以管理罗马人本身。

第 十 一 讲[①]

罗马帝国衰亡后罗马法仍长期存在——论萨维尼的《中世纪罗马法史》——此书的优缺点——1. 在西哥特人中的罗马法——奉阿拉里克之命编纂的《简编》——这部汇编的历史和内容——2. 在勃艮第人中的罗马法——《法律问答汇编》——这部法典的历史和内容——3.在法兰克人中的罗马法——没有新的汇编——各种事实证明罗马法长存——扼要重述

先生们，现在你们已经了解日耳曼和罗马社会在入侵之前的情况。你们知道他们初次接近的一般结果，也就是说，高卢在入侵后紧接着发生的情况。我们刚才研究了诸蛮族法典，即日耳曼诸民族使其古代习俗适应于其新处境的最初的劳作。现在让我们研究一下这个时期的罗马法，即入侵后继续存在并继续统治着高卢的罗马人的那部分罗马的法律和规章制度。

这就是过去多年来闻名学术界的一部德国著作即萨维尼先生的《中世纪罗马法史》的主题。作者的构思比我们的更为广泛，因为他回顾了罗马法不仅仅在法国而且在整个欧洲的历史。他对涉及法国的事的论述也比我在这里作的更为详细。因此，在开始这

---

① 本讲自英译本的第二卷第 1 页起。——译者

个主题之前，我要向你们说一下他的著作。

罗马法的长期存在，从罗马帝国的覆亡直至科学和文学的复兴，是该书的基本概念。长期而普遍地流传的相反的意见则认为罗马法已随帝国之覆亡而覆亡，直到十二世纪时由于在阿马尔菲发现了《法学家学说汇编》的手稿才复活过来。这是萨维尼希望加以消除的一个错误。他的最初两卷完全致力于探索罗马法由五世纪到十二世纪的发展足迹，旨在通过恢复其历史来证明罗马法从未消亡。

论证是令人信服的，因此，目的完全达到了。但这部著作，整个而论，作为历史研究的一个产品，仍然给某些考察意见留有余地。

先生们，每一个时代，每一个历史问题，如果我可以这样说的话，都可以根据三种不同的观点来加以考虑，这就把三倍的工作加到了史学家的身上。他可以，不，他应该首先探索各种事实本身；收集并除了把事实弄精确外不抱任何其他目的地使一切已发生的事暴露在光天化日之下。各种事实一旦恢复原状，这就需要知道曾支配过它们的那些规律；它们是如何互相结合的；是什么原因引起那些偶然事件的，这些偶然事件都是社会的生命，并通过某些方式把社会向某个目的推进。

我要明白而确切地指出这两种研究的区别。严格意义上所谓的事实，即外在的看得见的事件都是历史的躯体；身体的各部分，骨头，筋肉，器官和过去的物质成分；关于它们的知识和描述可以称为历史的解剖学。但对社会来说，也像对个人一样，解剖学并不是唯一的科学。各种事实不仅存在着，而且它们相互之间都有联系，它们互相接连着发生，通过某些势力的行动而产生出来，而这些势力又都是在某些规律的绝对统治之下行动的。总之，存在着一个社会的组织和一个社会的生命，就像个人一样。这个组织也有它的科学，即支配着事态的发展的秘密规律的科学。这就是历史的生理学。

历史生理学和历史解剖学都不是完全的真正的历史。你们已列举了各种事实，你们已领会了产生它们的内在规律和一般规律。你们是否也知道它们的外在的和活生生的外貌？你们看到过它们各个个别的生动的外貌吗？你们看到过人类的命运和活动的情景吗？这是绝对必要的，因为这些事实，虽然现在已经死了，但曾经活过——这个过去曾经是现在；如果你不觉得它又变成现在，如果死的东西没有复活，你就不能了解它们；你就不能知道历史。如果解剖学家和生理学家从来没有看到过活人，他们能臆测人的身体情况吗？

探索各种事实，研究它们的组织，复制它们的形态和运动，这些就是真理所要求的历史。这些工作中我们只可以接受一种；我们可以根据某种观点考虑过去的事并提出某种计划；我们可以选择对事实的批评，或研究其规律，或描绘各种景象。这些工作可能是卓越而光荣的；但必须记住，它们都是部分的和不完全的；这不是历史——历史得解决三方面的问题；任何伟大的历史著作，为了使它处于它应处的地位，那就应该根据三方面的关系加以考虑和判断。

根据第一种关系，作为对史料的一种探索和批评，《中世纪罗马法史》是一部非常值得注意的书。萨维尼先生不但发现或重新证实了许多未知的或被遗忘的事实，而且（这要难能可贵得多）还给它们很好地指出了它们真正的关系。当我说它们的关系时，我还没有说到在它们的发展中把它们联系起来的那些链环，而仅仅说到它们的配置，说到它们的相对地位和相对重要性。在历史方面，即使具有关于各种事实的最确切的知识的人也往往会给这些事实指定一个不同它们实际上据有的地位的另一个地位，或赋予它们以它们实际上并不具有的一种重要性。萨维尼先生并没有犯这种错误。他渊博而胜任地详叙各种事实，并以渊博的知识和辨别能力加以区分、加以比较；我重复说一遍，在对构成其著作的主题的这部分历史的精湛的研究中，他几乎没有留下任何不足之处。

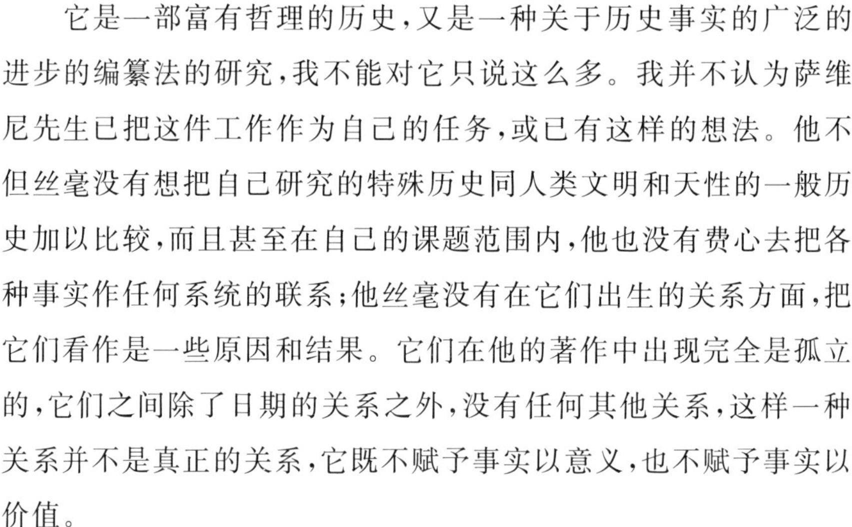

它是一部富有哲理的历史，又是一种关于历史事实的广泛的进步的编纂法的研究，我不能对它只说这么多。我并不认为萨维尼先生已把这件工作作为自己的任务，或已有这样的想法。他不但丝毫没有想把自己研究的特殊历史同人类文明和天性的一般历史加以比较，而且甚至在自己的课题范围内，他也没有费心去把各种事实作任何系统的联系；他丝毫没有在它们出生的关系方面，把它们看作是一些原因和结果。它们在他的著作中出现完全是孤立的，它们之间除了日期的关系之外，没有任何其他关系，这样一种关系并不是真正的关系，它既不赋予事实以意义，也不赋予事实以价值。

我们也不大遇到理想的真实。历史事实都不是以其生动的面貌出现在萨维尼先生面前的，诚然，在这样一个主题上，他既没有人物也没有场景需要描写；他的人物都是经文，他的历史事件都是法规的颁布或废止。这些经文和法制改革仍然属于一个有其自己的风俗习惯和生活的社会；它们是和那些更能打动人们的想象力的事件——如入侵、各个国家的建立等事件联系在一起的。其中，有某种意外感动人的情况必须掌握；萨维尼先生就未能办到这一点；他的论述并不带有与它们有关的景象的色彩；他除了历史的内部的一般规律而外，毫不描绘历史的外部的和各个个别的特点。

先生们，也不要认为在这方面，除了上述不足之外，再也没有其他缺点了，也不要认为，缺乏哲学的、诗的真实，对历史的物质因素的批评是没有什么影响的。萨维尼先生由于没有正确地掌握历史事实的规律和特征，已不止一次地陷入了关于历史事实的错误；至于正文和日期，他没有搞错；他也没有略掉或不正确地报告了某一事件；他犯了一种英国人称之为 Misrepresentation〔歪曲〕(我们的语言里没有这样一个字)的错误，这就是说他使历史事实蒙上了一层虚假的色彩，发生这种情况并不是由于个别细节的不正确，而是由于在整个面貌上，用镜子来映出图像的这种方法缺乏真实性。例如，在论述入侵前日耳曼人的社会状况时，萨维尼先生详细地谈到了自由人，谈到了他们的处境和他们在建立国家的各种制度方面分享的功绩；[①]他关于历史文献的知识是广博而正确的，他所说的历史事实也是真实的；但他没有正确地考虑蛮族处境的流动性，也没有考虑到那两个社会、即共存于日耳曼人中的部族和战斗队之间的秘密的争夺，也没有考虑到后者在改变作为前者的基础的个人平等和个人独立方面的影响，也没有考虑到自由人的生活状况由于这种影响而发生的种种变化。我认为，因此在描绘这种状况时产生了一个总的错误；他把它说得太好、太固定和太强大

① 第一卷，第160—195页。

了;他丝毫没有描述它的弱点和即将到来的没落。

在他的五世纪到十二世纪罗马法本身的历史中也可以看到这种错误,虽然程度较低。就历史事实的收集而论是完全的和正确的;但所有的事实,可以说是都被放在同一个水平上;一个人如果在罗马法逐次修订时没有在场的话,他就不能看出罗马法随着新社会的发展而相应地在改变自己。没有一种精神上的联系把这些如此博学地、精巧地重新确定的事实连接起来。总之,解剖分析法是该书的主要特征;内部组织和外部生活都是它所缺少的。

归结到它的本质,作为对实质性事实的一种批评,萨维尼先生的书是有独创性的杰作;它理应成为以这一时期为主体的一切研究的基础,因为它使罗马法从五世纪到十二世纪长期存在这一点处于无可怀疑的地位,从而充分解决了作者对自己提出的问题。

现在这个问题已经解决了,人们感到惊讶,竟会有人提出这个问题来,竟会有人怀疑罗马法在罗马帝国覆亡后仍长期存在。不仅诸蛮族法典到处提到罗马法,而且这个时期的文献或法规几乎没有一个不直接或间接地证明人们天天在应用罗马法。也许萨维尼先生所争论的错误,并不像他似乎认为的和人们一般所说的那么普遍和绝对。在十二世纪时重新出现的是罗马法全书;而当人们庆祝罗马法在这个时期的复活时,他们首先说到的是查士丁尼法典。我想,如果看得更仔细些,人们就会看出,罗马法的其他部分,例如狄奥多西法典和一切以它为根据的集子在西方的长期不朽,不会像萨维尼先生的著作叫我们相信的那样完全背离事实。但这关系不大;多多少少扩大一些说,在这个问题上的错误是真实的,而萨维尼先生在驱散它时已使知识有了巨大进展。

我现在要把他著作的主要成果展示于你们面前,但我将按照与我们研究日耳曼法典时所遵循的相反的程序来进行。我们原来是从最野蛮的开始,依次直到罗马精神渗透得最深的那些法典的。现在我们将相反地先来研究罗马法保留着最大的控制力的那些国家,以便按照它的控制力减弱的各不同程度继续研究下去。

这就是说,我们必须首先去研究的是西哥特人的王国。你们可以回忆一下,驻跸于图卢兹的国王尤里克第一次叫人把哥特人的风俗习惯写下来是466—484年的事。506年,他的继承人阿拉里克二世下令把罗马子民的法规收集起来并以新的形式出版。我们在这个集子的某些手稿的头上读到下列序言:

> "本书内收辑了选自狄奥多西法典和其他书籍的关于平衡法的法规和决定,并根据阿拉里克国王在其在位的第二十二年颁布的命令作了解释,杰出的伯爵戈亚里克主持了这一工作。法令的副本:——致子爵提摩太的通知书。靠着上帝的帮助,为了我们人民的利益,我们经过深思熟虑的讨论之后,已经改正了法典中一切看来不公正的东西,这样,靠着教士和其他贵族的劳动,罗马法和我们自己古代法典中一切模糊的地方都得以扩清,使它更加明白,丝毫没有模棱两可之处,并不致为辩护人提供一个延长争论的理由。因此,所有这些法规已加以解释,并已通过贤人的选择重被结合在一本书里,可敬的主教们和为此目的而选出来的我们各省的子民批准了所说的集子,并附加了一篇明白的解释。于是我们的仁主下令把这部已经签署的书……交托戈亚里克伯爵负责处理,以使今后一切手续可以按其性质来完成,同时不准任何人

提出任何平衡法，除非已包含在本书之内并经可尊敬的人阿尼阿努斯签署过的。因此，你得注意，在你的辖区之内，不得提出或容许有任何其他法律或礼仪；如果偶然发生这种事情，那你的脑袋就有危险，或者就得牺牲你的财产。我们命令你把这个法令和我们送给你的书结合起来，以便我们意志的裁定和对惩罚的恐惧可以约束我们的全体臣民。

“我，阿尼阿努斯，可敬的人，已遵照光荣的国王阿拉里克的命令，在其在位的第二十二年，签署并刊印了在艾雷编辑的这部狄奥多西法典、关于平衡法的决定和其他几本书。我们已加以校对。

“国王阿拉里克在位第二十二年二月四日，在图卢兹发布。”

这篇序言包括了我们所知道的关于这部法典编纂的全部历史。我还要加上几句说明。戈亚里克是宫廷大臣，负责监督这部法典在整个王国内的执行情况；阿尼阿努斯以宫廷大臣的身份负责签署它的各种副本，并发送给各省的伯爵；提摩太是这些伯爵之一。大部分手稿仅仅是供私人用的抄本，所以既无序言，也无任何公函。阿拉里克的集子包括：第一，狄奥多西法典（十六卷）；第二，狄奥多西、瓦伦提尼安、马西安、马约里安和塞维鲁等皇帝的几卷民法；第三，法学家盖尤斯的法理概要；第四，法学家保罗的题名为《判决的撤回》（*Receptœ Sententiœ*）的五本书；第五，格列高利法典（十三篇）；第六，赫莫杰尼法典（二篇）；第七，帕皮尼安题名为《法律问答汇编》（*Liber Responsorum*）的著作中的一段文字。

皇帝们的宪法和新法称为 Leges（法典）；法学家的著作，包括格列高利法规和赫莫杰尼法规，不是从官方或国家权力中产生出来的，所以仅仅称为 Jus（法规）；这是法典和法学之间的区别。

整个集子称为 *Lex Romana*（罗马法）而不称为 Breviarium（简编）；后面这个名词在十六世纪以前是人们所不知道的。[①] 单独的 *Breviarium Alaricianum*（《阿拉里克法律简编》）的版本只有一种，1528 年由西查德出版社于巴塞尔出版。此外，在狄奥多西法典的各种版本中都已插入，有时是部分地，有时是全部地插入。

它分为两个基本部分：第一部分，我刚才列举的那些法律资料来源的正文或摘要；第二部分，一篇说明文字。盖尤斯的《法理概要》是唯一的一本把说明文字和正文合在一起的著作。

正文仅仅是原本的复制品，并非总是完整的；例如，全部帝国法规就没有插入《简编》中；但那些它复制的却都完整而不残缺。在那里，这部古代法典以非常纯洁的面貌出现，丝毫不受帝国的覆亡所造成的变化的影响。与此相反，在阿拉里克时代由负责此项工作的僧俗双方法学家们汇编的《说明》（*Interpretation*）却已认识到所有这些变化。它解释、修改、有时还明确地修改正文以使它适应政治和社会的新情况。因此，对研究这个时代的各种法规和罗马法来说，它比正文本身更为重要而探究精细。仅仅这样一部著作的存在就是罗马法永久长存的最明确的证据。诚然，人们几

① 前一讲中说，阿拉里克叫人把关于他的罗马子民的法律收集起来并以 Breviarium 的名义印行。这是一个失误。

乎不需要打开它。可是如果我们打开它,我们就会到处看到罗马社会的痕迹,它的各种制度和文职官员以及它的各种世俗法规的痕迹。市政制度在《简编》的《说明》中据有重要的地位;古罗马的元老院及其官员们,两巨头执政官,国防军长官等到处一再出现并证明罗马的市政当局仍然存在并在起作用。它不但存在,而且还具有更大的重要性和独立性。帝国覆亡时,罗马各行省的长官们、总督们、执政官们、惩治者们都不见了;我们看到代替他们的是蛮族的伯爵们。但罗马行政长官的全部职能并没有都转入伯爵们之手;它们被分解开来,一般而论,有关中央权力的那些职能,如征税、征兵等,归属于伯爵们;而其他那些职能只涉及公民的私生活的则归属于元老院和市政官员们。我不想列举所有这些变化;但这里有一些从《说明》中摘取的例子。

1. 昔日由罗马将军或长官担任的职务现在应由市的法官们执行。——(《说明》,保罗,1,7,第2节;《说明》,狄奥多西法典,XI.4,2.)

2. 奴隶之解放,向来是由总督办理的,现在则必须由元老院办理。——(盖尤斯,1,6.)

3. 监护人过去是在君士但丁堡由市长、十个元老院议员和将军提名的。《说明》中代替他们的是“城市的首席法官”(大概是两巨头执政官之一)。——(《说明》,狄奥多西法典,III.17,3.)

4. 遗嘱必须在元老院公开出来。——(《说明》,狄奥多西法典,IV,4,4.)

这种事例举不胜举并且也无可怀疑,但是,市政制度不但没有随着罗马帝国而覆亡,而且在入侵后至少在南部高卢获得了进一步的发展和自由。

还可以看到第二种重大的变化。在古罗马市政当局中,高级官员们,即两巨头执政官、quinquennalis(五年一任之官职)等,是作为个人权力来行使他们的管辖权的,而丝毫不是由于受到任命或以元老院代表的资格行使管辖权的;权力属于他们自己而不属于市政机构。市政制度的原则与其说是民主政治的原则,不如说是贵族政治的原则。这就是古罗马风俗习惯的结果,特别是宗教势力和政治势力在高级官员中的原始的合并的结果。

在《简编》中,市政制度的面貌有了变化,国防军长官不再以自己的名义而是以元老院代表的资格行使自己的权力。管辖权属于元老院整体。它的组织原则渐渐变为民主政治的原则;这种形态的变化已在准备之中,这就使罗马的市政府成为中世纪的自治机构。

关于罗马法在西哥特人统治下永久存在的问题,这些就是萨维尼著作的主要成果。我不知道他是否已经衡量过它的整个广度及其在近代社会历史中产生的种种结果,但他一定已经瞥见了它的一些闪光;而且,一般说来,他的思想也像他的学识一样正确而广博。在所有研究这个问题的德国专家中,他肯定是最没有德国偏见的,他不会由于想详述古代日耳曼制度和风俗习惯对近代文明的影响力而昏头昏脑,他把罗马的因素看作是构成近代文明的主要部分。可是,有时候先入为主的爱国精神(如果我可以这样表白自己的意思的话)仍然蒙骗了他,关于这一点,我要举一个例子。他在论西哥特人治下的城市制度这一章的末尾说:

“法典正文规定,在罗马,为了宣布对一个元老院议员提出刑事控诉，应通过抽签指派五个元老院议员：《说明》把这一条解释得很笼统，并要求派五个与被告同等地位的主要公民，也就是说，按照被告本人的生活状况，派五个什长或平民……在这里，我们难道不可以猜测是日耳曼 Scabini（粗糙作风）的影响吗？”①

因此，萨维尼先生猜想，按照《简编》的《说明》，六世纪时，在西哥特人治下，在刑事问题方面通过抽签指派的法官应属于被告同一生活状况的人，即每一个人应由其同等地位的公民来审判；因为他们一般都是这样按照日耳曼的习俗来领会陪审制度的原则的。下面就是这一归纳所根据的拉丁文句子：

“Cum pro objecto crimine, aliquis audiendus est, quinque nobilissimi viri judices, de reliquis sibi similibus, missis sortibus eligantur.”②

这就是说：

“如果任何人因被控犯罪而被传出庭受审，则应在地位互相平等的人中间抽签决定指派五个贵族担任法官。”

de reliquis sibi similibus 这几个词显然意味着这五个法官应从同一等级的人中抽签决定，而并不是从被告这个等级的人中抽签决定。因此，这里丝毫没有法官必须由与被告同等地位和同等生活状况的人担任的意思。nobilissimi viri 这两个词可能已使萨维尼先生信服并防止他的错误：的确，它们怎能适用于平民法官

① 第一卷，第 265 页。

② 《说明》，狄奥多西法典，XI.I.12.

呢?

让我们略过西哥特人不提,转到勃艮第人方面来,看看罗马的立法在这同一时期,在勃艮第人中间是怎么一个情况。

你们可以回想一下,他们法典的序言里有这样的一句话:

> “我们规定,对罗马人必须像我们祖先所做的那样,按照罗马的法律加以审判,并将据以审判他们的法律的要旨以书面的形式通知他们,目的是使任何人都不能以不知道为理由为自己辩护。”

因此,勃艮第的西吉斯蒙德于517年想做西哥特人阿拉里克在十一年前做过的事,为其罗马子民搜集罗马法律。

1566年,居雅斯在一部手稿里发现了一部法律著作,他就把它题名为 *Papiani Responsum*(《帕皮尼安的法律问答汇编》)或 *Liber Responsorum*(《法律问答汇编》)而出版,此后该书就一直沿用这个书名。它分为47或48篇,具有下列特色:

1. 各篇的次序和标题几乎完全和勃艮第人的粗野的法典相符;第二篇 *De homicidiis*(《关于谋杀》),勃艮第法典的第二篇也是 *De homicidiis*(《关于谋杀》);第三篇 *De libertatibus*(《关于自由》),勃艮第法典的第三篇是 *De libeitatibus servorum nostrorum*(《关于奴隶的自由》),等等。萨维尼先生把这两部法典作了对比,[①]其间的相互关系是很明显的。

2. 我们在这部著作的第二篇中看到,*De homicidiis*(《关于谋杀》):

① 第II卷,第13—16页。

"因为非常明白,罗马法关于被杀的人的价值丝毫没有作出规定,我们的国王已发布命令说,谋杀者应按照奴隶的身份地位付给他的主人下列金额,即:

一个总管	100个索利多斯
一个身边的奴仆	60个索利多斯
一个工人或牧猪奴	30个索利多斯
一个好的金匠	100个索利多斯
一个铁匠	50个索利多斯
一个木匠	40个索利多斯

此事必须遵照国王的命令办理。"

在勃艮第人的法典中,相应的篇目下列举的细目与和解费金额,都与此相同。

3. 最后,这个法典的第一个补篇的两个篇目的标题(第一篇和十九篇)都是仿效居雅斯刊印的 *Papiani Responsum*(《帕皮尼安的法律问答汇编》)的。

十分明显,这部著作就是西吉斯蒙德颁布适用于其蛮族子民的法典时也向其罗马子民颁布的那部法典。

这部法典的题名是从哪里来的?它为什么称为 *Papiani Responsum*(《帕皮尼安的法律问答汇编》)?实际上,它岂不是常被各种手稿称为帕皮安的帕皮尼安努斯写的一部著作的副本吗?非常非常可能。萨维尼先生已巧妙地解决了这个问题。他猜测居雅斯在阿拉里克的 *Breviarium*(《简编》)的一部手稿的末尾发现了勃艮第人的罗马法的手稿而没有注意到这两部著作是分开的;而 *Breviarium*(《简编》)是以帕皮尼安努斯的 *Liber Responsorum*

(《法律问答汇编》)中的一段文字作为结尾的,居雅斯无心地把这段文字和这一篇都归属于下面这部著作了。检查许多手稿之后证实了这个猜测,可是居雅斯本人对是否错误还有怀疑。

由于阿拉里克的 *Breviarium* (《简编》)问世的时间仅比罗马勃艮第人的法典早不了几年,有些人就猜想后者是前者的一部摘录。这是一种错误。帕皮尼安努斯的 *Responsum* (《法律问答汇编》)比 *Breviarium* (《简编》)简短得多,不完全得多,它自从保有这个名字以来,不止一次地从罗马法的原始资料中汲取并在这个问题上提供重要的指示。

它大概是在勃艮第人的王国沦于法兰克人统治下时被废弃不用的。一切事情表明,更广泛、更能满足世俗生活的各种需要的阿拉里克的 *Breviarium* (《简编》)逐渐代替了它,并成为勃艮第人和西哥特人曾经据有的高卢各地的罗马人的法典。

法兰克人仍应受到重视。当他们已征服或几乎征服了整个高卢时, *Breviarium* (《简编》),有时还有 *Papian* (帕皮安)在昔日它们施行的地方仍然有效。但在高卢北部和东北部,在法兰克人最初定居的地方,情况就不相同。我们在那里看不到任何关于新罗马法的事物,也没有为原居民收集和汇编罗马法的任何企图。可是,它肯定仍然统治着他们;下列这些重要事实都不容许我们对此有丝毫怀疑。

第一,萨利克法和里普利安法不断地重复说,应按照罗马法审判罗马人。许多法兰克国王的法令,包括克洛泰尔一世于560年颁布的一条法令和希尔德贝尔特二世于595年颁布的另一条法令,都重新加强了这个命令,并从罗马法中借用了某些条文。因此，法兰克人的不朽的法典证明了罗马法的永恒性。

第二，另一种具有同等权威的法典也证明了这一点。你们中有许多人都知道从六世纪到十世纪世俗生活的主要行为，如遗嘱、遗赠、公民权之给予、卖买等据以制定的那些行为准则或礼仪模式。这些准则的主要集子是修道士马尔克夫约于八世纪末出版的那本集子。许多博学之士——马比荣、比格农、锡尔蒙德和林登布罗格——使另一些准则根据旧抄本恢复原状。大量这样的准则以同样的措辞复制了罗马法关于奴隶释放、遗嘱、遗赠、时效等等的古代礼仪，从而证明它在习惯上仍然适用。

第三，在法兰克人所占领的各地，关于这个时期的一切不朽巨著都充斥着罗马市政系统的各种名称——两巨头执政官、律师、法庭和罗马元老院等，并把这些设施说成是永远有效的。

第四，事实上有许多民间的行为是按照罗马法通过元老院办理并在那里登记的，如遗嘱、遗赠、卖买等。

第五，最后，当时的一些编年史作者往往谈到那些通晓罗马法并对它作了精湛研究的人。六世纪时，奥弗涅人安达奇乌斯“非常精通维吉尔的著作、狄奥多西法典和计算技术”。[①] 七世纪末，克莱蒙的主教圣·博内特“通晓语法学家的原理和狄奥多西的法令”。[②] 手抄本内卡奥尔的主教圣·狄第厄尔传记说，“圣·狄第厄尔从629年至654年致力于研究罗马法。”

那时肯定没有博学鸿儒；那时也没有 Académie des Inscrip-

① 图尔的格列高利，1.4.C.47。

② Acta. Sanc Juanar C.1, No.3.

tions（碑铭研究院），人们也不会纯粹为了好奇而去研究罗马法。因此，没有理由怀疑罗马法在法兰克人、勃艮第人和西哥特人中间仍然有效，尤其是在民法和市政制度方面是如此。先生们，你们中间那些想找详细的证据，即载有我刚才说的那些结果的原文的人可在萨维尼著作（第一卷，267—273 页；第二卷，101—118 页），更多的在雷努阿尔发表的 *Histoire du Régime Municipal de France*（《法国市政制度史》）一书中找到大量证据，后一著作中充满着一些奇特的研究，对某些问题几乎研究得过于详细。

先生们，你们知道，我打算提出的这个事实是不容置疑的。所有各种巨著都证明它在各不同国家之间，在程度上都是不同的，但在任何地方都是真实而永久的。它有巨大的重要性，因为它宣布高卢进入了一种完全不同于过去的社会状态。它沦于罗马的统治之下迄今还不超过五个世纪，但古代高卢社会的痕迹几已荡然无存。罗马文明具有能根除其他民族的法律、习俗、语言和宗教并使其征服者完全同化于自己的可怕的力量。一切专断的言辞都被夸大了；但在考虑六世纪的一般事物时，我们仍然可以说，高卢的一切事物都是罗马的。随着蛮族的征服而来的是相反的事实：日耳曼人把被征服民族的法律、当地的制度和设施、语言和宗教完全交给被征服民族自己去处理。人们沿着罗马人的足迹奉行着一种看不见的协和一致的政策：在这里，恰恰相反，多样性是通过征服者的同意和帮助才确立的。我们已经看到，人格和个人独立具有绝对的权力的这个近代文明的特点来源于日耳曼；我们在这里看到它的影响；人格的观念在法律中也像在行动中那样处于主宰的地位；各民族的独立存在，虽然也受到这种政治上的控制，但它像人

的独立一样受到公开的赞扬。必须经过许多世纪之后，领土的观念才能胜过种族的观念，个人的立法才能成为真正的立法，新的民族统一才能从各种因素的缓慢而费劲的融合中产生出来。

先生们，即使如此，即使罗马法的永存性得到公认，也不能让这个词欺骗你们：因为其中有许多东西是虚幻的，因为人们看到罗马法继续存在，看到了同样的名称和同样的形式，人们就断言说法典的原则和精神也仍是同样的：人们把十世纪的罗马法说成是罗马帝国的法典。这是错误的语言；当阿拉里克和西吉斯蒙德命令编一部罗马法的新集子以供他们的罗马子民之用时，他们所做的恰恰是狄奥多里克和达戈贝尔特为了使蛮族法典能为其法兰克子民所领会而在别处曾经做过的事。正像萨利克法和里普利安法所阐述的是一些早已不适合于日耳曼民族新情况的古代习俗，阿拉里克的《简编》和帕皮尼安的《法律问答汇编》所收辑的也都是一些早已陈旧而且一部分已不适合的法律。由于帝国的覆亡和蛮族的入侵，整个社会秩序完全改观了；人与人之间的关系已经不一样，另一种财产制度已经开始；罗马的政治设施不可能继续存在；整个地面上各种事实都已被刷新。那么，给予这个如此混乱而又如此富饶的新兴社会的是怎样一些法律呢？两种古代法律：古代蛮族习俗和古代罗马法规；十分明显，两者都不是合适的，两者都必须加以修改，为了适应新事实，两者都必须深刻地改变形态。

因此，当我们说，六世纪时罗马法仍然存在，同时诸蛮族法典也已写成；当我们在以后几个世纪里老是看到罗马法和蛮族法这几个同样的词时，绝不可以认为所说的是一些同样的法律。因为罗马法在使自己长期存在的同时，也发生了变化；各蛮族法典在写

下来后就被歪曲被误用了。两者都是构成近代社会的基本因素之一;但它们都是作为进入一个新的联合体的一些因素,这个新的联合体经过长期酝酿之后将会产生出来,但在酝酿过程中,它们将以改变了的面貌出现。

先生们,我想介绍给你们看的就是这种不断变化的情况;史学家不会谈到它;不变的废话把它隐藏起来;它是一种内部的作品,一种极为秘密的景观,人们只有透过好多重围墙,并防止了由于形式的相似和名称的相似而造成的幻觉之后才能看到这种景观。

我们关于六世纪到八世纪中期高卢世俗社会的情况的研究现在已经完毕。在下一讲中,我们将研究在这同一时期在宗教社会里所发生的变化,也就是说,教会的情况和组织。

第十二讲

本讲的目的——六世纪到八世纪中期高卢教会的情况——宗教社会和世俗社会的原始状态的相似之处——教会或宗教社会的统一——宗教社会的两种因素或情况;第一,关于真理,也就是说关于绝对理性的统一;第二,关于思想自由,即个人理性的自由——从六世纪到八世纪基督教教会中这两种思想的情况——它采纳了一种而反对另一种——教会在立法方面的统一——宗教会议——东西方教会关于异教徒迫害所持态度的不同——从六世纪到八世纪教会与国家的关系:第一,在东帝国;第二,在西帝国,尤其在法兰克人治下的高卢——世俗势力对教会事务的干预——宗教势力对国家事务的干预——扼要重述

先生们,我们重新进入我们已经走过的道路;我们再次拿起我们一度拿过的线索:我们必须研究基督教教会在高卢的历史,从入侵的完成到墨洛温王朝诸王的覆亡,也就是说,从六世纪到八世纪中期。

这一个时代并不是任意确定的;加洛林王朝诸王在位时期标志着宗教社会和世俗社会的一个危机。这个时期构成了一个时代,我们值得在此暂停一下加以论述。

请回忆一下我探索过的高卢宗教社会在罗马帝国决定性覆亡以前,即四世纪末和五世纪初的情况。我们根据两种观点考虑了教会的问题:第一,按照它外界的处境,即按照它和国家的种种关系来考虑;第二,按照它内部组织,即按照它的社会组织和政治组

织来考虑。我们看到所有的具体问题,所有的事实,都围绕着这两个基本问题。

这双重的考察使我们能够在教会的最初五个世纪中看到解决这两个问题的一切萌芽,一切礼仪的某种范例和一切联合的尝试。无论在教会的外界关系方面还是它的内部组织方面,都没有一种制度是不可以追溯到这一个时代并在那里找到某种根据的。我们已经在那里看到了所有这些东西:独立,服从,统治权,教会和国家的各种妥协方案,长老统治制或主教统治制,完全没有神职人员的或神职人员几乎独占的统治。

我们刚才已经考察了六七世纪时蛮族入侵后世俗社会的状况,并达到了这同样的结果。在那里我们同样看到了这种萌芽,社会组织和政府的一切制度的范例:君主政治、贵族政治和民主政治;自由人会议;当地的酋长对其战士的保护权,大领主对小领主的保护权,王权,专制的和虚弱的,选举的和世袭的,蛮族的、皇室的和宗教的:总之,在近代欧洲生活中已发展出来的一切原则,那时都同时在我们面前出现了。

先生们,这两个社会的起源和原始状态极为相似:它们的财富和混乱状态是一样的;一切东西都有;但没有一件东西是放得恰当而相称的;秩序将随着发展而到来;在发展过程中,各种不同的因素将被离析出来、区别开来;各种因素将显示其抱负和力量,起初为了战斗,后来为了重新和好。这些就将是各个时代和人类的逐渐进展的工作。

今后我们必须描述的就是这项工作;我们在这两个社会的婴儿时期就已看到了近代文明的一切物质因素和一切合理原则;我

们将在它们的斗争、协商、合并方面探究它们，还将在它们的特殊命运和一般命运的一切变化中探究它们。严格说来，这就是文明史；现在我们还仅仅是到达了这个历史的舞台并说出了其演员的名字。

先生们，你们不必惊奇，在进入一个新时代时，我们首先遇到的竟是宗教社会：正像你们认识到的，它是最进步、最强有力的；不论在罗马自治城市里，在蛮族国王的宫廷里，还是在现在已成为领主的征服者的统治集团里，我们到处看到有教会的头头在场，有他们的势力在起作用。从四世纪到十三世纪，在文明的历程中带头的总是教会。因此，这是十分自然的，在这一时期中，每当我们暂时停顿一下后重新开始向前行进时，我们总是跟着它。

我们将根据已经指出的两种观点研究它从六世纪到八世纪的历史；第一，从它和国家的关系方面，第二，从它的特殊的和内部的组织方面来研究它。

但在探讨这些问题中的任何一个问题和与之有关的事实之前，我必须请你们注意一个事实，这个事实主宰着一切，描绘出整个基督教教会的特色，而且可以说是决定着它的命运。

这个事实就是教会的团结一致，基督教社会的团结一致，虽然在时间、地点、统治地位、语言或出身上有千差万别。

奇异的现象！正当罗马帝国崩溃而消失的时候，基督教教会却振作精神明确地塑造了自己的形象。政治上的一致消亡了，宗教上的一致兴起了。我不知道被投上这个历史舞台的从属于各不同血统、习俗、语言和命运的民族究有几多；它们全部变成了部分的和局部的力量；任何一种广泛的思想，任何一种普遍的机构制度，任何一种伟大的社会联合体都消失了；而就在这个当口，基督教教会宣告了她的教义的一致性，她的公理的普遍性。

先生们，这是一种光荣而强大的事实，从五世纪到十三世纪，它已给人类做出了巨大的贡献。仅仅教会的一致这一事实使各国之间、各民族之间保持了某种联系，虽然其他一切都是趋向于分离的；在它的影响下，某些一般的概念，某些得到广泛赞同的情感得以继续发展；并从世人迄今所知的最可怕的政治混乱中产生出了也许是历来最能振奋人心的最博大最纯洁的思想，即精神社会的思想；因为那是教会的哲学名称，她所希望实现的典型。

先生们，在这个时期里，人们说这些话有什么意义呢，他们在这条道路上已有了何种进展呢？这个精神社会，它们的抱负和关心的目的，在精神上和事实上，到底是什么呢？对它人们是怎样想的，又是怎样做的呢？这些问题必须得到回答，这样才能知道，我们说到教会的一致性时所指的是什么，以及应把它的一些原则和成果看作什么。

一种共同的信念，亦即一种被人们所承认和作为真理而被接受的共同的思想，是人类社会根本性的基础，是隐蔽的纽带。人们可能会满足于最狭隘最简单的联合，或还想把自己提高到最复杂、最广泛的联合；我们可以考察一下，在三四个人联合起来组成一个狩猎队的野蛮人中间，或者在一个为处理国家大事而召开的大会中发生了什么事；在任何地方，在任何情况下，联合这件事基本上有赖于使各个人都信奉同一个思想：只要他们都是互相不了解的，他们就仅仅是一些互不相关也不团结一致的孤立的人。社会成立的第一个条件是具有一种同样的思想感情、同样的教义，不管它的性质和目的是什么;人只有在真理中、在他们认为是真理的事物中,才能联合起来,社会也才能诞生出来。而在这个意义上,一个近代哲学家[①]说的下面这些话都是正确的,他说,除了彼此理解以外,就没有社会;还说,社会只存在于实现了理解的联合的那些地点和地区;凡是毫无共同理解的地方就没有社会;换言之,知识分子的社会是唯一的社会,必要的成分,而且可以说是一切外在的和可以看得见的联合的基础。

先生们,真理的基本要素,实际上恰恰是卓越的社会关系的基本要素,也就是一致性。真理只有一个,因此,承认和接受真理的人们是团结一致的。在这个团结一致的团体里面,任何东西都不是偶然的,也不是任意的,因为真理既不依赖于事物中的偶然事故,也不依赖于人们还不能确定的事情;没有东西是暂时的,因为真理是永恒的;没有东西是有局限性的,因为真理是完全的、无限的。因此,团结一致性正像它是真理的基本特征那样,也是仅以真理为其目的的社会、即纯粹的宗教社会的基本特征。没有也不可能有两个宗教社会;由于它的本性,宗教社会是独一无二的,而且是遍及全世界的。

教会就这样诞生了:跟着来的是它宣布作为它的原则的一致性,和它一向孜孜以求的普遍性。相当明显、相当严格地说,处在它的一切教义的核心和翱翔于它的一切工作之上的正是这种思想。远在六世纪以前,从基督教的婴孩时期起,它就出现在最著名的基督教教义的阐释者的著作和行为中。

① M. L'Abbé de Lamennais(拉麦内的修道院长).

但真理的一致性其本身是不足以引起和维持宗教社会的；它还须让有头脑的人明白，而且还须使他们集合起来共同行动。有头脑的人的联合，亦即宗教社会是真理统一的结果；但是只要这种联合没有完成，原则就没有结果，宗教社会就不会存在。那么，具备了什么条件，有头脑的人才能使他们自己在真理方面联合起来？具备了这样一个条件，即他们承认并接受了它的绝对统治：谁服从真理，但由于无知不是由于见识而不认识它，或者谁虽已认识真理但拒不服从真理，那他就不是宗教社会的一员；如果他们既不领会真理，也不向往真理，那他们就不能成为宗教社会的一员。宗教社会一方面排斥无知，另一方面排斥压抑；它要求它的一切成员之间都有一种密切的，信奉知识和自由的凝聚力。

可是，先生们，在我们研究的这个时期，宗教社会的这第二个原则、这第二个特征正是教会所缺少的。如果说，教会完全不知道这一点，同时教会认为宗教社会可以不经信奉知识或自由的人的赞同而在人们之间存在，那是不公正的。如此简单而赤裸裸地提出来的这一思想是令人厌恶的，并且必然会遭到排斥的。此外，教会最近十分频繁地、充分而有力地运用理性和意志，所以它是不会被人们完全忘却的。它并不肯定地说真理有权使用压制手段；相反，它不断地重复说，精神武器是它所能够而应该使用的唯一的武器。但是这个原则，如果我可以这样表白的话，仅仅停留在思想的表面上，而且一天天地在那里蒸发掉。认为唯一而普遍的真理有权用武力来追求它的一致性和普遍性这一思想已日益成为占主导地位的、活跃而有效的思想。在宗教社会的两个条件、即教义的理性上的一致和有头脑的人的实际上的一致之中，第一个条件几乎已完全占领教会;第二个条件正不断地被忘却或被侵犯。

先生们,要使它取得自己的地位和权力,也就是说,要使宗教社会显示出它的真正本性、它的全部本性和它的各个成分的和谐一致,这需要好多世纪的时间。认为真理(即普遍的理性)的绝对统治可以无须自由发挥个人的理性、无须尊重它的权力而确立起来,这久已是一种普遍的错误。他们如此误解了宗教社会,甚至在宣布它的时候;他们使它陷入了仅仅成为一个哄人的幻影的危险。使用武力所做的事远远超过玷污它,简直是杀死它;为了使它的一致性不仅可能是纯粹的而且是真正的一致性,必须使它在一切才智和自由的发展中日益辉煌。

先生们,对宗教社会的本质作比世人迄今所做的远为深入的研究,更全面地了解它、维护它,这将是我们时代的光荣。现在我们知道,它有两个条件:第一,存在着一条普遍而绝对的真理,一条关于教义和人类行为的规律;第二,即使有了这种真理,还要有一切知识分子的充分发展和一切灵魂对它的权力的自由支持。不要因这两个条件中的一个条件而使我们忘记另一个条件;不要让思想自由这个观念削弱我们关于宗教社会一致性的观念:因为各个人的信念应该是明白而自由的,不要认为没有一种普遍的真理有权发号施令;在尊重各个人的理性时,切不可无视唯一的至高无上的理性。人类社会的历史迄今都在交替地从这一种倾向转到另一种倾向。某些时期,人们特别注意的是这个普遍而绝对的真理,即他们热望受其统治的正统主子的本质和权力:他们妄自以为他们终于遇到并掌握了它,并在其愚蠢的自信中赋予它以绝对的权力,这种权力不久就不可避免地产生出暴政。长期屈从它和尊重它之后，人们便承认了它；他们看到真理的名义和权力被愚昧势力或邪恶势力所篡夺；于是他们更觉得偶像之可气，心里就少想到上帝本身了；神圣理性的统一体（如果允许我用这个说法的话）已不再是他们经常默祷的对象；他们首先想到的是人类理性在人际关系中的权利，但到末了往往忘掉了意志即使是自由的，也绝不是任意的；忘掉了如果有权研究个人的理性，这个权仍然从属于作为衡量一切思想的试金石的那个一般理性。正是因为首先有了暴政，所以第二就有无政府状态，也就是说没有普遍而有力的信念，灵魂里没有原则，社会没有团结。人们也许希望我们的时代能避免这些沙洲，因为它（如果我可以这样说的话）掌握着能指示它们双方出来的航海图。文明的发展今后必然在双重威望同时影响之下完成；一般的理性将被尊为最高的法律、最终的目的；个人的理性将是自由的，并被祈求使自己发展成为达到一般理性的最好手段。如果宗教社会从来不是完美而纯净的——人性的不完善不容它如此——则至少它的一致性将不再冒被人说是做作的和有欺骗性的这个危险。

你们已经粗略看到了这个伟大思想在我们研究的那个时代的心理状态：现在让我们来看看实际情况，看看教会的一致性（它的合于理性的诸特点我们刚才已经叙述过）已经产生了什么实际的结果。

人们首先看到它在教会的法规方面，尤为显著，因为它与其他地方通行的一切法规都是相抵触的。我们在上一讲中已研究过五世纪到八世纪的世俗的法规。逐渐增加的差异使我们看到了它的基本特点。宗教社会的倾向是非常异殊的；它追求法律的统一，并达到了目的。但这并不是因为它完全根据宗教的原始不朽巨著起草它的法律,所以各地的法律总都是同样的:因为,随着它的发展,就出现新的愿望,就需要新的法律或新的立法者。那么它将是谁呢?东方是从西方分裂出来的,西方每天分裂出一些不同的独立的国家。由于教会如此分散,就应该有许多立法者吗?高卢、西班牙或意大利的宗教会议应该给它们制定宗教法规吗?先生们,不;应该有一种整个教会都适用的普遍而唯一的法规,它比形形色色国家教会和会议的法规、比一切必被引进风纪、礼拜和习惯法的不同的法规都优越。大的宗教会议所制定的法令应该是到处都有约束力的、到处都被接受的。从四世纪到八世纪,曾召开过六次全基督教的或大的宗教会议,它们都是在东方、由东方的主教并在东方皇帝的势力下举行的。出席的主教来自西方的极少极少。[①]然而,虽然存在着许多误解和分裂的原因,虽然存在着语言、政府和习俗的不同,虽然存在着罗马、君士坦丁堡和亚历山大诸大主教之间的敌对状态,基督教大会议的法规却是到处都被采纳的,西方主教和东方主教都服从它;只有第五次会议的少数几个法令发生

① 从四世纪到八世纪举行的历次宗教会议表

日期	地点	出席人数	东方的	西方的
925	尼西亚	318	315	3
381	君士坦丁堡	150	149	1
431	以弗所	68	67	1
451	卡尔西顿	353	350	3
553	君士坦丁堡	164	158	6
680	君士坦丁堡	56	51	5

短时的争议。联合一致的思想在教会里已十分强大；这就是主宰一切事物的精神纽带。

关于宗教社会的第二个原则，思想自由，东西方之间必须作某种区分；双方的实际情况是不一样的。

在阐述四五世纪的教会的情况时，我已使你们了解立法方面和一般人的思想方面对异教徒的处置。你们可以回想一下，迫害的原则既没有明确地规定过，也并非经常占主导地位，但它仍然渐渐流行；虽然有几个主教不吝地提出了抗议，虽然有各式各样不同的情况，狄奥多西的法典，对阿里乌斯派、多纳图斯派、贝拉基派教徒的迫害，以及对普里西利安派教徒的惩罚都不容对此有丝毫怀疑。

从六世纪起，在罗马帝国的真正继承人和延续者的东方人的帝国内，一切事情和思想概念仍循着同样的道路进行；发展了迫害原则；基督一性论派、基督一志论派和其他许多异教徒的历史，以及查士丁尼的法规都证明了这一点。

在西方，入侵及其一切后果在一段时间内延迟了这原则的进展；几乎一切智力活动都停滞了下来。在这生活的不断混乱中，能留下什么仔细考虑和研究问题的余地呢？异教徒是不多的；阿里乌斯派和正统派之间继续在争论；但我们看到有极少数新的教义在兴起；但那些企图挤出头来的仅仅是东方异教徒的一些微弱的回声而已。因此，迫害可以说是没有理由的。此外，主教们也丝毫没有挑拨它，他们正忙着一些更迫切的事；教会的处境是危险的，它不仅必须为它的暂时利益奔忙，而且它的安全、它的存在也已在危险之中；他们不太关心意见方面小的不同。六世纪中在高卢举行过五十四次宗教会议，只有两次，即 529 年的奥朗日会议和 529

年的巴伦西亚会议，忙于讨论教条；他们把半贝拉基派判定为异端，而这是五世纪遗留给他们的。

最后，诸蛮族国王，即国土的新主人，对这种辩论很少感兴趣，也很难得参加。东方的皇帝都是神学家，也是主教；他们都是在神学中诞生和长大的；他们关于神学问题和神学上的争论有自己的固定的意见。查士丁尼和希拉克略为了自己的利益乐意地压迫异教徒。除非迫于某种强大的政治动机，无论冈多巴德、希尔佩里克还是贡特朗都不愿为这个问题伤脑筋。勃艮第、东、西哥特和法兰克诸王留传下来的无数言行都证明他们都不大想在这些事情方面发挥他们的权力。东哥特国王狄奥多里克说，“我们不能指挥宗教，谁也不能不由自主地被迫信奉宗教。”[①]国王狄奥德巴特说，“既然上帝容忍各种不同的宗教，我们不敢单单规定一种。我们读了这个之后，就想起上帝必然是甘愿作此牺牲而并不是由于受到某个主人的压制。因此，那些试图不那样做的人显然是在反对上帝的命令。”[②]

毫无疑义，卡西奥多鲁斯在这里把自己卓越的理性赋予了这两位哥特人国王；但他们采纳了他的话，我们在其他许多问题上看到这些蛮族君主，不论是由于无知还是由于机智，都表现出同样的倾向。

因此，事实上，由于各种原因的凑合，宗教社会的第二个条件即思想自由，在这个时期里，在西方受到的破坏少于东方。可是，

① 卡西奥多鲁斯・瓦里亚，《使徒书》，II，第27书札。

② 同上书，X，第26书札。

在这个问题上切不可误解;这仅仅是一种偶然,是外界环境的暂时的结果;实际上,自由的原则同样被忽视了,事物的总的趋势同样会造成迫害的流行。

先生们,你们知道,虽然有某些不同,教会的一致性及其一切后果,到处都成为最重要的事,在西方如此,在东方也是如此,在社会地位方面如此,在一般思想方面也是如此。在宗教社会里,它就是支配舆论、法律和行动的原则,就是舆论、法律和行动的出发点和向往的目的。从四世纪起,这个思想可以说就是宗教社会在其光照下得以在欧洲发展的这颗明星,为了追踪和理解它的命运的变化就必须始终加以注意。

这一点大家同意,同时这个时期的有代表性的事实很好地确定以后,我们就可以对教会的地位进行个别的考察:第一,探索它与世俗社会及其政府的关系如何,第二,探索它的特殊的内部的组织如何。今天我们大概只能埋头于第一个问题了。

先生们,我要请你们回想一下我在谈到教会在五世纪的情况时说过的话:我们觉得它与国家的关系也许可以判定为四种不同的体制:第一种,完全独立的教会;不受人注意和不为人所知的教会,它既得不到法律的也得不到国家的支持;第二种,国家对教会有统治权;宗教社会即使不是全部、至少在其主要成分方面受到世俗权力的统治;第三种,教会对国家有统治权;世俗的政府即使不是直接归宗教势力所有,至少完全由宗教势力控制;第四种即最后一种,两种社会、两种势力并存,它们虽然是各自分开的,但由于各种不同的情况而联合在一起,可是这种联合又没有使它们互相混淆。

我们同时清楚地认识到,五世纪时盛行着最后这种制度,即基督教教会与罗马帝国并存；作为两种不同的社会，各有自己的政府和法律，但采取互相支持的办法。可是在它们的联合中，我们发现一些迹象，即仍然可以看到另一种原则、一种先前的状况，即国家对教会有统治权，帝国的皇帝可以干预教会的行政，对教会有决定性的优势；最后，但是我们隐隐约约地在远处看到教会势力凌驾于国家之上的情况，宗教势力支配世俗政治的情况。

我们觉得，整个说来，五世纪时基督教教会与国家的关系就是如此。

在六世纪中，如果我们注意东帝国（要正确地了解西方发生的情况就得经常放眼看看东帝国）以及蛮族入侵在事态发展中造成的变化，那我们就会被两个同时发生的事实所震惊。

第一，教士，特别是圣公会教士，不断地从皇帝那儿取得新的恩典和特权。查士丁尼给予主教们：第一，对修道士和修女像对教士一样的世俗管辖权；[①]第二，对城市财产的检查，使他们在所有市政管理中居首要地位。[②] 第三，来自家长权力的参政权；[③]第四，他禁止法官传唤他们担任证人和要求他们发誓。[④] 希罗狄乌斯给予他们对教会执事的刑事裁判权。[⑤] 宗教界在世俗社会里的势力及其享有的各种豁免权日益增多。

第二，可是，皇帝们也日益增多地参与到教会的事务中来；不仅参与到它和国家的关系中来，而且还参与到它的内部事务、组织

① Nov. 查士丁尼，79，83；A.D.539。

② 查士丁尼法典，I.第四篇，1.26。

③ Nov. 81.

④ Nov. 123，C.7.

⑤ Gieseler，Lehrbuch der Kirchengeschichte，t. I. p. 602.

和纪律中来。他们不仅干涉它的行政管理工作，还干涉它的信条；他们颁布命令支持某一条教条，稳定人们的信念。

整个说来，东罗马帝国皇帝们对宗教社会的权威比过去更普遍、更活跃、更经常、更专断了；而教会所处的地位（对世俗势力而言）较之它在古罗马时代所处的要弱些、差些、低些，虽然它的特权有所进展。

两段同时期的权威性引文将使你对此不会发生怀疑。

六世纪中叶，法兰克人派了一个使团到君士坦丁堡去。意大利的教士写信给法兰克的使者们，告诉他们一些他们认为有利于他们使命的成功的消息：

> 信里对他说，"希腊的主教们有许多大而富饶的教堂，他们不能忍受暂停两个月对宗教事务的管理，因此，为了使自己适应于时代，适应于君王们的意志，他们无条件地同意对他们提出的一切要求。"①

这里另有一个文件，它话说得更重。东罗马帝国皇帝莫里斯(582—602)禁止一切从事世俗工作的人担任教会执事或进修道院工作；他曾将这条法律送往罗马交给教皇格列高利，以便他在西方传达。罗马对希腊帝国只通过一条脆弱的纽带维持着关系。格列高利实际上对皇帝毫不畏惧；他性情激烈而骄傲；莫里斯的政令冒犯了他；他想明白表示他的不满，也许甚至企图作某种抵抗；他在他的复信的末尾这样说：

> "对我皇陛下说这些话的我是什么东西呀，岂不仅仅是尘土

① Mansi. Conc. t.IX p. 153.

或一条蚯蚓吗？但是，由于我认为这条法律是违背一切事物的创造者的上帝的意旨的，我仍不能把这个想法对我皇陛下默不作声；而要看看耶稣基督在通过我这个他的也是您的微末的仆人对你说话时，对此作何反应：'我已使你从秘书擢升为统率禁卫军的伯爵，从统率禁卫军的伯爵擢升为凯撒，又从凯撒擢升为皇帝；不仅是皇帝而且也是一个皇帝的父亲；我已经把我的神父们交托给你，你须把你的士兵撤离我的服务处所。'我恳求您，最虔敬的皇帝陛下，对您的仆人说说，在最后审判的那一天，当你的上帝来对你说这些事时，你将如何答复他？

"至于我，为了服从你的命令，我已把这条法律送交尘世的各个国家，同时我也已在这封信里把我的意见告诉我的尊贵的皇帝陛下，即这条法律是与全知全能的上帝的法律相违背的；因此我已尽了对两方面的职责；我既对凯撒表示顺从，也没有对我认为违反上帝意旨的事保持沉默。"①

的确，出自这样一个人，处于这样一个地位，抱着这样一种打算，这封信的语调是非常温和而谦虚的了。若干世纪之后，格列高利甚至对最接近、最厉害的君主可能会用一种非常不同的语言。他在这里用的语言完全是出于教会对东罗马帝国皇帝的服从和依附这个原因，虽然教会这时正在不断地扩展自己的豁免权。

蛮族入侵后在蛮族国君统治之下的西方教会呈现一种不同的景象。教会的新主人们毫不顾教会的教义，他们在信仰问题上听任教会自由行动，实行自治。他们对教会的教规，严格说来教士之

① 格列高利，使徒书，1.III.书札第65，致皇帝莫里斯。

间的关系方面也几乎完全不加干涉。但在一切能使世俗权力发生兴趣的问题上,教会就丧失了独立性和特权;它就不太自由,没有像在罗马皇帝们治下那样受到优待。第一,你们看到,在罗马帝国覆亡之前,主教们都是由教士和民众选举出来的。皇帝只在极少的场合,即在最重要的城市选举时才出来干预。高卢在建立了一些蛮族君主国之后就不再有这样的情况了。各处的教堂都很富裕;蛮族国君把它们作为酬报其臣仆和使自己富裕起来的手段,在许多场合,他们直接指定主教。教会往往提出抗议,要求通过选举产生,但教会并非总能成功。许多主教都在单独由国王指定的教区内供职。但这种事实不被视为一个权力问题而继续作为一种陋习而进行下去。在许多场合,国王们自己也多次承认这一点。教会逐渐重新取得选举权;但它也可以按照自己的兴趣而放弃;它承认,选举之后须经国王认可。过去,主教从他被大主教任命为主教之时起就可以到他的教区去覆新,现在却必须得到国王批准才能上任。这已不仅是事实,而且是宗教社会和世俗社会的一条法律。

> 549 年奥尔良宗教会议规定,“任何人不得用金钱取得主教职位;但经国王同意,可以让教士和民众选举出来的人被大主教……及其副手任命为主教。”

> 克洛泰尔二世于 615 年说,“一个主教死后应由大主教及其副手任命一个人来接替他的职务,这个人应由教士和民众选举产生并……经国王授以圣职。”

继任的人由选举产生还是由国王指定,往往反复争论;但在任何情况下,必须得到国王认可这一点则是双方公认的。

第二,像在罗马帝国治下一样,未经国王同意,不得召开宗教会议,如果主教们企图秘密召开,国王便威吓他们。七世纪时,国王西吉伯特写信给卡奥尔主教狄第厄尔说,“我们从公众报告获悉,伏尔福洛德的主教召集你和你省的其他主教9月1日在我们王国里举行宗教会议……虽然我们希望继续遵守教规和教会的规章,因为它们都是我们祖先所保留的,但是,由于我们不了解为何要召开这次会议,我们和我们的大人物们一致认为不能容许未经我们知悉而在我们王国里召开这个会议;同时,我们王国里的主教们都不会在即将到来的9月1日与会。将来,如果把开会的目的及时通知我们,不论它是为了整饬教会的风纪,还是为了国家的福祉或其他事情而召开的,我们都将不会不同意它的召开。但条件是……必须事先通知我们。我写这封信给你的原因是禁止你出席这个会议。”重要的文献和六七世纪时召开的十三次宗教会议的法令和条例都正式表明它们是奉命召开的,并且是得到国王同意的。① 这不仅为了会议的召开,而且常常为了使作出的法规有效,这种同意是必要的。可是我并不怀疑,但在这方面,特别是纯粹地方性的宗教会议,都是未经批准就开会并处理它们的事务的。

① 这些会议是:

1. 511年的奥尔良会议
2. 533年的奥尔良会议
3. 535年的克莱蒙会议
4. 549年的奥尔良会议
5. 556年的巴黎会议
6. 567年的图尔会议
7. 575年的里昂会议
8. 579年的沙隆会议
9. 581年的马孔会议
10. 584年的巴伦西亚会议
11. 584年的凡尔登会议
12. 615年的巴黎会议
13. 650年的沙隆会议

第三，有些作者[①]认为教会的独立性也受到某种设施的损害，这种设施在法兰克人中间比其他地方更为发达；我指的是国王的小教堂和以特派总司铎、国王小教堂总管和 Apocrisiarius 的名义握有小教堂管理权的那个教士。国王的小教堂的这位总管起初只负责宫廷内部的礼拜事宜，后来他的职务日益重要起来，用我们时代很不适用的语言来说，竟变成管理整个王国宗教事务的一种大臣：据说，这些宗教事务几乎全都得通过他的干预才能得到处理，同时王权也通过他的媒介对宗教事务施加了很大的影响。可能是，在某一个时期，在某一个国王治下，例如在查理曼治下，这种影响是存在的。但一般说来，就其本身而论，我很怀疑这个机构是有效的，它与其说是国王在教会方面的权力机构，反不如说是教会对国王的权力机构。

第四，在这个时期教会的特权所受到的限制方面，有些事情是更为现实的。它们为数众多而且都很重要。例如，未经国王同意，任何主教都不得委任一个自由人为牧师。[②] 教士都可以免服兵役；国王不愿意让自由人利用教士的资格任意摆脱兵役。因此，这个时期教堂里都住满了奴隶，教会特别在自己的奴隶中，在自己领地的农奴和劳工中吸收教徒，这种情况可能是最无助于教会为改善农奴生活状况而作的努力。许多教士是从他们中间提拔上来的，所以他们即使没有宗教的动机也深深知道奴隶生活的悲苦，因而对那些陷入困境的人抱有某种同情。在刑事问题方面，西方教

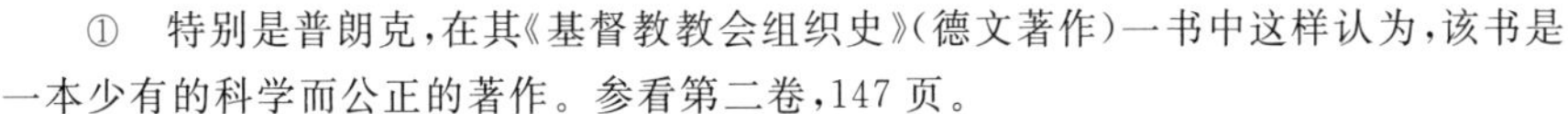

① 特别是普朗克，在其《基督教教会组织史》（德文著作）一书中这样认为，该书是一本少有的科学而公正的著作。参看第二卷，147 页。

② 511 年的奥尔良会议，第 6 章。

士们没有得到希拉克略授予东方教士们的那些特权；他们由普通的和世俗的法官审判。在民事问题方面，教士都由教士审判，但这只限于案件单纯涉及教士的场合；如果争论发生在一个教士和一个俗人之间，则俗人无须在主教面前露面，相反，教士应由俗人的法官审判。关于国家的赋税，某些教堂的地产是免税的，而且这种教堂的数目在日益增多；但豁免权并不是普遍的。整个说来，在蛮族入侵后最初一段时间里，法兰克高卢的教士们，在其与世俗势力的主要关系方面，似乎比罗马治下的高卢少些独立性，所得到的特权也少些。

但是无论在及时重新取得有利条件方面，或是在给自己保证大的补偿方面，都不缺少办法。蛮族国王们，由于在任何方面都不干预教义的问题，不干预教会的理智管理，给教会留下了最富饶的权力源泉。教会也知道如何向它汲取权力。在东方，俗人们参与了神学和它所授予的权势。在西方，只有教士致力于脑力工作，只有教士是各种脑力工作的大师。只有教士对人民说话，只有教士使人民团结在某种成为规律的思想的周围。特别是通过这种方法，教士重新取得了权力，补偿了蛮族入侵使他遭受的损失。到我们研讨的那个时代的末期，这已成为可以看得见的事了。教会已明显地从时势的扰攘和蛮族的横暴所给予它的打击之下恢复过来。它使它的避难权得到承认并成为神圣不可侵犯的。它取得了一种对下级世俗法官的监督和修正之权。它的对一切罪行的审判权的重要性日益显现出来。通过遗嘱和婚姻，它日益渗入世俗社会中来。任何时候，诉讼中涉及教士时，都有教会的法官陪伴着世俗的法官。最后，主教们的出席，无论是在大人物的集会中和国王在一起，还是在各级领主们的面前，都肯定了他们已有力地参与了政界的活动。如果国王的权力干预了教会的事务，那么教会也把它的行动和力量日益扩展到世俗事务中来。

先生们，关于世俗社会与宗教社会相互的处境，这就是这一时期的主要特征。世俗势力和宗教势力日益互相靠近、渗透和蚕食。在入侵之前，帝国仍然坚挺的时候，虽然这两个社会早已有力地互相纠缠在一起，但两者之间仍然有深刻的差别。在与教会有直接关系的问题上，教会的独立性是相当大的；在世俗事务方面，教会虽然很有影响，但它除了市政系统和各大城市以外，几乎不采取任何直接行动。就国家的一般管理而论，皇帝有其完全成熟的机构，他的各种顾问班子、行政长官和军队；总之，撇开宗教社会及其管理机构而论，政治的秩序是完整而有规律的。在入侵以后，在政治秩序消散、普遍出现骚乱之际，两个政府的界限消失了。它们天天生活在没有原则、没有稳定的环境的情况下；它们到处碰碰撞撞，相互抵触，混淆不清，在行动方法上发生争执，偶然还在暗中互斗。关于世俗势力和宗教势力的这种不正常的并存，它们属性的这种稀奇古怪的纠缠 ，这种互相篡夺，它们界限的这种不确定，教会和国家的这一切混乱，在我们历史上发生了很大的作用，产生了许许多多事件和理论，而其根源必须归之于我们现在正在探讨的这个时代；这仅仅是它的最惊人的一个特点。

在下一讲中，我们将探讨教会的内部组织和在这个时期里发生的变化。

第十三讲

关于六至八世纪时法兰克高卢教会的内部组织及其地位——五世纪时高卢教会的典型事实——入侵后它们的实际情况——教士在宗教社会中继续占着支配地位——能使它变更的事实:1. 圣职任命与削发仪式的分离;教士并非传道师——2. 世俗人员对于他们所创立的教堂拥有委任圣职人员之权——3. 小教堂,或特种非国教教堂——4. 教会的代言人——教会一般组织的景象——教区及其传教士——副主祭与副主教——主教——大主教——试图在西方设置总主教——大主教威信的降低——主教统治的优势和专制——教区的教士反对主教的斗争——主教们的胜利——专制统治腐蚀了他们——俗界教士的衰落——改革的必要

先生们,我们已经知道六世纪到八世纪时法兰克高卢教会和国家的关系及其主要变化。我们现在要考察这个时期教会的特殊的内部组织;这是非常奇怪而充满着沧桑变幻的。

我们可以回忆一下,一个宗教社会可能是两种主要的体制组成的。在一种体制中,信士、俗人以及教士都参加政治;宗教社会并非完全处于基督教教士社会的绝对统治之下。在另一种体制中,权力只属于教士;俗人完全不知权力为何物;统治宗教社会的是教士社会。

这种根本区别一旦确立,我们就看到,在这两大体制的每一种体制里都可能会发展出完全不同的一些组织模式:在那里,宗教社

会管理着自己,例如,第一,可能是在教士和俗人都共同参加的一两个会议的指导之下,当地的各种团体都联合在一个总的教会里;第二,可能没有总的和唯一的教会,每个具体地区的全体教徒,每个地方教会都自己管理自己;第三,可能没有严格说来的教士,也没有人被赋予永久的精神上的权力;因此俗人竟能履行宗教的职能。这三种组织模式已由长老会教徒、独立派教徒和贵格会教徒所实现。

如果只有教士处于支配地位,如果宗教社会完全处于教士社会控制之下,则这个教士社会的组织形式可能是由教皇实行统治的那种君主政治,或是由主教实行统治的那种贵族政治,或是由其成员一律平等的教士会议实行统治的那种民主政治。这些不同的组织的例子在历史上都同样遇到过。

事实上,在五世纪的高卢教会里,这些原则中两种已经普遍流行:第一,宗教社会和教士社会已完全分开,教士和人民也已完全分开;教士单独治理教会——可能这样一种统治由于还残留着信徒参与主教选举的制度而稍被冲淡。第二,在教士们内部盛行着贵族政治,只有主教们握有统治权,但这样一种统治,一方面由于低级教士之介入主教选举,另一方面由于宗教会议的影响(宗教会议是教会中自由的根源,虽然参加会议的只有主教们)而受到了削弱。

这些就是蛮族入侵时高卢教会的主要事实和有代表性的特点:它们在蛮族入侵后发生了什么变化呢?它们是否仍然存在或消失了呢?从六世纪到八世纪,它们受到了什么限制?这些都是我们现在必须加以研究的问题。

I. 毫无疑问，教士与人民的分隔和教士对俗人的独占统治依然保持着。蛮族入侵后最初的一段时间里似乎摇晃了一阵子；在共同的危难中，教士和人民接近起来了。这一事实在任何地方都没有被明确地写下来，使大家都可以看到；但它已隐约可见，到处都能被人感觉到：在翻阅这个时期的文献时，人们感到很吃惊，在教士与信徒之间产生了不知怎样一种新的亲密关系；这些信徒可以说是生活在教会里的：在无数场合，主教会见他们，与他们谈话，向他们请教：严峻的时刻、共同的感情和共同的命运迫使政府立足于人民中间；它支持、保护它的势力：在支持它的时候，它就参与其事了。

这种情况延续的时间不长。你们可以回想一下我认为的教士所以对人民拥有独占的统治权的主要原因。我觉得这主要是由于人民地位的低下，智力、能力和势力的低下。入侵以后，这一事实并无改变，不如说还更加严重了。时势的艰难使高卢的罗马人民的地位下降得更低。教士这方面，一旦征服者改变了信仰，他们就不再感到这种与被征服者紧密团结的需要；因此，人民就丧失了它似乎已经获得的暂时的重要性。蛮族完全没有这种天赋，他们与管理教会根本联系不上；他们也丝毫不想这样做；国王们不久就都成为参加教会管理的唯一的俗人。

可是，许多事实都反对教士社会在宗教社会中的这种与世隔绝状态，而对缺乏权力的俗人施加影响。

第一，我认为人们最忽视但具有持久而重要影响的是把授予圣职与举行削发仪式二事分裂开来。直到六世纪，削发仪式都是在授予圣职时举行的；因此它被视为授予圣职的标记（signum ordinis)。从六世纪起，我们看到举行削发仪式可以无须被吸收担任圣职；削发仪式已不是授予圣职的标记，而被称为 Signum destinationis ad ordinem（决定授予圣职的标记）。教会的原则直到现在还是 tonsura ipsa est ordo，即"举行削发仪式本身就是就任圣职"。教会支持这个原则，并作解释说：

削发就是就任圣职本身，但这是在圣职这个词的最广的意义上说的，它是作为就任圣职的一种准备的。[①] 总之，一切事物都证明，从那时起，削发仪式和授予圣职已被区别开来；许多人举行削发仪式但并没有被授予圣职，成为执事但无须成为教士。[②]

他们希望分享教会的种种豁免权；教会像它向被剥夺公民权的人开放它的教堂那样接纳他们加入自己的队伍；它因此扩大了自己的信誉和力量。但宗教社会也因此而获得了对教士社会发挥作用的一种手段。那些仅仅削了头发的人并没有完全享受到严格说来的教士的利益或 esprit-de-corps（团体精神），或严格意义的教士生活；他们在某种程度上保留了俗人的习俗和感情，并把它们带进了教会。这一类人的人数比一般想象的要多，他们在中世纪历史上起着重大的作用。他们的心向往教会而又不属于教会，享有教会的种种特权而又无须受制于教会的事业和习俗。受到保护

① Largo sensu vocabuli et prout est quaedam dispositio ad divinum officium.

② 普朗克先生甚至说，他们往往给孩子举行削发仪式；他还让我们参看 656 年在托莱多举行的第十次宗教会议的第六条教规，这条教规禁止给不满十岁的孩子举行削发仪式。但这里有些混乱：这条教规只涉及在寺院里长大的孩子和通过削发把自己终身奉献给所信奉的宗教的人。这一事实与我们所探讨的问题没有相似之处，普朗克先生是为了支持这种说法而援引它的。——《基督教教会组织的历史》，II. p. 13，not. 8. Labbé, Conc, t. VI. Col. 463。

而不被奴役，那种自由精神正是在这种情况中得到发展，而在十一世纪末我们看到它突然爆发出来，当时，阿倍拉尔是那种自由精神的最著名的阐释者。从七世纪起，那种自由精神缓和了成为时代主要特色的教士与人民之间的分隔状态，并防止它产生一切恶果。

第二，一种次要的事实凑合在一起导致了这同样的结果。从基督教逐渐壮大之时起，像你们知道的那样，创立教堂和捐赠基金给教堂已成为一种司空见惯的事。创立者在他所创立的教堂里享有某些特权，起初，这种特权完全是荣誉性质的。人们把他的名字刻在教堂内部，还为他祈祷，甚至还赋予他选择担任圣职的教士的某种权势。有时主教们愿意在自己辖区之外建立教堂，不论是在自己的家乡，还是在某块领地内，或是出于某种其他动机。他们选择担任圣职的教士的权力都被毫不迟疑地承认；许多次宗教会议都从事于规定这种权力的行使，并规定创立教堂的主教与所创立的教堂所在的主教辖区内的主教之间的关系。

奥朗日宗教会议说，"如果一个主教希望在某一城市的地区内建立一座教堂，不管是为了他的领地的利益，还是为了教会的利益，或是为了任何其他原因，没有错误就不能不批准，但不能让他干预教堂圣职之任命，这个任命圣职之权应完全保留给新教堂所在教区的主教。但这个恩典又应赐予创办教堂的主教，当地主教应任命创办人愿意在其创办的教堂里看到的任何一个教士担任圣职。或者，如果担任圣职者已被任命，则所说的当地的主教应接受他们。[①]

① 441年的奥朗日宗教会议，第20章。

这种对教士恩赐圣职的权力不久便导致同样性质的对俗人恩赐官职的权力。由俗人创办教堂日益频繁。它们的条件和形式是多种多样的。有时，创办人保留一部分岁入，用以捐赠其教堂；有时，他甚至规定他可以分享教堂额外获得的捐款和贡物；因此人们往往出于投机而创立教堂，捐赠财物给教堂，以寻找发财的机会，并为他们未来的富庶而互相联合起来。历次宗教会议采取措施反对这种陋习，但它们承认创办人（不论是教士还是俗人）的权利、并使它成为不可侵犯的，以影响官方教士的选择。

出席托莱多宗教会议的西班牙主教们说，"被虔敬的同情心所感动，我们决定，在各教堂创办人活着的时候，他们都应得到照顾，但他们必须以此为己任，即特别为这些教堂推荐高尚的牧师供主教们委以圣职；如果他们不推荐这种人，那么当地主教判断为上帝所喜欢的那些人将被授予圣职，经教堂创办人同意后在新教堂里执行牧师职务。如果主教不顾创办人而颁发委任令，则这种委任令是无效的，而且他将不得不羞愧地任命创办人所选择的适当的人担任本教堂的牧师。"①

因此，通过这种办法，俗人就可以在教会里施加某种影响，并参与教会的管理。

第三，同时，随着社会状况的逐渐安定，在乡下甚至在城市里，大业主们的家里引进了一种风俗，即在他们宅邸的内部设立一个小教堂，并设置一个牧师在其中执行职务。这些牧师不久便成为

① 655年在托莱多举行的第九次宗教会议，第2章。我将常常引证在西班牙举行的几次宗教会议，因为它们写得比较清楚，而且有更多清楚的事实，在高卢也发生过。

部分主教所焦虑的对象。他们对自己世俗保护人的依附远胜于对邻近的各位主教的依附;他们大概都对他们所居住的这家人有感情,而与教会多少要疏远些。此外,对有势力的俗人来说,这是一种可用以取得宗教帮助的手段,履行其义务而无须完全依靠教区的主教。因此,我们觉得这个时期的历次宗教会议都密切注视着分散在世俗社会中的这种非上帝化身的教士,它们似乎有时害怕这种教士的奴颜婢膝,有时害怕其独立精神。

阿格德宗教会议规定,“如果任何人除了教区教堂之外,还想在他自己的土地上建立一座小教堂,我们允许他(并认为是件好事)在平常节日里为了给自己的人提供方便,可以在那里做弥撒;但是复活节、圣诞节、主显节、耶稣升天节、圣灵降临节、施洗礼者圣·约翰的诞辰以及一切应视为重大节日的其他日子里,只准在某些教堂或教区里举行宗教仪式。凡未奉主教命令或未经主教许可而在上述节日在小教堂里做弥撒的牧师都不得参加圣餐礼。”①

奥尔良宗教会议说,“如果教区会堂设在有权势者的宅院里,得到该市副主教的通知后在那里供职的牧师仗着宅院主人的势力,玩忽了他在教堂里的职责,则应按照教规受到惩罚。如果所说的牧师在执行教会职务时遭到主人的代理人或主人本人的反对时,则应让做这种恶事的人离开神圣的典礼,直到他们改过之后才容许他们再进入教堂。”②

① 506 年举行的阿格德宗教会议,第 21 章。

② 541 年的奥尔良宗教会议,第 26 章。

沙隆宗教会议也说，“我们的许多教友和主教们在很久以前在政府大人物的乡间宅邸里建立的教区会堂的问题上向我们诉苦。那些宅邸的主人与主教们争夺早已给予了这些教区会堂的产权，并且甚至不承认在这些教区会堂里执行职务的牧师们是副主教管辖的。这种情况必须改革：因此，应使教区会堂的财产与在其中执行职务的牧师处于主教的权力之下，以便主教了解何者应归属于这些教区会堂和圣职人员；若有人反对这样做，就按照古老教规的要旨开除其教籍。”[①]

这是不无理由的，只顾自己权力的主教们往往以极不信任的目光看待这种宅邸内的教士：近代发生的一个例子使我们看到了它的结果。英国在查理一世治下，在革命爆发之前，在英国国教会与清教徒派斗争时，主教们把所有被怀疑持有清教徒见解的牧师都逐离牧师的职位。其结果如何呢？——也抱有这种见解的乡绅们、大地主们把被驱逐的新教牧师以学校牧师的名义拉进了自己的宅邸里。于是，很大一部分被主教们怀疑的牧师都投到俗人社会的保护之下，并在那里起着一种使正式的教士感到很难对付的作用。英国国教派徒劳地追踪它的对手，甚至进入了一些家庭的内部；当暴政不得不深深地渗透到各方面时，它立刻就变得软弱无力，或是加速走向毁灭；小贵族们，即英国的上层中产阶级，以不屈不挠的努力来保卫他们宅邸内教堂牧师，把他们隐藏起来，把他们从这一宅邸换到另一宅邸；他们或是躲避或是敢冒主教派教会的诅咒。主教们可能要花招、压迫人；他们已不再是唯一的、必不可

① 650年的沙隆宗教会议，第14章。

少的教士;人们把一批与合法教会无关的且日益与其敌对的教士隐藏在它的内部。从六世纪到八世纪,危险并不是一样的;主教们既无须害怕分裂教会,也无须害怕造反起义。但宅邸内教堂牧师的制度仍具有类似的作用:它使一批下级教士与整个教会的关系不太密切,而比较接近世俗社会,比较喜欢分享世俗社会的生活方式,总之,比较喜欢与时代和人民合作。因此,主教们时刻监视和约束这些宅邸内教堂牧师。可是,他们并没有消灭他们;他们也不敢试图这样做:封建制度的发展甚至使这种宅邸内教堂牧师的制度获得了它先前所没有的那种稳固性:这也是世俗人士重新取得控制宗教社会的势力的方法之一,而这种势力正是其合法的内部组织所不能给予它的。

第四,主教们不得不对世俗人士开放另一条路。他们觉得,世俗事务和教会财产的管理永远是令人感到为难和难办的事的根源;他们不仅有一些分歧的意见须得去作出决定,有一些诉讼案须得去支持,而且在可怕的混乱时势下,教会的财产经常遭受破坏,他们不得不在无数的争吵和隐蔽的战争中作战或妥协;而当教会为了它的产业和权利须得去击退某种抢劫行为,须得去支持某种法律上的论证,甚至在某种情况下还须得去支持司法上的战斗而必须作出答辩时,虔诚的威吓、规劝,甚至开除教籍往往都不足以达到目的;教会需要尘世的武器。为了取得这种武器,教会诉诸一种权宜办法。在过去一个时期里,特别是非洲的一些教堂惯于选拔一些辩护人,让他们以 Causidici, tutores, vice-domini(律师、监护人、代理人)的名义,负责代替他们出庭,并保护他们 adversus potentias divitum(对财富的支配)。一种类似的、远为迫切的需要使法兰克人治下的高卢的一些教堂在其邻近的俗人中寻找保护人，请他不仅在他们有求于他的司法争端上，而且也在反对可能威胁他们的任何抢劫行为方面，以辩护人的名义，保护他们事业上的利益。在六世纪到八世纪这段时期里，教会的辩护人在封建制度内还没有多大的发展，也没有他们在后期获得的那种形式；我们还不能把 advocati sagati（武装的辩护人）与仅仅负责民事诉讼案的辩护工作的 advocati togati（披宽袍的辩护人）区别开来。但这种制度还是相当实际而有效的；我们看到无数的教堂在选择辩护人；它们谨慎地选取强壮而勇敢的人；有时国王们也把这种人送给还没有辩护人的教会，于是俗人就这样应邀参与了教会的俗事的管理工作并对教会的事务发挥了重要的作用。

教会请求某些强大的邻居给予支持而对他们的劳务付给报酬时，一般是采取给予他们一些特权，特别是给予他们某块领地的用益权的方式。

先生们，我们可能已经看到，如果允许我这样说的话，对宗教社会有四扇门敞开着，使它能进入教士社会，并在那里行使某种权力：授予圣职与削发仪式的分离，这就是说，许多并非教士的办事人员被引入教会；由于创立教堂和对教堂施予保护而取得的各种权利；私邸内小教堂的设置；最后，辩护人的干预教会世俗事务的管理；这些就是在我们研究的这个时期里与教士社会对宗教社会的垄断统治作斗争并削弱和阻滞其作用的一些主要因素。我还可以指出许多其他因素，但这些因素我都略去了，因为它们不太普遍，也不明显。理所当然地，这样一个事实是易于设想的：统治者与被统治者的分离绝不能像这个时期教会的一些正式机构所要我们认为的那样是绝对的。如果事实确是那样的话，如果全体教士竟对全体信徒不了解到如此程度，并已丧失了对其政府的一切影响力，则政府很快也会发现自己完全不了解其人民，因而丧失一切权力。切不可认为凡是存在着僭主政治的形式甚至原则的地方就有十足的奴役。上帝不允许恶行发展到它的最严峻的后果；人类的天性，虽然往往是非常脆弱、非常容易被企图压制它的任何人所征服，但它尚有无穷的能力和奇异的力量去摆脱它似乎会接受的羁绊。毫无疑问，从六世纪到八世纪，宗教社会一直忍受着教士社会的统治，而已经成为大量罪恶的根源的教士与人民的分离总有一天会使他们双方付出重大的代价；但它远未达到它外表看来的那种十足的的程度；它仅仅进行了许多限制和改革，而只有这些限制和改革能使它成为可能，也才能说明它们。

II. 现在让我们深入研究一下教士社会本身的内部情况，让我们看看，从五世纪到八世纪它的内部组织情况怎样，特别是在五世纪时成为其主要特征的主教统治制度的优势怎样。

先生们，这个时期的教士组织是完备的，而且至少在其主要形式上几乎与它留传到近代的形式完全一样。因此，我能将其全貌展示于你们面前；你们从而可以更好地探究其变化。

教士包括两种职位，次要职位和重要职位。第一种职位有四种人：侍从（司仪）教士、杂务教士、驱魔师和读经师。人们把副执事、执事和牧师称为重要职位。这差别是很大的。四种低级职位除了名义上和出于对古代传统的尊重而外几乎没有得到保留；虽然他们被算作教士，但真正说来他们并不成为教士的一部分；人们没有强制他们，甚至也没有人建议他们过独身生活；他们与其说被人看作教士的一员还不如说被看作仆人。因此，当人们说到这个时期的教士和教士的统治时，指的只是高级职位的教士。

甚至在高级职位里边，首先被提到的两种职位，即副执事和执事的势力也是很弱的；执事们所从事的工作多半是教会财产的管理与其所得施舍物的分配而不是真正的宗教管理工作。正确地说来，这种管理工作只限于教士这个职位的人能够担任。无论是低级职位的或是其他两个高级职位的人实际上都没有参与这项工作。

在最初的六个世纪中，教士们都经历过无数沧桑变化。我认为，应把主教看作教士整个集团里原始的和基本的成员；这并不是因为主教这个词总是表明这同一种职能，这同一种权利。二世纪的主教制度就与六世纪的主教制度有很大的不同。它完全是基督教教会组织的出发点。主教原来是每个城镇的教徒的总监或头头。基督教会是在城市里诞生的；主教就是它的最初的长官。

当基督教传布到乡村地区时，原来的城镇主教就不够用了。于是出现了乡村主教，流动的主教，他们有时被看作总主教的代表，有时甚至被看作总主教的竞争对手，后者企图先把他们置于自己的权力之下，然后消灭他们。

他们在这一点上成功了：乡村地区一旦成为基督教徒的世界，乡村主教也不够了，这就需要有比较固定、比较正规的某种东西，某种较少受到教会中最有势力的长官即总主教的争夺的事物。于是建立了一些教区；每个大小不等的基督徒聚居区成为一个教区，各有一个教士作为它的宗教领袖，他当然隶属于邻近城镇的主教，从这位主教那里接受并行使其一切权力；因为看来，原来教区牧师完全是作为主教的代表而并不是凭自己的权力在那里行事的。

某一区域内一个城市周围所有聚居着基督徒的教区,经过长时期的模糊多变的划分范围之后,组成主教辖区。

过了一段时间之后,为了使主教辖区教士之间的关系更加正常和完善,人们成立了一个由许多教区组成的小团体称为乡村牧师会,该会的头头称为总牧师。在一个较晚的时期里,许多乡村牧师会在一个称为"地区"的新的区域内联合起来,而由一个副主教来领导这个"地区"。"地区"这个机构在我们探讨的这个时期还刚刚产生:确实的,在很久以前我们已在主教辖区内看到副主教;但在主教辖区内只有一个副主教而且他也并不主持一个地区范围内的事务;他定居在主教所驻的同一城镇里,他任此职位,有时用以行使自己的管辖权,有时用以视察整个主教辖区。只是在七世纪末或至少八世纪初,我们才在同一主教辖区内看到有许多副主教分别居住在远离主教的地方,各司一个小区的工作。在这个时期里,我们还在法兰克人治下的高卢看到一些乡村主教;但其名称和所负的职责不久就消失了。

那里,主教辖区的组织是完善而明确的。你们知道,当主教处在这个组织的中心时,主教是它的根源。他对自己作了许多改革,但所有其他改革几乎都是围绕着他或是在他的影响之下发生的。

世俗行省内的所有各主教辖区合在一起构成教会的行省,它由总主教或大主教领导。大主教的身份仅仅说明了这一事实。世俗的大都会一般比省里的其他城市富庶,人口也更稠密;它的主教有更大的势力,在一切重要场合,民众都集合在他周围;他的所在地成为省的宗教会议主要的地点;他召集省的宗教会议并主持这个会议；他还负责批准这个省里新选出的主教并主持其就职典礼，接受对主教们的控诉状和根据他们的决定提出的上诉，并经初步审查后把它们送交省的宗教会议，因为只有省的会议有权审理它们。大主教们不断地企图篡夺这个权力，并利用这个权力树立个人的势力。他们往往取得成功，但是，实际上，就一切重要场合而论，这个权力是属于省的宗教会议的；大主教唯一的任务是监督它的执行情况。

最后，在某些国家里，尤其是东方诸国，教会的组织扩展得超过了大主教辖区的范围。正像他们把许多教区组成一个主教辖区、再把许多主教辖区组成一个省的教会那样，他们着手把许多省的教会组成一个全国性的教会而置之于一个教长的领导之下。这件工作在东帝国，在叙利亚、巴勒斯坦、埃及都取得了成功；在安提阿、耶路撒冷、在亚历山特里和君士坦丁堡都有一个教长，他与大主教的关系正同大主教与主教的关系一样，各级教会组织正和各级政治组织相对应。

在西方，也有这种企图，不仅仅在罗马的主教方面，他们在很早的一个时期，就力图成为整个西方的教长，但他们的主张未能实现，甚至遭到了反对。从六世纪到八世纪，在入侵后组成的国家中几乎没有一个不企图成立一个全国性教会并设一个教长的。在西班牙，托莱多大主教；在英国，坎特伯雷大主教，在法兰克人的高卢，阿尔勒大主教、维也纳大主教、里昂大主教、布尔日大主教都具有高卢教长、大不列颠教长、西班牙教长的称号，并企图行使教长的全部权力。但这种企图在各处都失败了。西方各国刚刚兴起；它们的边界，它们的政府，它们的存在本身都不断地成为问题。特别是高卢被分成许多国家,在每个国家的内部,又由国王的儿子们各自割据一方,一个王国里的主教都不愿意承认一个外国教长的权威;世俗的政府也反对他。此外,已拥有很大势力的罗马主教,虽然他的正式的最高权力地位没有得到承认,也热烈地争取设置教长;在高卢,他行事的原则是把教长的职权不断地从一个大都市移到另一个大都市以防止它长期停留在某一个主教的手里;有一个时期他赞成在维也纳这个大都市设置教长的主张,后来又赞成阿尔勒主教的主张;在另一个时期,又赞成里昂主教的主张;接着又赞成桑斯主教的主张;其目的在通过宗教界和世俗社会里这种经常的波动和多变来防止这一制度取得力量和稳定性。

这些不利于这个制度的因素把它们的影响扩展到这个制度的范围以外;它们运用它们过去防止教长制度在各处扎根的同样方法,削弱并终于击垮这个大主教制度。从六世纪到八世纪,总主教们的地位天天都在下降;因此,在加洛林王朝诸王在位时期,几乎不能说曾经有过总主教。一般认为,只有高卢分裂成为许多不同的国家的那个当口是他们至关重要的时刻。宗教社会的区域范围不再与世俗社会的区域范围相一致。例如,里昂大主教辖区内的主教们,有的隶属于西哥特人的王国,有的隶属于法兰克人的王国,他们都热切地利用这个借口来逃避其非世俗上司的控制,这肯定是得到世俗君主们的支持的。此外,正像你们知道的那样,总主教们的优势都植基于他们各自所住的城市及其昔日作为大城市的资格。现在,在入侵所造成的普遍的混乱中,这些城市何者重要何者次要已发生了很大的变化;富庶的、重要的、真正称得上大都会的城市,已日渐贫困、人口减少。而另一些运气好的城市却变得前所未料地富裕和人烟稠密。一个城市在其重要性消失之后,使其主教成为总主教的因素也就随之而消失,而大都市这个名词也就逐渐地成了一句谎言,并使其外表上显示的权力处于非常危险的境地。最后,这种制度本质上就注定会同时受到那些不希望有一个宗教上司的主教和本来就不愿有一个对手的罗马主教的攻击;其结果正如人们所料。主教们宁愿让罗马主教当他们总的总主教,因为他住得较远,同时关心安抚他们,暂时还不想置他们于自己权力之下,因此他们就采取了支持罗马主教、反对离他们更近的总主教们的方针。于是,在这上下两方面的打击之下,这些总主教在势力和权力方面都一天天的衰落下去。主教们不再理睬他们的命令和他们的规劝;整个教会也不再在任何方面要求助于他们的干预;所以当矮子丕平于744年向教皇撒迦利亚请教使混乱而令人焦虑的教会恢复秩序的最好方法时,他的首要的问题之一是,他应采取什么方针使总主教们博得主教和教区教士的尊敬。

实际上,这个时期整个教会的管理权都在主教和牧师们手里:他们是教会里最活跃和有权力的唯一的成员。他们相互之间的关系如何?他们是如何分配权力的?

总的明显的事实是主教们的垄断统治,或者可以说,他们的专制统治。让我们来仔细探究一下它的原因:这是正确了解教会情况的最好方法。

1. 首先,总主教的衰落使主教们失去了上司,或者近乎如此。随着省区头头的衰落,省区宗教会议也衰落了,而召集和主持省区宗教会议是省区教会头头的特权。在此以前,这种省区宗教会议是主教们的真正的上司,上诉书都根据主教们的决定呈送给它,由它负责审理主教们自己不能决定的诉讼案。现在这种省区宗教会议已难得召开而且变得毫不活跃了。在六世纪中，在高卢曾举行过五十四次各种各样的宗教会议；在七世纪，仅举行过二十次；在八世纪上半叶，只举行了七次，其中有五次是在比利时或莱茵河畔举行的。[①]

① 请看下列各表

六世纪时高卢举行的宗教会议表

日 期	地 点	出 席 人 数
506年	阿格德	25个主教，8个教士，2个副主祭(代表他们的主教)
507年	图卢兹	
511年	奥尔良	32个主教
515年	圣莫理斯	4个主教，8个伯爵
516年	里昂	
517年	地点不详	16个主教
517年	伊巴奥南斯	25个主教
517年	里昂	11个主教
524年	阿尔勒	14个主教，4个教士
527年	卡彭特拉斯	19个主教
529年	奥朗日	14个主教，8个著名人士
529年	巴伦西亚	
529年	韦松	11或12个主教
530年	昂热	5个主教
533年	奥尔良	26个主教，5个教士
535年	克莱蒙	15个主教
538年	奥尔良	19个主教，7个教士
540年	奥尔良	
541年	奥尔良	38个主教，11个教士，1个修道院院长
545年	阿尔勒	
549年	奥尔良	50个主教，21个教士，副主教或修道院院长

这样，免除了个人的上司和同等人的集会，主教们发现自己处

续表

日　期	地　点	出　席　人　数
549 年	阿尔勒	10 个主教
550 年	图勒	
550 年	梅斯	
554 年	阿尔勒	11 个主教，8 个教士，执事或副主教
555 年	布列塔尼某地	
555 年	巴黎	27 个主教
557 年	巴黎	16 个主教
563 年	桑特	
567 年	里昂	8 个主教，5 个教士，1 个执事
567 年	图尔	7 个主教
573 年	巴黎	32 个主教，1 个教士
575 年	里昂	
577 年	巴黎	
578 年	欧克塞尔	欧克塞尔主教，7 个修道院长，34 个教士，3 个执事（整个欧克塞尔主教辖区）
579 年	沙隆	
579 年	桑特	
580 年	布雷恩	
581 年	里昂	
581 年	马孔	21 个主教
583 年	里昂	8 个主教，12 个主教的代表
584 年	巴伦西亚	
585 年	马孔	43 个主教，15 个主教的代表，16 个没有主教辖区的主教
587 年	安德勒特	
588 年	克莱蒙	
588 年	地点未详	
589 年	苏瓦松附近的苏尔塞	
589 年	沙隆	
589 年	纳博讷	7 个主教
590 年	在奥弗涅、鲁埃格	

于几乎完全独立的地位。此外,在主教选择制度方面,也有某种

续表

日　期	地　点	出　席　人　数
	和吉沃塘的边境	
590 年	普瓦捷	6 个主教
590 年	梅斯	
591 年	楠泰尔	
594 年	沙隆	

七世纪时高卢举行的宗教会议表

日　期	地　点	出　席　人　数
603 年	沙隆	
615 年	巴黎	
此后不久	地点未详	
625 年	莱姆斯	41 个主教
627 年	马孔	
628 年	克利希	主教和高级俗僧各若干人
633 年	克利希	16 个主教,达戈贝尔特,几个大人物
638 年	巴黎	9 个主教,达戈贝尔特,几个大人物
648 年	布尔日	
650 或 645 年	奥尔良	
650 年	沙隆	38 个主教,5 个修道院院长,1 个副主教
658 年	南特	
664 年	巴黎	25 个主教
669 年	克利希	主教和大人物各若干人
670 年	桑斯	30 个主教
670 年	欧坦	
679 年	地点未详	
684 或 685 年	国王王宫	
688 年	同上	
692 或 682 年	鲁昂	16 个主教,4 个修道院院长,1 个罗马教皇的使节,3 个副主教,许多教士和执事

改变。你们知道，由教士和民众选举主教的制度，在我们探讨的那个时期，虽然仍然是合法而经常遇到的，但比以前却远不是可靠而现实的。经常有外国的武力、国王的权力从中干预，使它发生困难、变得软弱无力：国王们老是直接提名指定主教而不顾教会的不断的抗议，而且在任何场合，被选人都需经国王们批准。因此，主教与其教士们的关系变得非常脆弱；过去教士们所以能在主教统治中发生影响，几乎完全是靠着选举，现在这种影响力即使还没有被摧毁，至少也已变得软弱无力或是令人怀疑的了。

第二，从这里还造成了另一种情况，使主教们进一步脱离他们的教士：由教士选举主教时，教士们是从自己内部选出主教的。他们所选的人都是主教辖区内早已著名而且被鉴定为合格的人。如果与此相反，大批主教是从国王手里取得他们的称号的，则他们大部分都是他们须得去管理的教士们所不熟悉的不为人所知的人，而同样教士们也不太喜欢他们。即使就主教辖区内而论，他们在那边也往往是不受重视的；他们是通过不光彩的手段甚至靠金

八世纪上半叶高卢举行的宗教会议表

日　期	地　点	出　席　人　数
719 年	马斯特里赫特	
742 年	在德国	
743 年	莱普坦	
744 年	苏瓦松	23 个主教，许多教士和高级俗僧
745 年	在德国	
748 年	同上	
752 年	韦尔梅里克	

钱取得国王的喜爱的阴谋者。这就使主教们与教士的关系进一步疏远;因此,已没有任何上司的威信的主教的权力对其人民也就丧失了影响力;正像教士们脱离世俗人民那样,主教们也脱离了教士们。

第三，这还不是全部:教士本身也衰落了，它不仅丧失了它的威力，而且也丧失了它的地位，同时也可以这样说，它的素质也降低了。你们知道，在这个时期，由于什么原因，有大量的奴隶进入了教会。主教们立刻看出，这样形成的一批教士是没有原则没有力量的，如果他们企图反抗，是很容易被控制和征服的。这样，在许多主教辖区内，他们注意从这种来源吸收教士，有助于事情的自然发展。一大批这种出身的教士久已有助于主教的统治权。

第四，还有第四个更有力更广泛的原因。主教们是教会财产的唯一的管理者。这种财产分成两类:一类是日益增长的基金财产,因为大部分捐款都是以这种形式送给教会的;另一类是各教堂自己信徒捐献的财物。我顺便要提到第三类教会收入,它在后期起着很重要的作用,但在七世纪时尚未很好地确立;我指的是向教会交纳的农产品什一税。从最早的几个世纪起,教士们就致力于恢复或推广这个希伯来人的制度;他们鼓吹它,赞美它;他们使这个犹太传统和习俗复活。六世纪的两次高卢的宗教会议,即567年的图尔会议和585年的马孔会议,都把它作为正式条款的主题。但他们觉得,这种处置,根据其语调,与其说是法律,不如说是一种倡议:图尔宗教会议在致其信徒的信中说,“我们急切地告诫你们,你们要学亚伯拉罕的榜样,切勿忘记把你们全部财产的十分之一奉献给上帝，这样，你们就可以保存其余部分；"[1]但这种告诫不起什么作用。只是到了较晚的一个时期，在加洛林王朝诸王治下，借助于世俗势力，教士们才达到了他们的目的，使农产品什一税得以普遍而正常地征收。在我们探讨的那个时期，基金财产和信徒的捐献是教会的唯一的收入。但是先生们，你们切不可认为这种收入是属于它所来自的某一个教堂或教区的。主教辖区内各领地的产品和所收到的一切贡物形成一个总收入，只有主教有权处置它们。

奥尔良宗教会议说，"分给各教区的领地、产业、葡萄园、奴隶、奴隶的积蓄……都由主教处置。"[2]分配给每个教区的份额大小由主教决定，主教负担执行礼拜的费用和教士们的生活费。的确，关于这个问题，不久就规定了某些法规。一个教区的收入通常包括三个部分；三分之一拨给执行职务的牧师，第二个三分之一拨作礼拜的费用，最后一个三分之一作为主教的报酬。但是，虽然基督教教规常常反复提到这条法令，教会的收入还是继续在集权化；总管理权属于主教，并且不难预料，这种权力还会扩大。

第五，主教们处置人几乎像处置东西一样自由，而教区牧师们的自由却几乎没有比他们的收入得到更好的保证。对拨给使用的土地必须提供劳役的原则（如果我可以这样来表达自己的意思的话）已被引入教会；我们在一些宗教会议的法令中读到：

"关于田地上的劳动者的法律规定，每个田地上的劳动者

① 拉倍，第五卷，第868栏。

② 611年举行的奥尔良宗教会议，第14、15章。

必须长留在他开始生活时所处的地方。教规也规定，凡为教会工作的牧师必须长留在他开始生活的地方。”①

“任何一个主教都不得提升一个陌生的牧师。”②

“任何人都不得任命一个最初不答应留在将被安置的地方的人为牧师。”③

对人的权力再也没有比这规定得更明确的了。

第六，主教们在政治上的重要发展，同样有利于他们在宗教方面的支配地位。他们进入了国民议会，他们在国王的周围，成为国王的顾问。可怜的牧师们与这样的上司做斗争能得到什么好处呢？此外，时势的混乱，以及在教会管理方面维持某种普遍联系、某种一致性上存在的困难和必要性，都达到这样的程度，使符合人们感情的事态的发展趋向于加强中央的权力。主教团贵族统治的专制主义之所以流行，是由于封建贵族统治的专制主义得以流行的同一原因；这在这个时期也许是共同的、主要的需要和维持社会的唯一的方法。但它增进了人性的光荣和安全，使任何一件恶事，虽然是不可避免的，但都不能不在遇到抵抗的情况下而实现的；同时使不断与必然性抗争的自由能为人民的参政进行准备，即使是在它屈服于支配势力的时刻。主教们奇特地滥用他们的巨大权力：教士们和他们主教辖区的收入都成了各种暴力和勒索的牺牲品；仅仅由主教们组成的宗教会议的各种法令就是这方面最无懈可击的证据。

① 619年的塞维利亚宗教会议，第3章。

② 453年的昂热宗教会议，第9章。

③ 524年的巴伦西亚宗教会议，第6章。

托莱多宗教会议说，“我们知道，主教们不是像个主教那样而是残酷地对待他们的教区，虽然文件上写着‘不要成为君临于上帝世袭财产之上的老爷，而要成为全体教徒的榜样，’可他们却使他们的主教辖区负担了损失和种种苛捐杂税。正为了这个缘故，凡是主教们拨给自己的那些东西，除了老制度规定给予他们的以外，都不能给予他们；让受到主教折磨的教士们，不论是教区教士还是主教辖区教士，把他的苦衷向总主教上诉，总主教应毫不延误地去抑制这种过头行为。”①

布拉加宗教会议说，“凡已取得教会职位的人，即教士们，除犯有严重错误者外，均不应遭受打击。每个主教都不得随心所欲地打击和虐待他的可尊敬的教士，以免使他丧失在其下属面前应有的尊严。”②

教士们对主教们应克尽尊敬，但也不接受其一切残暴行为。在这个时期里，到处可以看到一种重要而人们所不注意的事实：这就是教区教士对主教的斗争。在历次宗教会议的法令中，有三个主要的征兆不可看漏：

第一，教区牧师们和下级教堂执事们联合起来进行反抗：他们组成类似后来自由市自由民所组成的反对其封建领主的那些同盟，那些兄弟会的反对主教们的同盟。

> “如果任何教士，像后来在许多地方发生的那样，在魔鬼的煽动之下，竟背叛当局，在一项密谋中联合起来，共同宣誓，

① 589年的托莱多宗教会议，第20章。

② 675年的布拉加宗教会议，第7章。

或按照一个公约联合起来，那就不让这种鲁莽行为在任何借口之下隐藏起来，一旦事情揭露，那就让参加宗教会议的主教们对犯罪的人按其职位高低给予惩处。”①

“如果有些教士为了达到反叛的目的，竟缔结同盟，不论是口头的还是书面的，并狡猾地企图陷害他们的主教，如果经告诫令其放弃此种行径而拒不服从者，则应予革职。”②

第二，教士们经常背着他们的主教求助于俗人，大概是求助于庄园主或本地区内他们与之有联系的其他有力的人士。我们在历次宗教会议的法令中不止一次地看到下列这条禁令：

“教士们不得借助俗界的力量起来反对他们的主教。”③

第三，但是虽然一再重复这条禁令，虽然一再禁止教士们组织密谋团体，历次宗教会议也竭力采用一些对付这种祸害的补救办法，控诉书仍不断地从四面八方送到他们那里来，对此，他们感到不得不加以注意；在这个问题上，他们法令中的若干段落比我们的评论解释得更加明白：

“由于我们收到了一些控告信，说到某些主教霸占了信徒们捐给教会以供教区之用的财物，以致留给教会的为数很少，甚至完全没有留下。我们觉得理应郑重宣告：如果主教所驻在的城市的那个教堂的给养很好，托基督的福，它什么也不缺少，那么留给教区的全部财物应分配给在各教区供职或从事

① 528年的奥尔良宗教会议，第21章。

② 625年的莱姆斯宗教会议，第2章；也可参看589年的纳博讷宗教会议，第5章。

③ 535年的克莱蒙宗教会议，第4章。

于教堂维修工作的执事们。但是如果主教必要的开支很大而没有足够的收入来弥补,则可以适当地合理地给予较富的教区一些财物以供教士或维修教堂房屋之用,而让主教把其余部分拨给自己,以便他用以支应他的开支。"①

"如果贡献的财物是给予设在各城市内的长方形教堂的,而且是土地、货物或其他诸如此类的东西,则可以让主教自由处置,让他把合适的部分用于修理教堂或赡养在教堂里供职的牧师。对于教区财产或设在各城市所属的自治区里的长方形教堂,则应遵照各地的风俗习惯办理。"②

"已经决定,任何主教在视察其辖区时,都不得从任一教堂收受超过作为对他的一种敬意而他所应得的任何东西;他不应取走教区各教堂人民全部捐款的三分之一,但应将此三分之一留作各教堂的照明费和修理费,并每年向主教报告账目。因为如果这位主教拿走了这三分之一,就是他抢夺了这教堂的灯光及其房屋的维修费。"③

"贪婪是万恶之源。这种罪恶的酒瘾甚至也俘虏了主教们的心。许多信徒出于对基督和殉道者的爱,在主教们的各个教区兴建了教堂并投入了捐款,但主教们侵占了这些捐款转归己用。结果,教士们都没有钱来举行宗教仪式,因为他们举行仪式是不收费的。坍毁的大教堂都不修葺,因为祭司们的贪婪已把全部资金拿走了。因此本宗教会议规定,主教们

① 527 年的卡彭特拉斯宗教会议。

② 538 年的奥尔良宗教会议,第 5 章。

③ 572 年的布拉加宗教会议,第 2 章。

管理所属教堂而收取的钱不得超过按照老教规他们所应得的数额，即捐款和教区收入的三分之一；如果他们超过规定多拿了，则教堂创立者本人（如仍健在）或其后裔一提出要求，宗教会议就要令其归还。虽然如此，教堂的创办者们不应认为他们对他们赠予教堂的财产握有一切权力，因为按照教规，不仅教堂本身，就是赠予教堂的财产也是在主教的适当地支配的权限之下的。”①

“在我们应该通过一致同意而进行整顿的许多事情中，特别必要的是慎重地对待加利西亚省教区教士们的控诉，它提到他们主教们贪得无厌的掠夺已发展到使教士们不得不要求对它们进行公开的调查，这种调查已经进行，明白的结果是，由于这些主教的勒索摧垮了他们教区的各个教堂；他们沉湎于奢侈生活，已使许多教堂到了毁灭的边缘；为了制止这种弊害，我们规定如下：按照布拉加宗教会议的规定，上述行省的每个主教每年从其辖区的每一教堂只能收取两个索利多斯，②而不能更多。主教视察其辖区时不得使其随从们过于劳累，他所用的车辆不得超过五辆，他在每个教堂停留的时间不得超过一天。”③

这里提出的一些摘录充分证明压迫与反抗，弊病与除弊的尝试——反抗是失败的，除弊的办法是无效的：主教专制主义的根子日益深广。因此，八世纪初，教会已陷于几乎与世俗社会同样的混

① 638年的托莱多宗教会议，第33章。
② 约合13先令。
③ 646年的托莱多宗教会议，第4章。

乱状态。大批主教根本不怕任何上司和下属,摆脱了大主教和宗教会议的监督,又拒不接受教士们的感化,人们看到他们沉湎于最可耻的纵欲过度的生活中。教会的财富日益增长的主人们跻身于大地主的行列,采纳了他们的爱好和生活方式;他们放弃了他们教士的身份,完全过着世俗人士的生活;他们豢养猎狗和猎鹰,他们由一群武装的随从簇拥着跑来跑去;他们参加全国性的战争;更有甚者,他们还常常为了自己的利益从事蹂躏劫掠其邻人的远征。危机是不可避免的;一切事物都在为改革准备必要条件,一切事物都在宣说改革的必要性,你们将会知道,实际上,在加洛林王朝诸王统治时期之后不久,非教会的力量就作过一次改革的尝试,但是教会本身包含着某种救治办法的萌芽:就在教区教士的身旁正在兴起另一类教士,他们受到另一种原则的影响,受到另一种精神的激励,似乎注定要来阻止教会面临的解体危机。我所说的是修道士们。他们从六世纪到八世纪的历史将是我们下一讲的对象。

第十四讲

从六世纪到八世纪正规教士或修道士的历史——开始时修道士都是俗人——这个事实的重要性——东方寺院生活的起源及其逐渐发展——最初的一些规章——修道士之输入西方——他们在那里受到恶劣的待遇——他们最初的进展——东方寺院与西方寺院的差异——对于寺院生活的一些错误，圣·哲罗姆的意见——它得以发展的总原因——五世纪时修道士在西方的地位——他们的力量和他们的缺乏团结性——圣·本尼狄克特——他的生活——他创办了卡西诺山修道院——对他的教规的分析与评价——他的教规在整个西方传播开来，并成为几乎在所有西方寺院里占统治地位的教规

先生们，从我们概述法兰克高卢的宗教社会史以来，我们已经考察了：1.能说明六世纪到八世纪教会特征的总的主要事实，即它的统一性；2.它与国家的关系；3.它的内部组织，统治者与被统治者的相互地位，管理机构的构成，也就是说教士的构成。

我们知道，将近八世纪中叶时，教会的管理，教士的管理，已陷于大混乱和衰落状态。我们已看出了一个危机，即改革的必要。我提醒你们，改革的一个原则早已在教士的内部存在；我指的是正规的教士，修道士。我们现在要去研究的正是他们在这个时期的历史。

先生们，一般认为正规的教士这个名词会产生一种错觉，使人有这样一个概念，即修道士们总是基督教教士，基本上总是教士的

一部分。实际上这种普遍的概念已被不加区别地应用于教士们的身上，既不顾时间或地点的不同，也不顾制度的不断变化。而且修道士们不仅被视为教士，而且被许多人看作，可以说是一切教士中最有教士气的教士，看作一切教士团体中与世俗社会完全隔绝、在其兴趣与生活方式上与世俗社会最为疏远的教士。如果我没有弄错的话，这是现在和过去很长一段时间里，一提起它们的名字就会自然地在人们头脑里浮现的这种印象。这种印象充满着错误：从他们的出身来看，在至少后来的两个世纪里，修道士们根本不是教士；他们纯粹是俗人，实际上是被一个共同的宗教信念结合在一起，处在一种共同的宗教情绪之中并具有一个共同的宗教目的，但我重复说，不同于基督教社会，不同于严格意义的教士。

这种制度开始的性质不仅如此，而且一般都不注意的这种原始的性质已明显地影响了它的全部历史，并使我们能够了解它的盛衰变迁。关于寺院在西方特别在南部高卢的建立，我已约略谈过[①]。现在在重新讨论这个问题时，我要把种种事实回溯到它们最遥远的根源，而且在其发展方面更仔细地探索它们。

你们都知道，修道士是在东方兴起的。他们开始出现时的形式非常不同于他们后来采取的和一般才智之士惯常估计他们的那种形式。在基督教的早期，少数比其同伴更富于想象力的人把各种牺牲和不寻常的肉体上的苦行强加于自己；可是，这并不是基督教的新事物，因为我们不仅在人性的一般倾向中，而且在整个东方的宗教习俗和若干犹太传统中，都看到过它。苦行僧（这是最初给

① 请看本卷第四讲，第101页。

予这种虔诚的狂热的人的名称)是修道士的最初的形式。他们起初并不和世俗社会隔离;他们并不退隐到沙漠中去;他们只是判罚自己禁食,沉默,各种苦行,特别是独身。

不久以后他们隐居起来,远离人世,到森林、沙漠和底比斯的腹地绝对孤独地去生活。苦行僧就渐渐变成隐士、隐居修道者;这是寺院生活的第二种形式。

经过一段时间以后,由于一些已无从探究的原因——也许是由于屈服于某个特别著名的隐士,例如圣·安东尼的强大的吸引力,或只是由于倦于完全的孤立,这些隐居修道者集合起来共同营造他们的棚屋,虽仍各自住在自己的住处,但宗教仪式是一起举行的,于是开始形成了一个正规的群体。看来正是在这个时候,他们第一次得到修道士(moines,英语 monks)这个名称。[①]

渐渐地他们又迈出了一步;他们不再单独住在各自的棚屋里而是集合起来住在一所大厦里,同在一个屋顶之下:这种联合越是紧密,共同生活也就越完善。他们渐渐变成了群居的寺僧(cénobites);[②]这是寺院制度的第四个形式,即它的最后的形式,它后来的发展只是使自己更适应于这个形式。

就在这个时期的前后,我们看到,为了办好这些群居僧侣的寺院,产生了共同约定的纪律、某种指导这些小团体宗教仪式的书面规章,并规定了其成员的职责;这些东方修道士的原始的规章中最著名的是圣·安东尼、圣·马查里乌斯、圣·希拉里乌斯和圣·帕

---

① Monks 即 monachus,μοναχos,来源于 μονos,意即单独。

② Cenobites,Kοινοσιοι,来源于 κοινos(意即共同)和 βιos(意即生活)。

考默斯的规章;所有这些规章都是简短而笼统的,针对着少数主要的生活环境的,但无意控制全部生活;实际上,它们是一些戒律而不是规章,是一些惯例而不是法律。苦行僧、隐士以及其他种类的修道士,仍生活在他们最初的完全孤立的状态中,而和群居的僧侣们同时并存着。

这样一种生活的景象,这样严格而狂热、这样富于献身精神而独立自由的生活的景象,强烈地刺激着人们的想象力。修道士的人数便瞬息倍增,而且种类繁多。正像你们也许料想的那样,我不想细述狂热的信徒们以修道士的名义采取的各种各样的形式;我只将指出修道士生涯的一些极端的关系及其两种既极奇特又极不同的结果。一方面,有无数狂热者的队伍横行于美索不达米亚、阿美尼亚等地,他们反对正规的祭神仪式,只赞美非正规的自发的祈祷,在城市的各种公共场所他们沉湎于各种过度行为;另一方面,另一些人为了更彻底地摆脱一切人间的交往,学安提阿的圣·西满翁的榜样,住在高柱的顶上,以苦行僧的名义把自己的生活奉献给这种古怪的孤独;但任何一种人都不乏赞赏者和模仿者。[①]

在四世纪的后半叶,圣·巴西尔的教规使这种新的规章有了某种条理性。它被整理成对各种问题的问答形式,[②]不久,就成为东方各寺院的一般教规——至少是所有那些没有完整的或定型的教规的寺院的教规。这不能不是世俗教士对寺院生活的影响的结

① 十二世纪以前,东方有许多 stylites(柱头隐士)。

② 它包含着 203 个问题和同样多的答案。

果，当时最著名的主教圣·亚大纳西、圣·巴西尔、圣·格列高利、德·纳齐安森和其他许多人宣称自己是这种成果的庇护人。这种庇护不能不使寺院生活具有更多的秩序和制度。那些仍然是纯粹俗人组织的寺院，对教士、对其职务和权力来说仍然是陌生的。对于修道士们是既无任何委任圣职的仪式，也没有任何接受圣职后的约束的。他们的主要特征始终是宗教的狂热和自由。他们愿意聚集时就聚集在一起，愿意离群索居时就离群索居。他们喜爱自己的住处、自己的种种苦行。宗教狂采取自己喜爱的形式，走自己喜欢走的路。总之，修道士们除了他们的教义和他们令人鼓舞的那些方面而外，与教士们毫无共同之处。

这就是四世纪下半叶东方各寺院的实际情况。大约就在这个时期，这种情况被传入了西方某一个地方。圣·亚大纳西被逐出自己的主教辖区后，退居罗马。[①] 他带来几个修道士，并在罗马举行宗教仪式，宣扬他们的美德和光荣。这些初期的修道士或其追随者所提供的关于圣·亚大纳西的报道和行述没有受到西方人士的重视。异教的势力在西方，特别在意大利，仍然很强大。已经放弃了异教教义的上层阶级，还希望至少保留异教的风俗习惯，一部分下层阶级仍然保留着自己的偏见。修道士们最初出现时是让人鄙视和愤怒的对象。384 年，一个据说是由于过度的饥饿而死去的罗马尼姑出殡时，人们就喊道，“我们什么时候才能把这类可恶的修道士逐出城市呢？人们为何不向他们扔石子呢？人们为何不把他们投入河里呢？”把这些民间的沸沸扬扬话记录下来的是

① 于 341 年。

圣·哲罗姆。[①]

萨尔维纳斯说,“在非洲各城市里,特别是在迦太基的墙上,一个脸色苍白、剃掉头发、穿着斗篷的人一出现就遭到可怜的不信基督教的平民的咒骂;如果某个上帝的仆人,从埃及的寺院或圣城耶路撒冷或某个隐士可敬的隐居地来到那个城市完成对上帝的虔敬之心,人们会用种种可憎的侮辱的话追逐他,讥笑他,并用嘘声赶他走。”[②]

我早先提到过的一个长期居住在罗马的高卢诗人鲁提利乌斯·纳马提安努斯[③],他在留给我们的一首庆贺自己回到家乡的诗中,在涉及戈尔戈纳岛时说:

> “我痛恨那些暗礁,即最近发生了船难的一个地方:我的一个同乡人,就在那里活活地进了坟墓。他是我们自己的一个贵族,巨大财富的拥有者,蒙上帝赐福,过着幸福而高贵的婚姻生活,但他为疯狂所迫,竟叛离了上帝和世人,成为一个轻信妖言的离乡背井者,愚昧地以隐居此岛为乐。不幸的人呵,他在污秽的垃圾中寻找天国的食物,他对待自己比被他冒犯的诸神对待他的更为残酷,坚持在悲惨的孤寂之中生活。基督教的这个教派及其欺人的谬见比女妖精瑟西的毒药更能致人于死命。这些毒药只能改变人的肉体,而那个教派却能腐蚀人心。”[④]

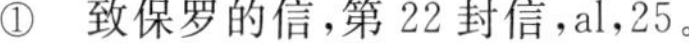

① 致保罗的信,第 22 封信,al,25。

② De Gubernatione Dei, VIII,4.

③ 这一卷的第四讲第 104 页。

④ Itin. I,第 517 页。

我承认,鲁提利乌斯是一个异教徒,但西方许多人也像他一样,并得到同样的印象。

当时,已使东方出现了大量的修道士的这种革命,同样也在西方出现了,渐渐地造成了同样的结果。不久,异教就消失了,新的教义、新的生活方式占领了整个社会;寺院生活,像在东方一样,不久得到了最大的主教们的保护和整个社会的赞美。圣·安布罗斯在米兰,圣·马丁在图尔,圣·奥古斯丁在非洲,举行宗教仪式表扬它,他们自己也建立了一些寺院。圣·奥古斯丁为他的教区的尼姑们制定了一种教规,不久,这种规章制度在整个西方蓬勃盛行。

可是,正像我曾经说过的那样,它一开始就具有一种特殊的性质。毫无疑义,原来的愿望是要模仿东方所发生的事,于是对东方各寺院的教规和习俗进行了深入的研究,你们知道,关于这些事的描述构成了卡西安努斯在马赛出版的两本书的材料;许多新寺院在设立时,为了符合于这些教规习俗,也曾费去了不少精力。但是,西方人的天赋才华与东方人的大不相同,不能不使这种差别在各自的规章中留下烙印。渴望隐退、渴望忏悔默祷、渴望与世俗社会彻底决裂是东方修道士的根源和基本品质;相反,在西方,特别是在五世纪初建立了一些大寺院的南部高卢,初期的修道士们是为了共同相处、为了彼此交谈和宗教的启迪,才聚会的。勒朗修道院、圣·维克特修道院和其他几个修道院都是极其重要的神学院和知识分子活动的中心。它们所关心的绝不是与世隔绝进行苦修而是互相讨论和开展种种活动。

东西方之间这种处境的不同和性格的不同不仅是真实的,而且同时代的人自己都看到、注意到它;而努力在西方发展寺院制度方面，目光锐利的人忧虑地说，奴隶般地模仿东方和说明为何如此的理由都是不必要的。比如说，在禁食和各种苦行的问题上，西方修道院的教规一般都不十分严格。苏尔皮西乌斯·塞维卢斯说，“吃得多在希腊人看来就是讲究饮食；在高卢人则视为当然的事。”①

卡西安也说，“冬天的严寒使我们不能满足于轻便的长袜，也不能满足于一件无袖的外衣或一件短袖束腰外衣；而一个穿着一件小斗篷或薄羊毛披风而出现于人们面前的人将被嘲笑而不是令人感到高兴的。”②

另一种原因也同样有助于西方修道院制度提出一种新的方针。只是到了五世纪上半叶，修道院制度才在西方传布和真正确立。但这时东方各修道院早已到了它们的全盛时期；苦修狂热的一切过度行为早已在那里给予世人以壮观的场面。西方的大主教们，欧洲的教会和知识界的领袖们，不管他们的宗教热情是高是低，都被日益增长的修道思想的这种过度行为、它所导致的种种愚行和往往被它掩盖着的种种恶行所感动。当然，没有一个西方本地人比圣·哲罗姆具有更多的宗教热情、更多东方人特有的生动想象力和更加火辣的性格。然而，他绝不是没有看到东方寺院生活中暴露出来的缺点和危机。我要念一念他在其中表达他对这个问题的思想的几段文字，它们是这个时期最有趣味的文献的一部分，在这个问题上给了我们最好的知识。他说：

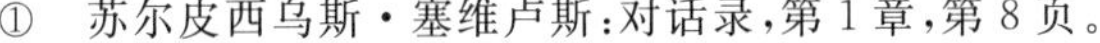

① 苏尔皮西乌斯·塞维卢斯：对话录，第1章，第8页。

② 卡西安，de Instit Cœnob（群居的寺僧），1，II。

"有这样一些修道士，他们由于修道密室的潮湿，由于无节制的禁食，由于孤寂的疲倦，由于阅读过度……已陷入了忧郁的境地，他们更需要的是希波克拉底学派的救治良方而不是我们的劝告……我看到了一些男人和女人，他们的悟性已经由于过多的苦行而受到影响，特别是居住在寒冷潮湿的密室里的那些人，他们已不再知道自己做了什么事，也不知道何以自处，也不知道什么时候应该讲话，什么时候应该沉默。"①

在另一些地方：

"我看到这样一些人，他们只是在名义上和服装的式样上遁世出家，而丝毫没有改变他们原来的生活方式。他们的财产与其说是减少了，毋宁说是增加了。他们有一群一群的奴隶，同样的华丽的宴会。他们吃的据说是粗茶淡饭，但实际上花掉了无数金银；他们身处大群奴婢之中而称自己为隐居者……"②

"也要躲开这样一些人，他们背着枷锁，长着山羊胡须，穿着一件黑外衣，不顾寒冷赤着脚……他们走进贵族的宅邸，他们欺骗可怜的负罪妇女；他们经常学习，可是从来没有得到过丝毫真实的知识；他们佯装悲哀，表面上长期禁食，但晚上秘密享受盛宴以资弥补。"③

还有：

"我羞于说出，在我们的隐修室里谴责这个世界；当我们

① 圣·哲罗姆，Lett.95(al.4)，ad Rusticum，97(al. 8.) ad Demetriadem。

② 圣·哲罗姆，Lett. 95(al.7)，ad Rusticum。

③ 圣·哲罗姆，Lett. 15(al.22)，ad Eustochiam。

身着麻衣、头蒙灰尘向上帝悲切忏悔时，我们宣读对主教们的判决词。一个穿着忏悔者的紧身上衣的国王的这种洋洋得意有什么意思？……这种得意很快就变成孤寂：那个人已禁食了一会儿；他没有看到过任何人；他已认为自己是一个重要的人物；他忘记了自己的身份，忘记了自己来自何处，又将到何处去；他早已心不在焉、语无伦次。他违反使徒的意志，审判其他人的仆人；他到他的贪欲引导他去的任何地方；他愿意睡多久就睡多久；他不尊重任何人；他愿意做什么就做什么；他轻视任何人，认为人家都不如自己；他外出在大街上的时间比留在隐修室里的时间还多；他在他的兄弟们中间虽然装出隐修者的稳重端庄的样子，但在大街上就猛撞任何一个过路人。”①

因此，这位西方最奋激、最热情的神父对于那时以来寺院生活所引起的那种疯狂、伪善和不能令人容忍的洋洋得意的神气并不是不知道的。他用他所特有的那种愤激的睿智、那种嘲笑而激烈的口才来描述它们；他痛斥他们，因为怕他们把病毒传染给别人。

许多西方的最著名的主教，尤其是圣·奥古斯丁，都有这种预见，并以同样的笔调来叙述；因此他们致力于在他们周围防止东方修道士堕入的那种荒谬的过度行为。但是为了做好这件工作，为了指出修道院生活所造成的疯狂或伪善，他们不断地努力宣传它。这对他们来说，是把一部分俗人从异教的世俗社会中拉出来的一种方法，不过事实上总是一样，虽然这部分人表面上改变了信仰。

① 圣·哲罗姆，Lett. 15(al.77)，ad Marcum；90(al.4)，ad Rusticum。

这些修道士虽没有进入教士队伍，也走着同样的道路，起着同样的作用；对他们来说，主教们的庇护是不可缺少的。如果他们缺少了这种庇护，他们的进展可能也不会有所减缓。因为修道院生活并不起源于任何教会的结合，也不起源于基督教可能令人获得深刻印象的那种运动和具体方针。它的真正根源乃是这个时期社会的总的状况。它沾染了三种恶癖：游惰、腐化和愁苦。人们无所事事、堕落而成为各种苦难的牺牲品；这就是我们看到如此众多的人转向修道士的原因。一个勤劳、诚实或是幸福的人是决不会进入这样一种生活的。当人的天性不能充分而和谐地表现自己时，当人不能追求自己命运的真正目的时，他的行为就会变得古怪而偏执，不愿接受破灭而宁愿冒一切危险投身于最奇特的境地。为了按照正常而合理的方式来生活和行动，人类要求它在其中生活和行动的那个实际社会必须是相当合理而正常的，人的各种官能都能得到发挥，他的生活状况不应过于严肃，一般腐化堕落的景象不应来冲击坚强的灵魂，使它变得凄凉孤寂，使其美德失去光泽。对软弱无力的刚愎任性的厌倦和憎恶，以及想逃离公众的苦难的那种愿望，是比基督教的特殊性质或宗教狂热病的某种发作，远为有力的造成东方修道士的原因。这些情况同样存在于西方；在帝国衰亡和受蛮族蹂躏的意大利、高卢、非洲社会，其不幸、腐化堕落、游手好闲、无所事事的情况与小亚细亚或埃及完全相同。因此，修道院生活的不断发展的真实的原因在双方的各个国家里是完全相同的，而且也一定会在它们中产生出同样的结果。

虽然有我已提到的那么一些不同之处，但是相似的地方也是很多的，最著名的主教们的建议并不能阻止东方修道士的过度行

为在西方寻找模仿者。隐士、遁世者,或苦修生活的任何虔敬的愚行在高卢都是不缺少的。蛮族血统的圣·塞诺退居图尔近郊,把自己禁闭在一间狭小得下半身都不能动弹的徒有四壁的小室之中,在这样的处境中生活了许多年,成为四周民众尊敬的对象。隐士们,如奥弗涅的卡卢巴,朗格勒地区的帕特罗克勒斯,普罗旺斯的霍斯皮修斯,虽然不完全如此令人赞美;但他们名声还是很大的,正像他们的苦修那样。[①] 甚至圆柱顶上的苦修者在西方也有竞争者。图尔的格列高利留给我们的关于他们的描述,把当时的风俗习惯描绘得十分真切而有趣,我得整个儿念给你们听。格列高利记叙了他自己和修道士伍尔菲莱克的一次谈话。伍尔菲莱克无疑正如他的名字表明的那样是一个蛮族人士,他是西方第一个企图把自己树立为安提阿的圣·西美昂的对手的人。

> 伍尔菲莱克对格列高利说:"我走进了特里尔地区,用自己的双手在那边山上盖起了你看到的这座小屋。我在那里看到一尊狄安娜的像,当地那些仍然是异教徒的人们把它尊为神圣。我树起了一支圆柱,我待在顶上受了极大的苦,脚上既无鞋也无袜,冬季来临时,我常常冻得脚趾甲从脚上落下来,冰水从我胡须上像蜡烛似的挂下来,因为这一带是以常有极冷的冬季出了名的。"我们诚恳地请他谈谈,他在那里吃什么喝什么,他又是怎样推翻山上的偶像的;他说:"我的食物是一点点面包和香草,还有少量的水。可是来自附近村庄的许多

① 参看格列高利(图尔的),第一卷,第231,321页。在我的(《有关法国历史的回忆录汇集》)内。

人开始成群结队地向我聚拢来。我不断地向他们布道说，狄安娜是不存在的，说这个偶像和他们认为应向其礼拜的另一些对象都是绝对不存在的东西。我还反复地向他们说，他们喝酒时和放荡行乐时常常唱的那些小曲是不配奉献给上帝的，如果他们把颂歌献给创造天地的全知全能的上帝，那要好得多；我也常常祈求上帝屈尊去推翻那偶像，并把这些人从错误中挽救过来。上帝的仁慈在这些粗野的人的身上起了作用，使他们听从了我的话，抛弃了他们的偶像，跟着上帝走。我调集了他们中的一些人，以便在他们的帮助下推倒那座我不能独力摧毁的巨大的塑像。另一些比较容易摧毁的偶像我早就把它们摧毁了。许多被调集起来的人围在狄安娜像的四周，他们用绳索套住像身，开始拉起来，可是用尽力气还是不能把它摧毁。于是我到教堂里去，跪在地上，流着泪祈求上帝的仁慈，用天的力量来摧毁尘世的努力所不足以推翻的东西。祷告后我离开教堂，立刻回到劳动人民那里；我拿起绳索；于是我们重新开始合力拉绳。刚一拉上，偶像就倒在地上了；后来它被铁锤打得粉碎。……我想恢复到我平常的生活方式去；但主教们想激励我，使我能更完美地继续这件我已开始进行的工作，他们走来对我说：'你所选择的这条路并不是正路；你不配，你也不能与生活在圆柱顶上的安提阿的圣·西美昂相比。此外，这块地方的环境也不可能有那么多的苦可受；你还是下来和你调集起来的兄弟们一起生活吧'。听了这些话，我唯恐受到不服从主教的指责，就下来跟着他们走，也和他们一起进了一些食。有一天，主教派我到离村子有一段路的地

方去后，就叫工人们带着斧头、凿子和铁槌出去，把我平素居住的那个圆柱推倒。当我第二天回来时，发现全都被砸毁了；我哭得很伤心；但我不想再把被毁的建立起来，因为怕受到违抗主教命令的指责；从那时起，我就耽在这里并满足于与兄弟们一起生活。”①

在这段叙述中，无论是隐士的精力旺盛的献身精神和内向的热忱，还是主教们的也许带点猜忌味道的机智，都同样是值得注意的；我们在其中可以同时看到东方的影响和西方的特殊性格。像特里尔的主教压制基督教苦行者的愚行那样，圣·奥古斯丁也抨击了穿着修道士斗篷到处漫游的那种伪善。

他说，“人类的阴险的敌人，到处散布在修道士面貌的掩盖下的伪君子；他们横行于外省的各个地方，虽然没有人派他们到那里去。他们四处漫游，未曾在一处地方停留下来。他们有的人从事于出售殉教者的遗物，这就是说，如果他们是殉教者的遗族的话；另一些人则把他们的袍子和辟邪符拿出来展览！”②

我可以引举许多其他例子，其中同样明显地标示出东方和西方相似之处和不同之处。寺院制度在这些古怪的人中间，通过愚蠢和智慧的这种交替，继续在发展。修道士的人数不断地在增加，他们有的漫游四方，有的渐渐定居下来；他们通过说教激发国民，或是通过自己生活的景象来启迪国人。日复一日，他们得到越来

① 格列高利(图尔的)，第一卷，第440—444页。

② 圣·奥古斯丁，de Opere Monac. C.28。

越崇高的称赞和尊重。认为它是基督教的最完善的行为的这种思想渐渐成为确定不移的观念。他们被推为教士的模范;他们中有些人已被任命为牧师或主教;然而他们仍然是俗人,保留着很大程度的自由,没有任何一种宗教的约束,始终与教士有所区别,往往甚至故意地与教士区别开来。

> 卡西安说:“父老们万世不易的古老的忠告说,一个修道士无论如何必须避开主教和妇女,因为他们不会让一个曾与他们亲近过的修道士安静地耽在自己的修道密室里,也不会让他潜心阅读纯洁的天国教义,仔细考虑各种神圣的事物。”①

有那么多的自由和权力,对人民又有如此强大的一股影响力,而又如此缺少一般的体制和正常的组织,这不能不引起极大的混乱。人们强烈地感到有必要终止这种情况,把这些人数日益增多,既不属于人民也不属于教士的传道者、隐居者、遁世者和修道者汇集在一个共同的管理机构和一种教规之下。

到五世纪末,480 年,在意大利斯波莱托公国的努尔西亚地方的一个富裕而可敬的家庭里,诞生了这位命定来解决这个问题,给予西方修道士以他们所等待着的总教规的人;我说的是圣·本尼狄克特。他在十二岁时就被送到罗马求学。这时正是罗马帝国衰落,意大利处于大动乱中的时候;赫鲁利人和东哥特人为它的归谁所有问题发生争吵;狄奥多里克逐出了奥多亚塞。罗马不断地受到威胁,不断地被占领和重新占领。494 年,本尼狄克特刚刚十四

① Cassien, de Instit. Cœnob. XI. 17.

岁就和他的保姆西里尔离开了罗马；不久，我们发现他隐居在罗马乡下的苏比亚科地方的一个大山洞里。至于这个孩子为什么要隐居到那里去，他是如何生活的，我们都一无所知，因为关于他的传说，即我们所知的唯一叙述，严格说来，任何一点都是一个奇迹。可是，可能是在某一个时期的末了，本尼狄克特的生活，他的年轻和他的种种苦修行为吸引了附近的牧民；他就向他们传道；他言语的强大力量，他的令人尊敬的榜样，以及老是有无数的听众汇集到他那里去，立刻使他闻名遐迩。510 年，维科瓦罗那一带的修道士都要请他担任他们的领袖；起初他不肯接受，他告诉他们说，他们的行为简直是目无法纪，他们在自己家里沉湎于各种过度行为，他们应该进行改革，遵守一种严格的教规。他们坚持他们的请求，于是本尼狄克特成了维科瓦罗修道院的院长。

实际上他以无比的精力从事于他说的改革；正如他预见到的那样，不久修道士们便倦于做一个改革者。他们与他之间的斗争日益猛烈，他们甚至企图在圣餐杯里下毒药毒死他。据传说，他奇迹般地看出了这个阴谋，便离开这个修道院，回到苏比亚科去重度隐居生活。

他的声誉日益远扬；不仅牧民们而且还有各种境况的俗人以及四处漫游的修道士都汇集到他附近来生活。高贵的罗马人埃奎提乌斯和特尔图勒斯把他们的儿子莫罗斯和普拉西杜斯送到他那里来；那时莫罗斯只有十二岁，普拉西杜斯还是一个小孩。他在他的大山洞四周建立了一些寺院。到 520 年，他似乎已建立了十二座，每座有十二个修道士，他在那里开始实验他认为寺院生活应该遵循的宗旨和规章制度。

但不久，使他不得不离开维科瓦罗修道院的这种不服从和妒忌的情绪也在他刚刚创立的那些修道院中表现出来。一个名叫弗洛伦提乌斯的修道士煽动一些敌人起来和他作对，还设置圈套陷害他。本尼狄克特很生气，再次放弃斗争，带领几个学生，其中包括莫罗斯和普拉西杜斯，于528年隐退到阿布鲁齐的边境和卡西诺附近的 Terra di lavoro（劳动的土地）。

他在那里看到隐士伍尔菲莱克（他的历史我刚才已经提到）在特里尔附近创立的异教寺院仍然存在着，阿波罗的庙和石像耸立在俯瞰着卡西诺城的卡西诺山上。本尼狄克特推翻了庙和石像，铲除了异教，招收了许多学生，创立了一所新的修道院。

他在这里以全部精力编写并发表他的《修道院生活的规章》，并一直在这里呆着直到生命的终结。大家知道，该书不久便成为西方修道士的总的并几乎是唯一的法规。西方修道院制度的改革与其最后形式的完成都是由于圣·本尼狄克特的这部法规。现在让我们就此停下来仔细考察一下曾在欧洲史上起过如此重要作用的一个社团的这部小小的法典。

本书著者是以说明这个时期，即六世纪初，西方修道士的状况开始他的工作的。

他说，“大家知道，有四种修道士：第一种是群居修道士，他们在一个管理人或修道院院长的管辖之下生活在一个修道院里。第二种是隐士，他们并非出于一个见习修道士的热情，而是通过修道院生活的长期考验早已知道应为许多人的利益服务，与魔鬼斗争；他们都有很好的修养，所以都能离开自己的弟兄们单独出去作战……第三种修道士叫作 sarabaïtes，他们没有受过任何教规的考验，也没有得到过任何经验教训，像黄金在熔炉里熔炼那样，倒是像性质柔软的铅那样，通过他们直到老死忠诚工作，削发出家皈依上帝而受到考验。我们遇到过二三个或三四个这样的修道士，他们没有牧羊人，不照管上帝的羊而只照管自己的羊群；他们的愿望就是他们的法规；凡是他们想的或喜欢的事物他们就称为神圣的；凡是他们不喜欢的事他们就说是不允许的。第四种叫作行脚僧，他们终生都在各地漫游，每到一处就在密室里住三四天，从不定居一处，他们总是按照他们的奢侈和贪食放荡的癖好行事；在各个方面都比 sarabaïtes 恶劣。对于他们可怜的生活方式，不谈比谈好得多：让我们不提他们，靠着上帝的帮助，来详细谈谈群居修道者的坚强的团结吧。"

事实证明，圣·本尼狄克特的教规分为七十三章，即：

九章是涉及教友的道义上的和一般的责任的；

十三章是涉及宗教的义务和职务的；

二十九章是涉及纪律、过失和惩罚等的；

十章是涉及内部管理和管理机构的；

十二章是涉及各种人的，如宾客、旅行中的教友等。

也就是，(1)九章是关于道德法典的；(2)十三章是关于宗教法典的；(3)二十九章是关于刑事法典或各种戒律的；(4)十章是关于政治法典的；(5)十二章是关于各种人的。

让我们把这些小法典都来研究一下，看看其中处于支配地位的原则是什么，其作者所进行的改革的意义和目的又是什么。

1. 关于修道士的道义的和一般的义务，整个圣·本尼狄克特教规的要点是自我克制、服从和劳动。某些东方修道士曾屡次想把劳动纳入他们的生活之中；但这种尝试从未成为普遍的尝试，而且也从未加以贯彻。这是圣·本尼狄克特在修道院中做出的伟大革命；特别把体力劳动和农业劳动引进了修道院。本尼狄克特派修道士是欧洲的开垦家；他们大规模从事开垦，把农业和传教结合起来。开始时人数不多的一群修道士组成的一支移民队，把自己流放到未开垦地区，往往还深入到仍然信奉异教的居民之中，例如德国或布列塔尼，他们在那里完成了双重任务，既是传教士又是劳动者，往往搞得精疲力竭而且常会遇到危险。这是本尼狄克特在其修道院里规定的一天的工作；你们可以看到劳动在那里占着重要的地位：

“懒惰是灵魂的敌人，因此，教友们应该某些时候从事体力劳动，另一些时候读圣经。我们认为应该作这样的规定：从复活节到十月，晨祷后，他们应做些必要的事直到四点左右；从四点到六点左右，他们应从事阅读；六点后，吃过饭，他们就应静静地躺在床上休息；如果有人愿意阅读，就让他阅读，但不得妨碍别人睡眠。到八点半就什么话也不准说了。在晚祷之前，得让他们做一切可能需要做的事；但是如果地方上很穷，有困难，或是遇到收获庄稼，使他们忙个不停的话，叫他们不要介意，因为如果他们像我们的教友即那些使徒那样靠体力劳动生活的话，他们才是真正的修道者；但为了照顾体弱的人起见，任何事情都应做得适可而止。

“从十月起直到四旬斋开始，在两点以前，让他们从事阅读；两点正，让他们唱祈祷歌，而在三、五、七、十诸月的第七日和其余各月的第五日之前，让大家去做他们感到愉快的事；在这些日子的一点钟，让他们离开工作而去准备两点钟敲响后的那些事儿。进餐后，让他们阅读或背诵赞美诗。

“在四旬斋里，让他们从早晨起一直阅读到三点钟，然后让他们遵照命令做工作，直到十点钟。在四旬斋里，所有的人都将得到图书馆发来的书本，他们将一本一本地读完这些书。这些书应在四旬斋开始时发给他们。特别挑选一两个老人让他们在教友们埋头阅读的时候，在整个寺院里巡行一周，看看是否有怠慢的教友还躺着休息或与人谈话，在任何情况下都不阅读的人不但对自己无益而且还使别人分心。如果看到有这种人，就要申斥他一两次，如果他不改正，就要按规定惩罚他，以儆效尤。星期日，除被挑选出来担任各种职务的以外，所有的人都得去阅读，如果有人粗心大意或懒怠，既不愿也不能去反省或阅读，那就责成他完成某项劳动，使他不致无所事事。至于身体虚弱或娇嫩的教友，则给他们分配适当的工作，使他们既不能懒懒散散，也不致负担过重。修道院院长应考虑到他们的弱点。”①

和劳动一起，圣·本尼狄克特还制定了一条修道士必须消极服从其上司的规则，这条没有什么新奇的规则在东方修道士中间也很流行，但他把它规定得更加明确，因而更有力地发挥了它的重要性。先生们，在研究欧洲文明史时，谁也不可能不对这些思想所起的作用感到惊讶，从而好奇地去探索它的根源。的确，欧洲之获

① 《圣·本尼狄克特监督》，第40章。

得这种思想，既不是从希腊、古罗马、日耳曼人，也不是从严格意义上的基督教。这种思想是在罗马帝国时代开始出现，是从对皇帝陛下的崇拜中产生出来的。但它的真正被扩大和发展则是在各种修道院中；它从那里开始把自己夸耀为近代文明的一部分。它是修道士们赠送给欧洲的致命的礼物，它长期以来改变或削弱着欧洲的各种优点。这一原则不断地在圣·本尼狄克特的教规中重复着。许多题名为《论服从》、《论谦卑》等的篇章对此进行宣扬并详细加以评述。这里有两章足以证明严格执行的重要性被强调到了什么程度。题名为《如果一个教友被命令去做一些办不到的事》的第68章是这样说的：

“如果一个教友偶然被命令去做一些困难或不可能办到的事，他得完全心平气和地恭顺地接受这个命令。如果他知道这件事是完全超越他的能力范围的，那他得顺应地、耐心地对他的上司说明不可能办到的理由，不得岸然发火，不得有抗拒和抵触的情绪。如果他陈述理由之后，其上司仍坚持己见，坚持自己的命令，那得让这个信徒知道这是应该如此的，并信任上帝的帮助，让他服从。”

题名为《在修道院内任何人都不得为他人辩护》的第69章接着说：

“对这样的事必须非常谨慎，一个修道士如果在没有任何借口的情况下，敢于在修道院里为另一个人辩护或者可以说是保护他，即使当时这个修道士由于血缘关系而将受到株连，也决不能让他敢于这样做，因为这可能会导致严重的可耻的事件。如果有人违犯这一条，应让他受到严厉的惩罚。”

自我克制是消极服从的必然结果。谁都必须绝对服从,在任何情况下都没有例外。应从任何人身上剥去一切个性。圣·本尼狄克特教规正式规定禁止一切财产所有权以及一切个人意志。

> “尤其需要从修道院里根除任何人以个人名义占有任何财物的恶习。要让没有一个人敢于没有院长的命令而给予或接受任何东西,不论是一本书,一本拍纸簿,或是一支铅笔或任何其他东西;因为甚至他们要让自己的身体和自己的意志处于自己的控制之下都是不允许的。”[1]

还能有更彻底的个性被抹煞吗?

2. 我不愿让这专论礼拜和各种宗教礼仪的十三章缠住你们;它们并不会引起任何重要的意见。

3. 最需要我们注意的倒是论述戒律与惩罚的那几章。这里,圣·本尼狄克特给修道院带来的也许是最重大的变革似乎是采用庄严的终身誓言制度。在此以前,虽然进修道院这件事就使人有理由认为愿意留在那里,虽然修道士已经签订了一种日益具有固定性的道义上的契约,但还没有宣布任何誓言,任何正式的约定。是圣·本尼狄克特采用了誓言和正式的约定,并使它们成为修道院生活的基础,于是修道院生活的原始性质便完全消失了。这种原始性质便是得意扬扬和自由自在;不能长期延搁着不置于公众权力照管之下的终身誓言制代替了一种法规、一种制度。

圣·本尼狄克特的教规说,“让这个将被收留的人在小礼拜堂里,在上帝和诸圣的面前宣誓,承诺他永远待在这里,改变他的生

---

① 《圣·本尼狄克特监督》,第 33 章。

活方式并服从一切教规……让这种誓约以诸圣的名义(他们的遗物都放在那里),并在修道院院长的面前,被写成一纸契据。让他亲手写这张契据,如果他不能写字,那么让其他人在他请求之下代他写,而让这个见习修道士在上面划一个十字,并亲手把这张契据放在祭台上。”①

> “见习修道士这个词对我们揭示了另一种革新;实际上,见习修道士是终身誓言制的必然结果。除了崇高的想象力和热烈的性格而外还有许多机智和实践智慧的圣·本尼狄克特决不会对此没有作出规定。见习修道士的见习期超过一年。他们把全部教规陆续念给见习修道士听,并对他说:‘这是你希望据以奋斗的教规;你如能遵守教规,那就进来,如不能遵守,那就请便。’整个说来,考验的条件和方式显然是以诚恳的精神表达出来的,并且具有这样的意向,即候补者意志的真诚和坚强是有很好的保证的。”

4. 至于政治法典,修道院管理本身,即圣·本尼狄克特的教规就是专制与自由的一种卓越的混合物。正像你们刚才看到的那样,它的基本原则是消极的服从;同时,管理机构是选举产生的;修道院院长总是由教友们选择的。这种选择一旦作出,他们就丧失了一切自由,他们就沦于他们上司的绝对统治之下,但他们是沦于他们所选举出来的上司的绝对统治之下,而不是其他人的绝对统治之下。

此外,在责令修道士们服从方面,教规规定,院长应与修道士

① 《圣·本尼狄克特监督》,第58章。

们商量。题名为《必须听取教友们的意见》的第三章明白地说：

> “一旦修道院里发生什么重要的事，院长应召开全体教友会议，并说明问题所在。在听取了教友们的意见之后，他应分别加以考虑，并按照他认为最合适的意见去办。我们说要召开全体教友会议，这是因为上帝往往通过最年轻的人来启示最宝贵的意见。让教友们恭恭敬敬地提出他们的意见，但不得固执地为自己的意见辩护；让事情决定于院长的意志；所有的人都应服从他认为有益的处置办法。但信徒应服从院长，院长亦应审慎而公正地处理一切事情。让教规在任何事情上都被遵守，而没有一个人敢破坏它。
>
> “如果要在修道院内部办一些不重要的事，那只要听老年人的意见就行了，记述如下：‘一切事情你要商量了办，于是你办成的事就不会后悔。’”

因此，在这种奇特的管理中，选举、审议和绝对权力三者是同时并存的。

5. 讨论各种问题的那几章，除了论述明达与温厚的那一章之外，都没有什么值得注意的东西，而关于明达与温厚的论述在教规的其他许多部分中也是可以看到而且是不能不被触及的。它的道德思想和一般纪律都很严格；但在生活的各种细节方面，它是合于人道而稳健的；比罗马法，比诸蛮族法典，比当时一般习俗更合于人道、更为温和而稳健。我并不怀疑，教友们虽被禁锢在修道院里，但管理他们的当局者大体上是比较通情达理的，管理的方式也不像世俗社会那样严格。

圣·本尼狄克特深感需要温和而适度的教规，所以他在该书序言末尾说：

> “因此，我们希望建立一所学校为上帝服务，并希望我们没有使任何苛刻或令人苦痛的事进入这种学校；但是如果在平衡会议之后，人们在学校里看到，为了纠正恶习或维护慈善事业，有些事情做得稍稍过于严厉，那么，在你吃惊之下请勿逃离救世之道；救世的道路开始时总是狭隘的；但是随着正规生活和信心的日益发展，人们的心会渐渐展开，并以不可言喻的欢乐情怀投入上帝的十戒之道。”

圣·本尼狄克特是在528年提出他的教规的。到543年他去世的时候，他的教规已经传播到欧洲的各个地区。圣·普拉西杜斯把它传入西西里，其他人把它传入西班牙。圣·本尼狄克特的爱徒圣·莫罗斯把它传入法国。他在勒芒主教英诺森的请求下于542年末从卡西奥山出发，当时圣·本尼狄克特还健在。当他于543年到达奥尔良时，圣·本尼狄克特已不在人世，但修道院事业仍继续在进行。圣·莫尔创立的第一座修道院是设在安茹的格兰菲尔修道院或称卢瓦河上的圣·莫尔修道院。六世纪末，大部分法国修道院已采用了这种教规；它已成为修道院的普遍的制度，因此，快到八世纪末时，查理曼派人到他帝国的各地去调查，除圣·本尼狄克特派的修道士以外，是否还有任何其他教派的修道士。

先生们，到现在为止，我们对这个时期修道院制度的革命（可以这么说）的研究还没有超过一半。它的内部的革命，各修道院管理制度和法规的变革，它们一方面和国家、另一方面和教士的关系，它们在世俗社会和教会社会中的处境，所有这些将成为我们下一讲的主题。

第十五讲

从四世纪到八世纪修道士与传教士的关系——他们原始的独立状态——其起源——其衰落的原因——1. 随着修道士人数和权力的增加，主教们扩展了对他们的管辖权——历次宗教会议制定的教规——2. 修道士们要求并取得一些特权——3. 他们希望也成为传教士——修道士们内部对这个问题的不同意见和争议——主教们起初严词拒绝他们的要求——主教们对他们让步了——修道士们成为传教士之后便丧失了独立地位——主教们对各修道院的暴政——修道士们的反抗——主教们给予某些修道院的一些特许——修道士们请求国王和教皇的保护——干涉的性质和范围——修道院对主教的斗争和平民对封建领主的斗争之相似性

先生们，我们已经研究了四世纪至八世纪修道院的内部体制；现在让我们来探讨它们在整个教会里的外部条件以及它们与传教士的关系。

正像人们由于忘记了修道士开始时是俗人而非教徒这一原始的性质，因而看错了修道院的内部情况和体制，人们也由于忘记了修道士们的自由、独立这种同样原始的性质，因而大大地看错了他们在教会里的处境。

大量的修道院是在这样一个时期建立起来的，那时修道士们早已存在而且久已和传教士结合为一体；许多修道院的创立者是

一个保护人(有的是俗人,有的是教会里的人),有时是一个主教,有时是一个国王或一个大贵族;我们看到,这些修道院从一开始起就从属于一个它们所赖以生存的权威人士。

据说一切修道院向来都是与全体教徒本身的意志不相干的并凌驾于它之上的意志的创造物,而且或多或少地处在它控制之下。这种说法完全忽略了这些寺院原来的情况及其形成的真实方式。

最初的修道院并不是某一个人所创立的——它们是自己创立的。它们并不是像后来那样,是某个富人或有势力的人物的敬神的作品,这个人渴望建立一座大厦,并附设一个教堂,资助它,并招呼另一些人到这里来过一种宗教生活。各种修道团体都是一些地位相同的人由于灵魂的冲动而自发地组成的,它们除了使灵魂满意以外,别无其他目的。修道士的出现早于修道院、早于修道院的巍峨大厦、它的教堂和它的捐赠基金。他们每个人出于每个人自己的意志,为了自己的利益,不依靠任何一个外界人士而联合起来,自由自在,正像他们对任何事物都毫不关心那样。

在聚会时,他们自然地发现他们在一切有关生活方式、教义和宗教习俗方面,都已被置于主教的监察之下。寺院外教士出现于各种寺院之前;他们是有组织的;他们有权力,是一种公认的权威;修道士们也像其他基督教徒那样从属于它。信徒们的道德生活和宗教生活是主教监察和谴责的对象;修道士们的道德生活和宗教生活也是如此:对于他们,主教没有任何管辖权,也没有任何特殊的权威;他们处于一般俗人的地位——可是过着完全独立的生活,选举自己的上司,管理他们共有的财产,对任何人没有任何义务,对任何人没有任何负担,总之,他们喜欢怎样就怎样来管理自己。

他们的独立性以及他们与其余俗人所处地位的相似竟达到如此程度，以致他们既没有特定的教堂，例如附属于他们修道院的教堂，也没有专为他们举行敬神仪式的教士。他们像所有的信徒一样，混在整个人群里面到毗邻城市或教区的教堂去做礼拜。

这是修道院的原始状况，是它们与教士的关系的最初情况。这种情况并没有维持很久，不久有许多原因凑合在一起改变了他们的独立状态，使他们与基督教社会更密切地联系在一起。让我们设法把它们辨认出来，并把它们转变的各个不同的阶段标志出来。

修道士的人数和权力不断地增长。我说权力这个词儿时，我说的是他们的影响力，他们对公众的精神上的作用：因为严格说来的权力，法律规定的权力，修道士们是完全没有的；但他们的影响力日益为人们所看到并日益强大。仅仅为了这个原因，他们日益引起主教方面的深切注意。教士们很快就明白，他们不是可怕的对手便是有用的工具。因此他们在初期致力于限制他们和利用他们。五世纪的教会史证实了主教们扩大并巩固他们对修道士的管辖权的不断努力。使他们能对全体信徒行使权力的总视察，给他们提供了千百个机会和手段。修道士们所享有的自由又给了他们以帮助，因为这种自由曾引起许多骚乱，而最自然地被请去参与镇压这些骚乱的就是主教们的权力机构。于是，主教当局便插了进来，而五世纪历次宗教会议颁布的法令中充满的宗教法规，其唯一目的就是巩固和确立主教对修道院的管辖权。其中最带有根本性的是451年在卡尔西顿举行的全基督教会议的一项宗教法规，它规定：

“那些真诚地信奉和归依孤寂生活的人将受到适当的尊

敬，但有些人利用修道士的外表和名义，扰乱世俗和教会事务，蹂躏城镇，甚至企图为他们自己建立寺院，对此，我们愿意作出这一规定：任何人未经主教同意，都不得建造或创办修道院。各城镇各地区的修道士都须服从主教，宁静修道，致力于持斋和祈祷，并长期居留在他们出家的地方。他们不得干预教会的和世俗的事务，不得干涉外界的任何事情，除奉本城主教之命从事某项必要的工作以外，不得擅离自己所在的寺院。”①

这段原文证明，在此以前，大部分修道院是修道士们自己自由地创立的；但这种事早已被视为一种弊病，因而正式要求确立主教的权威。事实上它的必要性已成为一种规律，我们在506年举行的阿格德宗教会议制定的宗教法规中看到：

“我们禁止未经主教同意擅自创办新的修道院。”②

511年，奥尔良宗教会议规定：

“修道院院长们按照与宗教生活相称的谦逊精神应从属于主教权力之下；如果他们做了任何违反教规的事，应由主教加以惩处；他们将奉召每年在主教选定的地方开一次会。”③

在这里，主教走得更远，他甚至在各修道院的内部事务方面也把自己尊为主宰者；他们认为这不能责怪他；他虽然不是修道院的立法权威，但他握有检查各修道院执法情况之权。

这次宗教会议还规定：

---

① 《451年的卡尔西顿宗教会议》，第4章。

② 同上书，第58章。

③ 同上书，第19章。

"任何一个修道士,未经主教许可或其院长同意,都不得由于野心或虚荣心而背弃修道院的全体教友,去建造一间单独的修道密室。"①

主教权威的新的发展:隐士、遁世者、出家人过去都比群居的修道士更为人们所赞美和爱戴:最热心的修道士总喜欢离开修道院而沉湎于这种自豪的苦行。有一段时间,没有一个当权者去阻止他,甚至修道院院长也是如此。现在你们看到,取缔的权力已经得到批准,不但是院长的而且主教的取缔权力也已得到批准。主教也一方面负责使修道士们耽在修道院内部,另一方面负责取缔那些在院外的得意扬扬的行径。

352 年,一次新的奥尔良宗教会议规定:

"凡是玩忽主教命令的修道院院长都不得进教门,除非他们恭顺地撤回这种反叛行为。"②

一年后,又规定:

"修道院与修道士的风纪都由当地主教监督管理。

"未经主教许可,修道院院长不得远离修道院。如果违犯,应由主教根据古教规加以惩处。

"主教们应照管设于他们城市里的女修道院;不许任一女修道士作任何有违其修道院教规的事。"③

所有这些教规宣布时,虽其内容并不十分明确,虽如你们所见到的那样,主教的管辖权限未经明确规定,但仍然是被承认的既定

① 奥尔良宗教会议,第 22 章。

② 同上。

③ 554 年奥尔良宗教会议,第 1 章,第 2、3、5 节。

的东西;它在各主要的问题上干预了修道士的生活,干预了修道院的建立,干预了修道院教规的遵守,干预了修道院院长的职务;并且在原则上得到了承认,虽然事实上常被拒绝,但还是通过实行而使日益巩固。

修道士们自己也合力促成了它的进展。当他们获得了比较重要的地位时,他们便要求独立存在的权利。他们抱怨把他们等同于单纯的俗人,或与信徒大众混为一谈;他们希望被确认为一个性质上与其他团体截然不同的团体,一个确凿的机构。对他们来说,独立和影响力已不再够了——他们已需要特权了。可是,除了从基督教教士那里,还能从谁那里取得这种特权呢?唯有当权的主教们才能使他们既独立于整个宗教社会之外,又有权安居在这个社会的内部。他们要求这些特权,也取得了这些特权,但为取得这些特权他们是付出了代价的。例如,一项非常简单的特权,即不到教区教堂去做礼拜,而在修道院内部修建一座教堂让他们在那里举行敬神仪式。他们毫无困难地给了他们这项特权;但必须由传教士在这些教堂里执行敬神的职务;现在修道士既然不是传教士,那就无权执行此项职务。他们给了他们一些传教士,于是从那时起,外界的传教士就在修道院内部占了一席之地;这些人是派去当代表或监督的。仅仅通过这一件事,修道士的独立性就受到了严重的打击:他们看到并企图救治这种弊病;他们要求不从外面派传教士到那里去,而由主教任命某些修道士为传教士。传教士同意这样办,于是在 hieromonachi (圣修士)的名义之下,修道院就有了从自己团体里选出来的传教士。他们虽然不是像外来教士那样的局外人,但仍然是从属于教区传教士的,与教区教士采取同样态

度,并跟他们休戚与共,而与自己的弟兄们多少有些疏远。仅仅由于存在于单纯的修道士和传教士之间、存在于出席宗教仪式者和执行宗教仪式者之间的这种差别,修道院制度就已丧失了它的一部分独立性和同质性。

这个损失十分真实,因而不止一个修道院的上司,不止一个修道院的院长看出了这一点,并试图加以补救,至少加以限制。许多修道团体的规章都以不信任的态度谈到这些设在修道院内的传教士,它们有时致力于限制他们的人数,有时致力于限制他们的势力。

圣·本尼狄克特在其正式插入的关于这个问题的两章中说:

> "如果一个修道院院长希望给他委派一个传教士或副祭司,那就让他从自己的人中选出一个配得上担任祭司职务的人来;但这个担任圣职的人应力戒妄自尊大,对院长责成他做的事不得争辩;让他知道,他甚至比任何其他人更应服从教规,对他来说,担任圣职并不是忘记服从、忘记教规的理由;而是让他在上帝的事业中日益进展,永远克尽厥职,如果由于会众的爱戴和院长的意志,他甚至还可以根据他生平的功绩被提升到更高的地位。让他知道,他必须遵守副祭司或副院长规定的规章;如果他胆敢另搞一套自行其是,他将不被视为传教士而被视为叛逆者。如果他屡经警告而不改正自己的错误,则应由主教自己来作证。如果他不改正而其错误又是很突出的,那么假如他仍不屈服也不按照规则办事,就将他逐出修道院。①

① 《圣·本尼狄克特监督》,第 62 章。

“如果任何一个教士要求接纳他进修道院，不应立即同意，如果他坚持他的请求，则让他知道，他应服从整个纪律和教规，而不能有丝毫的减少。”①

这种怀有戒心的担忧，这种压制教士的威风、使其屈从修道士生活的做法，在其他地方，通过另一些迹象也明显地表现出来。它们仅仅更好地证明了修道院内部的外来教士的进展和修道士们昔日的独立状态处于危险中。

它还得遭受一种完全不同的挫折。修道士们不满足于独立于世俗社会之外，不满足于由于其特权而取得的高于世俗社会的地位，他们还抱有野心，想完全跻身于基督教会社会，分享传教士的特权和权力。这种野心在很早时期的修道机构中就已显露出来。但它没有得到全体修道士的赞同。那些崇高的严肃的修道士，那些想象中充满了修道院生活的神圣性、渴望着它们一切荣光的修道士都不愿意接受这神圣的职位。有些修道士把传教士的生活看做一种世俗的生活，这种生活会使他们不能感到神圣事物的存在；另一些修道士则认为自己不配当传教士，觉得自己不能尽善尽美地来执行神圣的职务。因此，在修道士与传教士的关系中发生了某些异常的小事件。四世纪时，那时圣·伊皮凡努斯是塞浦路斯岛的主教，岛上有一个名叫保利尼阿努斯的修道士，以其诸多美德而著名，并因圣洁而享有盛誉。人们常常提议让他当传教士；他总是拒绝，说自己不配当传教士；但圣·伊皮凡努斯绝对坚持请他担任圣职。他以下列方式继续说道：（说这段话的是他本人）

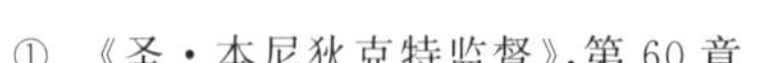

① 《圣·本尼狄克特监督》，第60章。

“当他们在我们修道院附近一个乡村教堂里做弥撒的时候，在他没有觉察到或没有料到的情况下，我们让几个执事突然把他逮住，并堵住他的嘴，惟恐他由于想逃走而以基督的名义恳求我们。我们起初委派他担任执事，并靠着他对上帝的敬畏心，鼓励他完成任务。但他顽强抵抗，说自己不配。这就几乎必须强迫他了，因为我们很难用上帝的箴言来说服他，也很难引用上帝的命令。当他执行了执事的献祭任务之后，我们再次费劲地堵住了他的嘴；我们任命他为传教士，并为了我们早已让他知道的这种理由，我们使他下定决心进入传教士的行列。”①

他们是难得走到这样极端的地步的；但我可以举出其他许多关于修道士由衷地厌恶当传教士并固执地加以拒绝的例子。

可是，这绝不是他们的普遍的性质。他们的大部分人都急切希望当上传教士，因为传教士是一批上等人，被吸收进去就是提升。圣·哲罗姆对一个修道士说，“如果想成为一个传教士的欲望使你兴奋，那么，记住，你也许能够去传道；但切不可没有成为民兵就自命为战士，没有成为学生就自命为老师。”②

实际上，想成为传教士的欲望十分强烈地刺激着修道士们，以致卡西安努斯把它列为魔鬼纠缠他们的多种诱惑手段之一，特别是其中的虚荣魔鬼的诱惑手段。

他说，“有时虚荣魔鬼使一个修道士产生一种想当传教士

① 圣·伊皮凡努斯，致耶路撒冷主教约翰的信，第二卷，第312页。

② 圣·哲罗姆，《书信集》，4.致鲁斯提坎。

或教堂执事的欲望。依从他,如果他被授予这个职务,他便会违背自己的本意,十分严格地履行职务,甚至可能给其他传教士提供心地清净的榜样,不仅用他的令人赞美的生活方式,而且还用他的教义和讲道把许多人吸引到教堂里去。"①

接着,他叙述了关于这个问题的下列轶事——一个真正突出的证据,证明某些修道士想成为传教士的热情和这种欲望对他们的想象力起着强有力的支配作用:

他说,"我记得,当我呆在荒凉的西徐亚时,一个老人对我说,有一天他到某个教友的修道密室去访问他,当他走近房门时,他听到他在里面念经;他停了一会,希望知道他在念圣经里哪一段话,或者按照习惯在背诵什么。当这位善意的探子用他的耳朵贴在门上好奇地窃听时,他察觉虚荣之鬼已诱惑这位教友,因为他好像是在教堂里布道。这个老人继续停留在那里,他听到这位教友布完道就换一项职务,去做教堂执事给新教徒做弥撒的工作。他终于敲了门。这位教友以其平素的崇敬态度出来迎接他,并接进自己的密室。由于对自己的思想,良心上感到很苦恼,便问老人已来了多久,唯恐由于让他在门外等着而怠慢了他。这老人微笑道:'我到的时候你正在给新教徒们做弥撒。'"②

毫无疑问,人们对这样一种欲望着迷到这样的程度,肯定会为此而丧失他们的独立性。让我们看看,他们是如何达到他们的目

① 卡西安努斯,de cœnob inst, XI,14。
② 同上书,15。

的，这项成就又给他们造成了什么结果。

传教士们起先对修道士的野心抱着忌妒和怀疑的态度。四世纪时，某些比较有魄力和眼力或抱有某种目的的主教以赞成的态度对待他们。例如亚历山大主教圣·亚大纳西，在进行他的反对阿里阿教派的伟大斗争时访问了埃及的一些修道院，给修道士们戴上了荣誉勋章，并选出许多人来授以传教士甚至主教的圣职。修道士们是正统的、热切而为人所爱戴的。亚大纳西知道，他应把他们看作有力而忠诚的同盟者。某些西方的主教学他的榜样，尤其是米兰的圣·安布罗斯和韦尔切的主教优西比乌斯。但一般主教的所为则完全不同，他们对修道士的要求采取冷淡和蔑视的态度，并暗中和他们斗争。这在七世纪以前的文献中都有足够的证据。例如，四世纪末，罗马主教圣·西利修斯(384—398)容许授予他们圣职，但附有许多条款，唯恐有太多的修道士渗入到传教士的行列中来。五世纪中期，圣·利奥(440—460)与安提阿总主教马克西穆斯约定，不要轻易地允许他的主教辖区里的修道士布道，即使是最圣洁的修道士。六世纪末，伟大的圣·格列高利建议主教们只能很少量地委任修道士为教区教士，并有保留地使用他们。整个说来，主教们即使对他们所喜爱的修道士也是怀着戒心的，并且老是想把他们与传教士区别开来。

但修道士名望日隆，克服了这种暗中的阻力。不久，人们承认，在一切生活中，修道士的生活是基督徒的生活；它在优点方面超过了院外传教士的生活，院外传教士至多只能模仿他们；而一个传教士，甚至一个主教，须得沿着心地纯洁救世为怀的道路前进才能成为一个修道士。由主教们组成的宗教会议本身也宣布了这种箴言：

> 某一次托莱多宗教会议说，"如果希望过更美好生活的传教士愿意信奉修道士的教规，主教应给予他们进修道院的自由，不要阻挠那些愿意献身于默祷的人的预订计划。"①

当修道士们被普遍承认时，就再也没有方法抵制他们的闯入，也无法吝啬地授予他们牧师和主教的圣职了。七世纪初，卜尼法斯四世宣布，他们(plus quam iaonei) 更适宜于担任一切传教士职务，渐渐地一切活动与思想都向着这个方向发展；修道士们觉得自己已与传教士们合为一体；虽然还保留着一种独特的生活，在各种场合已与教士们的特权和权力联系在一起。要确切判定这种开始允许修道士进入牧师队伍的日期，那是不可能的。它是逐渐逐渐来的，在很长一段时间里是不完全的，甚至在八世纪时，修道士有时还被称为俗人并被看作俗人。但仍然可以这样说，约在六世纪末和七世纪初，他们从四世纪末起就为此而付出辛劳的这个革命已经完成，他们已肯定是教士了。让我们看看，关于他们外部生活方面，革命的结果是什么；当修道士们明确地成为教士的一部分时，他们在教士中的地位又如何。

显然，他们必已丧失许多独立性，而主教控制修道院的权力必已扩大和巩固。你们知道，七世纪到八世纪时，主教对教区教士的权力有多大。修道士的命运并不比它更好些。我们刚才看到的那些如此独立的小团体，即主教们曾力图置之于自己控制之下而实际上几乎连精神上的控制权都没有抓到的那些小团体，我们现在

① 633 年的托莱多宗教会议，第 60 章。

来看看它们在七世纪时受到的是什么样的待遇。我想让历次宗教会议自己来说话：

> “人们在本次宗教会议上说，修道士们奉主教之命从事卑贱的劳动；违反教典的命令，修道院的各种权利都被用非法的蛮横手段加以篡夺；以致一座修道院几乎成为一块领地，而基督教的这一光辉的部分几乎已变成丑行和劳役。因此，我们警告各教堂的头儿们，不要再做这种事了；主教们在修道院里除了教规要他们做的事，即勉励修道士去过圣洁的生活、指派修道院院长和其他执事人员以及改革违反教规的那些事情之外，不要做任何其他的事。”①
>
> “至于赠送给修道院的那些礼物，主教们都不得染指。”②
>
> “有一件最可叹的事，我们不得不用严厉的申斥加以根除。我们知道某些主教……在某些修道院里，任命其亲属或亲信为高级教士……，让他们取得不正当的利益，以便通过他们，这些主教可以不但取得作为主教辖区的主教所应得的东西，还可以取得他们所委任的勒索者用横暴行为从修道院里能攫取到的一切东西。”③

我还可以作大量的这种引述：全都能同样地证明，在这个时期里，各修道院都受制于主教的这种丑恶的暴政。

可是，他们也有抵抗的办法，并利用了这种办法。为了很好说明这种办法的本质，让我暂时放下修道士们不谈，而提请你们注意

① 633年的托莱多宗教会议，第51章。

② 524年的莱里达宗教会议，第8章

③ 655年的托莱多宗教会议，第3章。

另一件类似的、著名得多的事。

谁都知道，八世纪到十世纪时，仍在高卢存在着的大大小小的城市都已被引入封建社会，具有新制度的各种特征；在它的等级森严的统治集团中取得一席之地；承担它的责任，以便取得其权利；在一个领主的保护之下生存。这种保护是很苛刻的、压制性的，各城市都承受不了它的压力。在很早的一个时期里，当它们刚刚步入封建制度时，它们还想摆脱它，想重新取得某种独立地位。它们的办法是什么呢？在各市邑里，存在着古代自治城市制度的残余：在它们的可怜的处境中，它们仍然选出几个微贱的行政官员：有一些留给它们的财产，它们自己管理着这种财产：总之，在某些方面，它们还保留着一种决然不同于它们进入封建社会时所过的生活，这种生活所联系着的各种制度、原则以及社会状况也都是完全不同的。它们古代生活的这种残余，这种市政制度的残余，已成为各自治城市的支柱，自治城市就靠着它对侵犯它们的封建领主进行斗争，并渐渐重新取得一些自由。

在修道院史和修道院与传教士的关系史上发生过一件类似的事。你们刚才已经看到修道士们进入传教士社会并沦于主教们的权力之下，正像后来普通人之进入封建社会并沦于领主们的权力之下。但修道士们还保留着他们某些原始的生活和独立性；例如，他们有给予他们的领地，但这些领地不与主教的领地相混淆，虽然修道院就坐落在这个主教的辖区之内；这些领地也没有被唯有主教有权管理的整个教堂财产所吞没；它们仍然是各个修道院自己的财产。因此，修道士们仍行使着他们的某些权力，如选举院长、修道院的其他事务和内部管理等等。因此，同样，正像各城邑保留着自治城市制度及其财产的某些残余并利用它们来与封建暴政作斗争那样,修道士们也保留着他们的内部组织和财产的某些残余,并利用它们来与主教的暴政作斗争。所以,各城邑之遵循修道院的路线和脚印走并不是因为它们要模仿修道院,而是因为相同的处境导致了相同结果。

我们回顾一下修道士反抗主教的斗争的盛衰兴败的变迁,就可以看到这个类似性显示得越来越明显。

起初,斗争仅限于抱怨叫屈,仅限于抗议,或者在主教本人面前进行,或者向宗教会议提出。有时,宗教会议接受了这个抗议并发布了一些宗教法规来制止这种弊害:我刚才念给你们听的那些原文可以证明这一点。但一纸药方实际上没有什么效果。修道士们觉得有必要诉诸其他手段。他们公开反抗他们的主教;他们拒绝服从他的命令,在修道院里也不接待他;不止一次地用武力排斥他的使节。但他们的反抗仍然使他们很伤脑筋;主教开除他们的教籍;褫夺他们作为传教士的权力:这斗争对双方都是严酷的。他们便开始谈判。修道士们允诺恢复秩序,给主教赠送礼物,把一部分领地割让给他,如果他答应此后尊重修道院,不再掠夺他们的财产,让他们安静地享用他们的权利的话。主教同意了,并发给修道院一张执照。这是一些正式的执照,由主教授予修道院的这些豁免权,这些特权,其使用是十分频繁的,我们在马尔克夫的《信仰表白书》中可以看到这种特权的一个正式的汇编。我把它念给你们听,你们对这些法令的性质将感到吃惊:

“致神圣的主教和信奉基督的教友,某修道院的院长,或致为纪念某地主教圣某某而由某某在某地建立的某修道院的

全体教友。由于圣灵的启示,我们对你们怀有的爱,已驱使我们为了你们的安宁,把一切事情都安排得足以保证我们得到永恒的报酬,需使我们不乖离正道或跨越任何限制而制定一些靠上帝的帮助可以永恒存在的教规,因为我们不能保证,在我们致力于将来必然会实现的事业时,可以无须在目前给予穷人以救济而能从上帝那里得丝毫报酬。我们认为我们有责任,把你们和你们的继承人在圣灵的帮助下应该做的事,或神圣教会的主教本人所必须做的事,写进这封信里,这就是你们教友中那些经你们修道院院长和全体教友推荐准备担任你们修道院的神圣职务的人应从我们或我们的继承人手中接受圣职,但无须为此荣誉而赠送任何礼物;所说的这位主教,应出于对这职位的重视,而不是为了得到任何回报,才献身于修道院的祭坛,并在有人要求他每年提供圣油时他就拨给他们;如果由于上帝的意志,一个修道院院长归天了,则当地的主教,无须等待回报,就应将一生中功绩最卓著而受到教友们爱戴的修道士提升为院长。除非修道院的全体教友或院长请你到那边去做祷告,否则我们中任何人都不得进入修道院内部或踏进它的围墙。如果在修道士们请求下,这位主教到修道院来做祷告或任何对他们有益的事,则在举行圣餐礼并接受质朴而简短的谢意之后,这位主教就应回到自己的住处去,即使没有人要求他这样做。这样可以使被认为隐居者的修道士们可以在上帝的帮助下完全宁静地过日子,使按照神圣的教规生活并仿效神父们的榜样行事的他们能为教会利益和救世事业更完善地祈求上帝。如果这类修道士不按照他们所应该做

的那样而以冷淡而不关心的态度行事，则必要时应由他们的院长根据教规加以惩处。否则该城主教必须管束他们，以维持教规的尊严而有助于信徒的仆人之安宁。如果任何一个我们的继承人背信弃义（这是上帝所严禁的），为贪财心所驱使，放肆地企图破坏这里所谈到的一切规定，或因受到上帝惩罚的打击而大为委顿，则应革出教门并不准其参加兄弟会的圣餐拜领三年，使这种特权，对他的行为来说，也同样是永远不能更动的。为了使这个法规永远保持其活力，我们和我们的兄弟即尊贵的主教们已签字加以确认。

"此布，耶稣纪元……年……月……日。"①

当我们谈到平民的历史时，你们可以看到，有许多他们从他们的领主手中争取到的特许状似乎都是按照这个模式拟制的。

修道院方面遇到的事正像后来平民遇到的事一样：他们的特权经常被侵犯或完全被废除。他们不得不求助于一个更高的保证人，他们乞求国王的保证：一个天赋的借口出现了。国王们自己也兴建修道院，在兴建中采取了一些预防主教们暴政的措施；他们使修道院处于他们的特别保护之下，严禁主教们篡夺修道士的财产和权利。因此，就产生了王权在修道院和教士之间进行干预的情况。不久，不是由国王建立的修道院也来请求国王保护，并用金钱或其他报酬取得了这种保护。但国王们无法干涉主教们的管辖权，不能对他们的宗教权力提出任何疑问；他们所提供的保护完全涉及修道院的财产；因为这种保护是相当有效的，主教们千方百计

① 马尔克夫，第一卷，第1页。

来躲避它;他们不承认国王所颁发的关于保护和豁免的文书;有时他们借助于某些奸诈的教友窜改这种文书,或者甚至把它们完全从修道院档案中抽出来。不久,为了更完全地占有这些修道院的不断增加的财富,他们想到了另一种办法:他们为自己取得了一些比较有钱的修道院的院长提名权:这种侵占的机会开始出现了;有许多修道士已成为主教,大部分是他们自己修道院所在的主教辖区的主教,他们在这种修道院里缔盟结党,使院长的职位渐渐成为虚设的,往往不难把它弄到自己手里来。这样,主教和院长都毫无节制地沉湎于最可恶的种种弊病中。修道院在各方面都受到它们头头们的惨重压迫和任意的掠夺;修道士们向四处寻找新的保护人;他们向教皇写信。这时,教皇的权力早已得到加强和扩展,并急于利用一切机会来进一步扩大自己的势力;它像王权一样,也插进来进行干预,但它无论如何在很长的一段时间里一直保持在同样的限度之内,既不想缩小主教们的管辖范围,也不剥夺他们的权利,仅仅致力于抑制他们对财产和人身的侵犯,并使修道院的既定教规不受破坏。在八世纪开始之前,由教皇给予法兰克高卢某些修道院的那些特权,一直严格地保持在这种范围之内,绝没有从主教的管辖范围转移到教皇的管辖范围。富尔达修道院给了我们这种转移的第一个例子。而这是经该主教辖区的主教圣·卜尼法斯同意而转移的,他亲自把修道院置于教皇的直接控制之下。这是我们所遇到的这种做法的第一个例子;在此之前,从未有过一个教皇或国王进行过这种干预,除非为了使主教们正确地处于自己权力范围之内。

先生们,在我所描述的时期里,各修道院在其与传教士之间的

关系方面所发生的变迁就是如此。它们原来的处境是独立的处境,这种独立地位当它们从传教士那里取得了它们所要求的某些特权时就削弱了。如此得来的特权,仅仅扩大了他们的野心。他们渐渐决心想进入基督教教会组织中去;不久,他们果真打进去了,并发现自己从此以后,也像牧师们那样,屈从于主教们的没有明确规定的无限的权力之下。主教们滥用他们的权力,修道院加以反抗,并借助于他们原来的独立性中至今保持着的一些残余,争取到了一些保证,即特许状或豁免权。这种特许状受到蔑视后,修道士们就乞援于非教会的权力机构,乞援于国王,国王们认可了这些特权,并将修道士们置于自己的保护之下。这种保护显然是不够的,修道士们就向教皇请愿,教皇凭另一种资格进行干预,但没有取得更有决定性的成就。我们看到的八世纪中叶的修道院,就处在这种国王和教皇的保护反对主教的暴政的斗争之中。在加洛林王朝诸王治下,它们还得经受更可怕的打击,这些打击,他们需要以最大的努力来加以克服。我们将在适当的时候谈到它们;现在,我们最需要注意的事实就是两个世纪之后出现的修道院的历史与平民的历史之间的相似性。

先生们,现在我们已讲完了六世纪到八世纪中叶的社会文明史。我们已从头到尾讲述了世俗社会和宗教社会的革命——并以其各种不同的要素加以观察。我们还得研究这同一时期内纯粹的精神文明和道德文明的历史,关于当时人们头脑里的思想和这些思想所产生的一些著作的历史,总之,这个时期法国的哲学和文学的历史。我们将在下一讲中着手进行这一研究。

图书在版编目(CIP)数据

法国文明史:自罗马帝国败落起.第1卷/(法)基佐著;沉芷,伊信译.—北京:商务印书馆,2017
(汉译世界学术名著丛书:120年纪念版:珍藏本)
ISBN 978-7-100-14259-5

Ⅰ.①法… Ⅱ.①基… ②沅… ③伊… Ⅲ.①文化史—法国 Ⅳ.①K565.03

中国版本图书馆CIP数据核字(2017)第141198号

汉译世界学术名著丛书
(120年纪念版·珍藏本)
法国文明史
——自罗马帝国败落起
(第一卷)
〔法〕基佐 著
沅芷 伊信 译

商 务 印 书 馆 出 版
(北京王府井大街36号 邮政编码100710)
商 务 印 书 馆 发 行
北京通州皇家印刷厂印刷
ISBN 978-7-100-14259-5

2017年12月第1版 开本 710×1000 1/16
2017年12月北京第1次印刷 印张 23¾
定价:120.00元